조선소,
이 사나운
곳에서도

조선소, 이 사나운 곳에서도

마창거제
산재추방운동연합
기획

배 만드는 곳에서 일하는
여성 노동자 11인의
일과 삶에 관한 이야기

김그루
박희정
이은주
이호연
홍세미
기 록

코난북스

여성 노동자들의
목소리로 듣는
조선소의 '노동'과 '삶'

위태롭고 안타까운 눈빛, 거친 숨소리

2022년 여름, 가로 세로 높이 1미터짜리 철장을 만들어 스스로 몸을 가둔 조선소 하청노동자가 있었다. 그리고 그 곁에 10여 미터 높이에서 고공농성 투쟁을 하는 동료 노동자들도 있었다. 거제통영고성조선하청지회 노동자들의 요구는 이러했다.

'하청노동자 임금 인상 없이 조선업 인력난 해결 안 된다. 임금 30퍼센트 인상 단체협약 체결, 대우조선과 산업은행이 답하라.'

더운 여름에 한 달 넘게 투쟁하는 노동자들의 건강을 확인하려고 농성장에 다녀왔다. 그리고 나는 밤새 잠들지 못했다. 온 방을 구르며 뒤척였다. 목을 들 수도, 다리를 뻗을 수도 없는 공간에 갇힌 듯 답답했다.

그해 겨울에는 한화오션(구 대우조선해양)에서 일하는 웰리브지회 노동자들의 노동환경 실태조사를 다녀왔다. 그리고 나는 마찬가지로 밤새 잠들지 못했다. 현장에서 찍어 온 영상을 거듭 보면서 분노와 답답함에 눈물이 흘렀다.

웰리브지회는 조선소에서 급식, 세탁, 미화, 수송을 담당하는 노동자들의 노동조합이다. 2만 명 넘는 노동자들이 쓴 수건, 작업복을 수거해 세탁하고 말리고 다리고 개서 반나절 만에 돌려주는 세탁 파트에서는 쉴 새 없이 돌아가는 세탁기 건조기 소리, 침묵 속에서 수건과 작업복이 접히는 소리, 30~40킬로그램 세탁물을 지고 나르는 거친 숨소리가 고스란했다. 수천 명이 한꺼번에 식사하는, 그래서 정해진 시간에서 한 치의 오차도 있어서는 안 되는 급식소에서는 식사 전후로 불과 칼과 물과 식기가 부딪히는 소리로 가득했다. 세탁이건 급식이건, 전쟁터 같았다. 아이러니하게도 영상 속 급식소 분홍 앞치마와 세탁실 푸른 수건은 너무 밝고 예뻤다. 이 영상은 노동환경 실태조사를 하려 하자 원청사가 현장 출입을 막았고, 이에 웰리브지회에서 10개월을 싸우고서야 마침내 마주한 모습이었다.

마산창원거제 산재추방운동연합. 마창거제 산추련 태동에 조선소 노동자는 한 주체였다. 산추련은 지난 30여 년 동안 노동자가 죽지 않고 다치지 않고 일할 권리를 위해 싸웠다. 또 조선소에서 물량팀, 블랙리스트, 비정규직 구조조정 같은 문제가 발생할 때마다 현장에서 함께 조사하고 연대해 싸워왔다. 2011년 조선소 노동자를 중심으로 모든 노동자가 자기 목소리로 연대하고 희망을 만들려고 거제고성통영 '새터'라는 지역노동단체를 설립할 때 역시 산추련이 씨앗이 되기도 했다.

그러나 그런 역사에 비해 조선소 여성 노동자를 온전하게 주목하지 못했다. 나 역시 소외당하고 착취당하는 노동자의 눈으로 보고 심장으로 느끼고 실천하려 했지만, 이해의 충돌, 권력 관계라는 장벽을 만나 좌충우돌을 반복했다. 그러다 2022년 현장에서 만난 조선소 여성 노동자들이 오래전 기억을 떠오르게 했다.

1996년, 조선소 도장 노동자들이 유기용제 중독에 심각하게 노출되었다는 것이 밝혀졌다. 조선업종 노동조합이 문제를 제기하고 전문가가 가세해 작업환경조사와 건강검진을 진행했다. 이때 한진중공업 마산공장의 전신인 코리아타코마조선소의 정규직 여성 노동자들이 정문 앞에서 의료진을 막는 경비들과 대치했다. 이들이 나에게는 멋진 언니들로 기억에 남아 있었다.

그런데 이제야 뒤늦게, 그때의 내가 이 여성 노동자들의 시선으로 유기용제 중독 문제를 바라보지 못했음을 알아차렸다. 당시에 대우조선해양에도 터치업 도장을 하는 하청 여성 노동자들이 존재했으나 조사는 정규직 노동자들에 대해서만 이루어졌다는 걸 뒤늦게 알았다.

당시의 활동이 그르다는 것이 아니다. 다만 상상해보고자 함이다. 그때 내가 그 터치업 여성 노동자의 시선으로 활동했다면 어떻게 했을까? 하청업체 여성 노동자의 관점에서 이 문제를 바라봤다면 나는 무엇을 했을까? 그런 뒤늦은 고백으로 조선소 여성 노동자 기록을 시작했다.

조선소의 여성 노동

조선소 노동자하면 무엇이 떠오르는가? 노동에 대한 해석은 이미 젠더화되어 있다. 무거운 물건을 옮기고, 큰 힘이 들어가는 기구를 사용해 철판을 자르고 가는 일, 언제 다치고 죽을지 모르는 거칠고 위험한 작업 현장, 이런 이미지는 조선업이 남성의 일이라는 인식으로 연결된다.

그러나 조선소 안에도 다양한 역할과 위치에서 노동하는 여성들이 있다. 그에 비해 조선소 여성 노동자의 현실에 관한 연구나 기록은 많지 않다. 언론보도조차 용접이나 타워크레인, 엔지니어 등 남성의 전유물처럼 여겨지는 직종에 진출한 '최초'의 여성들을 반짝 조명하는 식이 대부분이다. 부산 영도 조선소 '깡깡이 아지매' 예에서 보이듯 저임금에 착취당하고 열악한 노동으로 산재를 겪은 여성 노동자들 이야기는 '어머니의 고생담'으로 유통된다.

한국의 조선산업은 1970년대부터 국가주도로 산업의 토대가 마련되었고 1990년대 중반 이후 자본주도 하에 성장했다. 남화숙의 『배 만들기 나라 만들기』에 따르면 1972년 현대조선이 선박 건조를 시작하면서 숙련 노동자 수요가 늘자 용접공 자리를 여성들에게 개방했다. 1977년 2월 9일자 경향신문 '여성기술자도 등장'이라는 기사에는 "용접 분야에도 여성 기술자가 진출하고 있다. 현대조선은 80여 명의 여성 기술자를 길러 쉬치(스위치)만 누르면 용접 작업이 되는 반자동 용접 기술에 투입시키고 있는데 이는 중화학 분야에 여성 기능 인력이 참여한 효시"라고 쓰여 있다.

당시 근로기준법은 "모성을 보호하고 약한 여성의 신체적 조건을 감안"한다는 이유로 30개 직종을 '여자의 사용금지직종'으로 정하고 있었다가, 이런 현실을 반영해 1982년 시행령이 일부 개정되어 용접공, 기중기 운전, 용광로 작업 등 24개 직종의 취업 금지가 풀렸다. 또 자본은 섬세한 여성의 손길이 필요한 작업이라며 소수의 직종에 여성 노동자를 고용했다. 도장 작업 중 하나인 터치업, 사상 작업 중 작은 그라인더를 사용하는 작업 등이다. 조선산업의 태동기부터 여성 노동자들이 일해온 것이다.

새로 생긴 직종에도 여성 노동자가 진출한다. 한국 조선업이 호황을 누린 2000년대 후반, 다단계 하도급 구조의 비정규직이 폭발적으로 증가하면서 위험 또한 급증한다. 한편 고가의 선박 제작을 의뢰한 선주사들은 위험을 관리하라고 요구한다. 이에 따라 위험을 살피는 업무에 노동력이 배치된다. 위험의 외주화를 넘어 위험 관리도 외주화되었다. 2017년 3월부터 화기감시자, 밀폐감시자 배치가 법적 의무가 되자 여기에 여성이 조선소로 더 많이 유입되었다. 본 작업이 아닌 부수 작업이라 불리는 준비와 마무리 작업에도 저임금의 여성 노동력 활용을 늘려왔다.

한편 이러한 변화와는 상관없이 전통적으로 여성의 일로 여겨진 조리, 급식, 청소, 세탁 같은 노동은 조선산업 초기부터 조선소 내에 존재했고 여기서 많은 여성 노동자가 일해왔다.

산업은 지역의 풍경 또한 변화시킨다. 조선산업을 중심으로 지역의 경제 사회 문화적 조건이 변화한다. 조선산업으로 먹고살게 된다는 것이다. 그 지역에서 생업을 이어오던 사람들, 먹고살기 위해 가족들과 함께 이주해 정착한 사람들이 조선소와 운명공동체가 된다. 자본이 저임금과 유연한 노동에 여성 노동력을 흡수하기에 용이한 상태가 된다. 여성들은 육아와 가족 돌봄 노동을 병행하며 파트타임이 가능한 직종에 진출하기도 하고, 생계를 위해 다양한 방식으로 조선소에 발을 디디게 된다.

이처럼 조선업 안에서 여성 노동의 배치는 자본의 전략과 사회구조의 상호작용으로 이루어진다. 일에 대한 노동자의 자부심, 긍지, 성실을 연료 삼아 자본은 무한 이윤을 추구한다. 그러면서도 '스위치만 누르면 용접 작업이 되는'이라는 말로 전문성 없이 누구나 할 수 있는 일인 양 여성의 노동을 폄하한다. '섬세한 여성의 손길'이라는 언어로 여성성을 강조하는 성차별 이데올로기를 정당화한다. 그만큼 여성 노동자에게 가해지는 차별과 중층화된 착취는 은폐된다.

최근 회복세를 보이는 조선산업에 노동력을 구하기 힘들어지자 자본은 여성, 이주, 고령 노동자 등 소수자들의 노동력 활용을 늘리고 있다. 이러한 이윤 극대화 전략 속에서 노동자들의 노동 조건이 더욱 악화할 가능성이 크다.

조선소 여성 노동자들의 투쟁

자본이 자기 이윤을 극대화하기 위해 노동자를 착취하는 구조를 더욱 강화하고 있지만 여성 노동자들은 이에 굴복하지 않고 자신의 목소리를 낸다. 빨간 고무장갑을 끼고 밥 파업을 하는 노동자들이 있다. 일이 없으니 더 이상 나오지 말라는 해고통지를 숙명처럼 받아들이던 이들 속에서 저항하는 노동자들도 있다. 더 이상 이렇게 살 수는 없다며 나선 파업 현장에서 원청·하청 관리자들에게 질질 끌려 다니면서도 멈추지 않는다. 지게차가 밀고 들어와도 아랑곳하지 않고 도로에 드러눕는다. 그제야 세상은 이들의 존재를 인식하기 시작한다.

여성 노동자가 증가한 최근의 일만은 아니다. 1998년부터 시작된 조선소 하청노동자들의 조직과 투쟁의 역사에도 여성이 있었다. 1998년 비정규직 노동자 조직화의 서막을 열었던 한라중공업 사내하청노조 투쟁에도 폐기물 처리 업무 중 청소를 담당했던 여성 노동자가 있었다. 현대중공업 사내하청지회에도 2010년경부터 산재와 직장 내 괴롭힘, 업체 폐업에 맞서 투쟁한 여성 조합원들이 있었다. 2020년 7월 현대건설기계 사내하청업체 서진이엔지 위장폐업, 집단해고 때도 이에 맞서 투쟁한 여성 노동자가 있었다.

이 기록 작업은 어려움 속에서도 굴곡진 삶의 이야기를 나누어 준 조선소 여성 노동자들이 있어 출발할 수 있었다. 소중한 기록 작업에 금속노조 경남지부가 사회연대기금을 지원했다. 거제통영고성조선하청지회, 웰리브지회, 케이조선지회의 도움으로 진해 케이조선(구 STX조선) 거제 한화오션(구 대우조선해양), 두 조선소의 여성 노동자들을 만났다.

2024년 1월 현재 한화오션 정규직은 8594명(사무직 3777명, 현장직 4817명), 하청업체 소속 노동자는 사무직이 2116명, 현장 노동자는 이주 노동자 약 3천 명을 포함해 1만 6354명이다. 이 중 여성의 비율이 얼마나 되는지는 알 수 없었다. 진해 케이조선에서 일하는 정규직 사무직 노동자의 6퍼센트, 비정규직 현장직의 15퍼센트가 여성임을 감안하면 한화오션 또한 비슷한 비율일 것이라 짐작한다. 용접, 도장 등 각 직무별 여성의 비율 또한 정확한 수치는 파악할 수 없었다. 다만 '조선소 생태계' 안의 여성 노동을 총체적으로 들여다보기 위해 여성 노동자가 배치된 직종을 총망라해 인터뷰를 진행하려 했다.

차별과 편견과 탄압이 일상화된 현실에서 노동자들은 이야기

꺼내기를 주저하기도 했다. 기록 도중에 인터뷰를 중단한 노동자도 있다. 마지막까지 기록 여정을 함께 한 조선소 여성 노동자는 열한 명이다. 용접, 사상, 발판, 도장, 밀링, 밀폐감시, 화기감시, 현장 청소, 건물 미화, 급식, 세탁, 열한 개 직종에서 일하는 여성 노동자 그리고 이주 배경을 가진 여성 노동자의 이야기가 이 책에 담겼다.

제목이 기억나지 않는 어느 책을 읽고 글쓰기는 '생각의 사이사이 빈틈을 찾아서 들여다보는 일'이라는 걸 깨달은 적이 있다. 소중한 이들의 이야기를 듣고 기록하는 내내, 때로 미루어두었거나 서둘러 덮어버린 생각의 사이사이를 들여다보고 언어를 찾아내는 일을 반복했다. 이들의 시선과 목소리를 통해 조선산업의 흐름, 조선소의 노동. 조선소 내 차별, 조선소 노동자의 삶에 입체적이고 구체적으로 다가설 수 있다.

우리가 만난 조선소 여성 노동자들은 조선업 안의 성차별에 문제를 제기하고 자기 삶을 일구기 위해 현장에서 다양한 협상과 저항의 전략을 펼친다. 자기 일의 전문가로서 현장에서 쌓아온 노하우에 대해 자부심을 품고 자기 노동에 대한 깊은 이야기를 전한다. 조선소 여성 노동자들에 '대한' 이야기가 아니라 여성 노동자들의 '목소리'가 주인공인 구술기록이다.

가장 먼저 쫓겨난 이들

기록 활동이 마무리될 때쯤에야 우리는 우리가 만나지 못한 이들이 있음을 알아차렸다. 그리고 이들의 존재가 조선소에서 여성이 차지하는 위상을 고스란히 드러냄을 깨달았다.

조선소에는 우리가 만난 이들 외에도 설계, 생산관리, 사업, 환경안전, 구매, 조달, 서무 등 다양한 사무직종에서 일하는 여성 노동자가 있다. 직고용부터 파견직까지 고용 형태도 다양하다. 사무직군 안에도 저임금 일자리에는 여성 고용률이 높다. 저임금 여성 노동자는 조선소에서 가장 먼저 쫓겨난 이들이기도 하다.

2008년 금융위기 이후 한국 조선산업은 10여 년간 혹독한 구조조정을 진행했다. 이때 10만여 명이 일터에서 퇴출당했다. 대우조선해양의 구조조정은 2015년 시작되었다. 2015년 2분기 3조 원 이상 영업손실이 발표되면서 분식회계 의혹이 제기되었고, 대우조선해양은 임원 30퍼센트 감원, 비핵심 자회사 정리 등 자구안을 발표한다. 2015년 산업은행은 2조 9천억 원 신규 자금 지원을 전제로 노동조합에 파업 중단 등을 요구했다.

이 과정에서 일방적인 희망퇴직이 시행되었다. 2014년 1만 3천 명에 이르던 정규직은 8500명으로 약 35퍼센트, 3만 5천 명에 이르던 하청노동자는 2021년 1만 1500명으로 약 70퍼센트 감소한 대대적인 구조조정이었다.

이때 가장 먼저 퇴출된 이들은 사무직 도큐먼트컨트롤(D/C)이라는 직종의 여성 노동자들이었다. 선주와 주고받는 문건의 정합성을 체크하는 업무를 맡은 파견직 노동자들이었다. 현대중공업에서도 사무직 희망퇴직의 1순위는 여성이었다.

이뿐만이 아니다. 몇 해 전부터 대우조선해양 사무직군에서 일하는 노동자들의 직장 내 괴롭힘에 대한 상담을 여러 차례 진행한 적이 있다. 상담하러 온 이들은 대부분 남성이었다. 서열화되고 남성중심적인 현장에서 여성 노동자들의 고통은 더욱 심할 것이라 예상한다. 그럼에도 정작 이들의 이야기를 듣지 못했다. 기획자의 부족함으로 인해 이들의 목소리가 소외된 것에 사과드린다.

여성 사무직군에 대한 이야기를 전해주신 대우조선해양사무직지회 노현범 지회장님, 기록자들에게 조선산업에 대한 이해를 돕는 교육을 해주신 박종식 님, 현장에 대한 정확한 정보를 확인해주신 대우조선지회 그리고 통역을 위해 거제까지 동행해준 이주민 통번역센터 링크 센터장 김나현 님에게 고마움을 전한다.

여성의 삶, 조선소의 삶을 돌아보기

기록을 시작할 때 이 작업에 누구보다 응원을 아끼지 않으면서도 '우리도 있어요. 차별하지 말아요.'라고 말하던 조선소 남성 하청 노동자들이 있었다. 그들의 고통이 어떠한지 알기에 선뜻 뭐라 답

할 수 없었다.

　그들에게 조선소 여성 노동자 공정희, 김순태, 김영미, 김행복, 김지현, 나윤옥, 박선경, 이현주, 전은하, 정수빈, 정인숙의 시선으로 동지들과 함께 겪어온 조선소 내의 차별과 편견, 탄압에 맞선 투쟁 그리고 조선소 노동자의 삶을 나누려 한다고 제대로 전하지 못했다. 또 일터에서 삶터에서 알아채지 못했던 우리 안의 차별을 살펴보는 계기가 되었으면 한다는 말도 하지 못했다.

　전하지 못했던 이야기를 그들의 동료 여성 노동자 11인의 목소리로 직접 전한다. 아마도 이 책의 첫 독자가 되어줄 그들과의 끈끈한 연대가 시작되기를 희망한다. 사회적 호명에는 관점이 담긴다. 호명에 담긴 시선들이 교차할 때 우리의 인식은 확장되고 단단해진다. 11인의 목소리가 조선소 노동자라는 사회적 호명에 서로 다른 구조적 상황, 경험, 고통과 요구의 다양한 시선과 관점이 담기는 계기가 되기를 바란다.

2024년 여성의 날
저자들을 대신하여 이은주

차례

그러니
우리가 얼마나
대단한
사람이에요

배에 색을 입혀
바다에 내보내는
도장 노동자 정인숙

'아무개 옆에 있으면 어느새 내가 웃고 있더라고. 유쾌하고 에너지도 넘쳐서 기운 없던 나도 힘이 난다니까. 그 사람 옆에 있으면 뭘 해도 힘을 내서 함께 할 수 있을 것 같아. 화도 금방 풀리고 웃기도 잘 하는 사람이라 만나면 기분이 좋아져. 아마 살면서 큰 어려움 없이 살아서 사람이 그렇게 밝은 걸까.'

아무개와의 만남에 대한 인상은 나도 동의하는 바였지만, 그의 과거를 알고 있는 나로서는 고생 없이 산 사람 같다는 얘기에 그저 웃을 수밖에 없었다. 나는 당사자가 아니기에 아무개에 대한 진실을 말할 수 없었다. 고통의 시간을 겪은 여성들을 만나는 일을 하는 나는 이런 일을 제법 많이 겪는다.

그러면서 알게 되었다. 사람들은 어떤 사람의 현재 모습으로 과거의 시간을 짐작한다는 걸. 하지만 그들의 추측이 틀릴 때도 많다. 어쩌면 그렇게 밝고 힘찬 사람이 그 모습을 잃어버린 채 산 세월이 있다는 걸 알게 되면 그 시간을 어떻게 보냈을까 싶어 아득해진다. 그리고 궁금해진다. 어떻게 지금의 활기와 웃음을 찾을 수 있었는지.

그런 의미에서 정인숙 씨 이야기를 들으면서 나는 아득해져 마음이 서걱거릴 때도 있었고 더 궁금해져서 눈을 반짝일 때도 있었다. 그가 겪은 시간을 잘 그려보려 했지만 나의 경험과 상상력의 한계를 만나기도 했다. 그는 솔직하게 자신의 얘기를 들려주며 한 가지 바람을 얘기했다. 그는 고통의 시간을 통과하고 있는 사람들에게 자신의 얘기를 전하고 싶다고 했다.

기록 작업을 하다 보면 여성 생애사의 매력 속에 빠질 때가 있다. 그들의 삶에는 여성의 위치에서 겪게 되는 부정의와 차별에 대한 이야기가 생생하게 담겨 있다. 다른 위치에 서 있는 사람들의 시선에서 보면 이 사회는 다르게 보이고 이상해 보인다. 이해가 되지 않아 질문이 많아진다. 내가 보지도 알지도 못한 채 지나쳐온 문제를 누군가는 끌어안고 싸우고 있다. 하지만 그의 얘기를 듣다 보면 우리가 어떤 사회에 살고 있는지 더 잘 보일 때가 있다.

특히 남성이 다수를 차지하는 직업이면서 사회적으로도 남성의 노동으로 여겨지는 조선소 같은 노동 현장에서 여성은 존재하지만 잘 보이지 않는다. 여성들의 목소리를 듣기 전까지 그려진 조선소에 대한 설명은 부분이거나 다른 모습일 수 있다. 그동안 사소한 것으로 취급되던 것이 중요한 문제로 등장하기도 하고, 보이지 않았던 장면과 관계가 드러나기도 한다. 우리가 조선소의 일상의 풍경을 그릴 때 여성의 목소리를 들어야 하는 이유가 여기에 있다.

돈 버는 '가방'

내 건 루이비통, 니 건 샤넬. 도장 일 하는 사람들이 페인트를 담아가지고 다니는 깡통이 있는데 저희끼리는 우스갯소리로 그걸 루이비통, 샤넬, 구찌라고 불러요.(웃음) 니 1년 연봉이 얼마고? 어떤 사람은 3500만 원에서 잔업을 많이 하면 4천만 원 되는 사람도 있지. 1년 연봉이 명품 가방 가격 정도 되니까 돈 벌러 가자. 가방 들고 가자. 우리 연봉인데 함부로 하면 되나. 그래서 사람들이 밋밋한 깡통 그대로 놔주질 않아요. 각자 취향에 맞게 컬러풀하게 깡통을 꾸며요. 예쁘게 옷도 만들어주고 알록달록 테이프도 붙이고. 이게 없으면 내가 돈을 못 버니 이건 나하고 한 몸이다 그래서 이름을 붙이는 거죠. 우리가 그렇게 부르기 시작하니까 유행어처럼 퍼지더라고요. 사람들이 일반 깡통이라고 생각 안 하고 깡통을 진화시키는 거죠. 도장 일 하는 여자들 대여섯 명이 무리를 지어서 루이비통, 샤넬, 구찌 핸드백 들고 노래 부르면서 기분 좋으면 엉덩이도 흔들고 춤도 추면서 일하러 가요.(웃음)

깡통과 한 몸으로 산 지 13년이 됐어요. 2010년 6월 15일에 대우조선 하청에서 도장 일을 시작했어요. 그때 제 나이가 서른여덟이었어요. 저는 거제도에서 나고 자란 사람이에요. 오빠들도 대우 조선에서 오랫동안 도장 일을 했고요. 거제도에선 벌어먹고 살 수 있는 게 조선소 일이거든요. 가서 시키는 대로 하면 돈을 벌 수 있으니 일단 한번 해보라고 하더라고요.

사무보조로 일하던 곳에서 남편을 만났어요. 2년 일하다가 직장 그만두고 스물세 살에 결혼했어요. 사회 경험을 많이 못 해봐서 오로지 남편만 믿고 살았어요. 그러다 남편이 바람이 났어요. 저만 모르고 있었지 주위 사람들 다 이 사실을 알고 있었어요. 친정에 경제적인 어려움이 생겨서 남편 돈으로 친정을 도와줬는데 이걸 이혼의 핑계로 삼더라고요. 저는 돈은 벌면 되니 가정을 지키자고 얘기했는데 소용이 없었어요. 나중에 알고 보니 시댁 식구들은 남편이랑 바람난 여자와 왕래를 다 하고 있었어요. 아들이 둘 있고 딸을 임신 중이었는데 저 모르게 그 여자와 만나는 자리에 애들을 데리고 갔대요. 애들한테는 입단속을 시키고요.

그 모든 상황을 알았을 때 제정신일 수 있었겠어요? 그렇게 서른여섯 살에 이혼을 했어요. 애들은 제가 키울 수 있는 상황이 아니었어요. 저도 먹고살아야 하는 현실에 던져졌으니까. 더구나 주위 사람들이 애들을 서로 떨어뜨려놓으면 안 된다고 해서 같이 살게 하려면 애들 아빠에게 양육권을 줄 수밖에 없었어요. 어쩔 수 없이 애들 세 명을 두고 나왔어요. 저희 엄마가 '네가 뭐가 부족해서 이런 일을 겪느냐'며 마음 아파하셨어요. 이 시기에 엄마도 돌아가셔서 모든 게 한꺼번에 몰아치니까 죽을 만큼 힘들었어요.

제가 14층에 살았거든요. 혹시나 제가 나쁜 마음 먹을까 봐 친구들이 저에게 수시로 전화를 했어요. 2년 정도 오빠가 저를 지켜보다가 도저히 안 되겠다 싶었는지 몸이라도 바쁘게 움직이다 보면 잊고 새출발할 수 있다고 설득했어요. 제가 죽지 못해 사는 것 같으니까 저를 집에서 끄집어낸 거죠. 오빠 말을 듣고 정신을 차려야겠다는 생각이 들었어요. 그래 털어내고 다시 시작해보자. 인생에서 최고로 힘들 때 거제도로 다시 내려와서 일을 시작했어요. 그렇게 시작한 도장 일을 지금까지 하고 있어요.

조선소 들어온 얘기 들어보면 가정적인 문제라든지 여러 가지 어려움 때문에 인생에 가장 힘든 시기, 최악의 상황일 때 일하러 온 사람이 많아요. 제가 입사할 당시만 해도 자기만 노력하면 돈을 어느 정도 벌 수 있었어요. 저도 그랬고요. 거제도에서 태어났어도 오빠가 조선소 얘기를 했을 땐 조선소에서 여자가 일을 하는 줄도 몰랐어요. 처음에는 남자들이 주로 하는 일인데 할 수 있겠나 싶어서 까마득했는데 하다 보니 이때까지 버텼네요.

지금 큰애가 스물아홉, 작은애가 스물여섯이에요. 딸은 너무 어릴 때 저랑 헤어져서 아예 연락이 안 돼요. 남편이랑은 연락을 주고받는 것 같은데 엄마와는 기억이 없으니 정도 없는 거죠. 조선소에서 일하면서 제가 아들 둘을 데리고 왔어요. 남편이 방황하는 큰

애를 길바닥에 내팽개치듯 두고 가버려서 제가 데리고 왔어요. 작은애도 비슷한 상황이었고요. 그 과정에서 애들도 상처를 많이 받았어요. 저도 상처받은 애들을 보는 게 힘들었죠. 힘든 애들을 다독거려서 그 어려운 시기를 다 견뎌온 거죠. 애들이 잘 자라줘서 다행이고 회사 생활 하는 애들을 보면 뿌듯해요.

신나는 도장의 세계

아무것도 모르는 상태에서 일을 시작했는데 배우는 모든 과정이 재밌었어요. 배에 페인트 바르고 다른 공정으로 이어지고 검사받는 모든 과정이 흥미로웠어요. 초보가 들어가면 기량자를 붙여주거든요. 지인 찬스라고 해야 되나. 제가 일하는 곳에 오빠 아는 사람이 있어서 다른 사람들에 비해서 일을 빨리 배울 수 있었어요. 같이 일하는 언니도 좋은 사람이었고요. '출세했네.' '롤러대 빨리 잡았네.' 언니들이 자기 일 배울 때 얘기하면서 축하해줬어요. 저처럼 오자마자 롤러대 잡는 건 드문 일이랬어요. 정말 운이 좋았던 거죠. 일을 배워서 제 걸로 만들어서 능력을 인정받으니까 너무 신나는 거예요. 힘든 줄도 모르고 일을 배웠어요.

배 도장은 사수들이 스프레이를 뿌리는 일부터 시작해요. 기계를 통해서 호스 안에 페인트를 넣으면 스프레이로 필요한 부분에 페인트를 쫙 뿌려요. 스프레이가 지나간 곳에 저희는 롤러대를 밀어서 색을 칠해요(터치업). 선체 도장, 엔진룸 도장, 선행 도장, 블록 쪽 도장 등 하는 일이 다양해요. 초짜 딱지를 떼려면 전반적으로 도장 일을 알아야 하거든요. 처음 한 2년은 일을 배우려고 엔진룸 도장도 해보고 특수도장도 해봤어요. 하다 보니 선체 도장이 나한테 딱 맞는 거지.

엔진룸은 우리보다 상대적으로 물량은 적어도 사람들이 오가는 곳에 오픈돼 있어서 쉬지 못하고 일을 해야 해요. 근데 우리는 탱크에 들어가면 아무도 못 보잖아요. 물량만 딱 쳐내면 앉아서 쉴 수 있고 검사 시간에도 쉴 수 있어요. 일을 빨리 하고 쉬려면 동료애가 중요해요. 서로 네 잘났니 나 잘났니 하면서 하고 싶은 대로 하고 손발이 안 맞으면 일이 진행이 안 돼요. 손이 빠른 사람은 여기로 가고 나이 든 사람들은 배려해서 저기로 가고, 남자들 있으면 높은 곳 물량 쳐주고 남자들 없으면 우리같이 젊은 애들이 위에를 빨리 쳐주고 서로 조율하거든요. 적재적소에 자리를 잡아야 일을 빨리 끝낼 수 있어요. 쉴 때는 같이 쉬고 일할 때는 같이 일하는 팀워크가 중요해요.

선체 도장은 도막 개념이 중요해요. 도장할 때 페인트 두께를 맞춰야 해요. 도막 게이지라고 각 배에 맞춰야 하는 페인트 두께가 있어요. 어떤 배가 도막을 5백으로 해야 한다면 스프레이로 2백 정도 올려놓고 저희가 더 채워서 게이지를 맞춰야 해요. 기량자들은 한 번 칠해서 맞추는데 초보자들은 페인트를 얼마나 발라야 맞출 수 있는지 감이 없어요. 도막이 안 맞으면 배가 부딪혔을 때 용접 부분이 갈라질 수 있어요. 배에서 밸러스트(ballast) 탱크가 엄청 중요하거든요. 선박에 화물을 싣지 않을 때 균형을 잡아주기 위해 평형수를 싣는 탱크예요. 거기에 우리가 색을 입혀주면서 도막을 맞춰야 배가 부딪혀도 갈라지지 않아요. 도장은 블록과 블록을 잘 이어주는, 딱 부착시켜주는 일이에요. 우리가 중요한 역할을 하는 거죠. 그러니 우리가 얼마나 대단한 사람이에요. 도장은 기술을 가진 사람인 거고 이 기술은 나이 먹어도 쓸 수 있어요. 뭣도 모르고 일을 시작했는데 세월이 흘러도 이렇게 제가 유용하게 쓰일 줄은 생각도 못 했죠.

도장 일 할 때 저는 하루 종일 롤러대를 밀면서 몸 쓰는 게 좋아요. '우리 오랜만에 신나게 한번 밀어보자.' 동료들하고 쫙쫙 밀고 쉬다가 또 신나게 밀고 쉬고, 그게 저는 맞더라고요. 엔진룸이나 다른 곳은 깔짝깔짝 해야 하니까 성격에 안 맞는 거지. 바깥에 데크 할 때는 살살하다가 밸러스트탱크 가서는 시원하게 밀고, 선체는 강약 조절이 되니까 지루하지 않아요. 루이비통에 페인트를 가득 담아가면 삼사십 분 만에 없어져요. 루이비통에 구멍 났다 이러면서 일하거든요.(웃음) 힘들지만 재밌어요. 거기에 돈도 더 많이 주면 얼마나 재밌겠어요. 롤러대가 춤을 추지. 아직 한 10년은 더 돌릴 수 있는데….

네팔에서 온 외국인 노동자가 있었어요. 아침에 '누나-' 하고 인사했거든요. 점심 먹기 전에 그 컨테이너선 데크 쪽에서 동료가 추락한 거예요. 사망 사고가 났어요. 바로 아침에 봤던 동료, 누나 동생 하던 사람이 갑자기 사고로 죽으면 황당하고 어떻게 해야 할지 모르겠어요. 진짜 힘들더라고요. 지금은 탱크에 절대 혼자 들어가면 안 된다는 걸 사람들이 알지만, 전에는 관리자가 시키면 혼자 탱크에 들어갔다가 갇혀서 죽는 일도 있었어요. 점점 나아지고 있지만 그래도 조선소 일 자체가 위험하니까 사고는 계속 나요. 돈을 모아야 한다고 생각할 때는 몰랐는데 나이를 어느 정도 먹으니까 무서울 때가 많아요. 탱크에 혼자 들어갔을 때 쌔한 느낌. 우리끼리 하는 얘기로 조선소에서 죽은 영혼들이 탱크에 있다고 해요. 옆에 뭔가 있는 것 같은 느낌.

남는 건 골병이에요. 롤러대를 힘을 주고 잡으면 손마디가 굳고 팔을 제대로 들지도 못해요. 배가 깊은데 그 밑까지 내려가려면 가파르고 좁은 계단을 오르락내리락해야 하거든요. 계단 자체도 힘든데 뻥끼(페인트) 담은 깡통, 청소도구, 헤라, 다른 연장도 있으니까 팔이 어떻게 되겠어요? 무겁기도 무겁고 가파른 일자 계단을 길게 오르내리면 추락할 위험이 있어요. 언젠가부터는 무거운 거 내릴 때 인양 로프를 이용해요. 이제는 들고 내려가지 않고 묶어 내리죠.

대우조선은 배가 크거든요. 계단 한 층 오르고 나면 헉헉 숨이 차서 쉬었다가 또 한 층 오르고 헉헉 할 정도니까 다리가 얼마나 아

배에 색을 입혀 바다에 내보내는 도장 노동자 정인숙

프겠어요. 관절에 안 좋지. 철판에 부딪혀서 전신에 멍이 들기도 하고요. 파워(파워그라인더. 도장 전에 이물질을 갈아 없애는 작업)도 도장인데 그 사람들은 기계를 윙 하고 돌리다가 손을 다치는 경우가 많아요. 스프레이 총 사용하는 사수들은 손가락에 문제가 생기고요. 도장하는 사람은 거의 다 천식 있고 비염 있고, 페인트 가루, 조명 때문에 시력이 나빠져요. 저는 피부 알레르기 고친다고 안 해본 게 없을 정도로 진짜 많이 고생했어요. 이제는 만성이 된 것 같아요. 페인트 독 때문에 피부가 뱀 허물처럼 벗겨져서 피부 색깔이 달라요. 뺑끼가 바뀔 때마다 피부가 가려워요. 손에 흉터가 많아서 누가 보면 부끄럽죠. 나름대로 씻고 나와도 항상 한두 곳은 묻어 있고 머리에도 묻어 있으니까 그런 것도 창피해요. 우리도 꾸미고 싶은 마음이 왜 없겠어요?

뺑끼 자체가 유해물질이라 산재가 많이 나온다 하더라고요. 하청 직원들은 산재 처리 하기도 힘든데…. 사람이 신나(시너)에 취하잖아요? 환각 비슷한 상태가 돼서 기분이 업 되는 거라. 노래 부르면서 엉덩이 흔들고 춤추고 막 이러거든. 또 사람이 신나에 취하면 딱 한 자리에 꽂혀서 롤러로 거기만 밀고 있어요. 보다가 한군데만 밀고 있으면 '어머, 이 언니 큰일 났다, 취했다' 하면서 데리고 나가서 찬바람을 쐬든지 해요. 신나에 취하는 건 경력과 상관없어요. 그날 컨디션에 따라 달라요. 환경이 안 좋은데 안 취할 때도 있고 환경이 좋아도 빨리 취할 때도 있어요. 우리가 8시에 일을 스타트하면 10시에 10분 정도 쉬고 다시 일을 해요. 만약에 일하다가 상태가 안 좋아 보이는 동료들에겐 나가서 쉬라고 해요. 자기 몸 상태는 자기가 아니까 쉬어야 하는 상황이면 말을 하라고 하고요. 우리가 같이 일하면서 서로 쉬는 시간을 조절하는 거죠.

터치업 봉지의 다른 용도

일하면서 화장실 가기가 힘들어요. 일하는 현장 바로 옆에 화장실이 있으면 쉬는 시간 10분 동안 갔다 올 수 있어요. 근데 우리는 그게 아니거든요. 일하는 곳이 평지면 왔다 갔다 가능해도 우리는 아침에 작업 시작하면 땅굴 들어가듯이 밑으로 밑으로 들어가요. 그 밑에서 힘들게 올라오는 데 10분 걸리고 화장실 갔다가 다시 힘들게 내려가는 데 10분 걸리면 20분이잖아요. 쉬는 시간은 몸 좀 편하자고 있는 시간인데 오르락내리락 다리도 아프고 시간도 걸리고 급할 땐 오가는 도중에 쌀 수도 있어요. 그러니 임시방편으로 다른 방법을 찾을 수밖에 없어요.

터치업 봉지라고 뺑끼 칠할 때 쓰는 물품이 있어요. '루이비통'을 비닐로 싸고 그 비닐에 뺑끼를 담아서 롤러로 터치업을 해요. 이 비닐이 용도가 다양해요. 여유분으로 봉지를 두세 장씩 주머니에 넣고 가서 거기에 소변을 봐요. 밥 먹으러 갈 때 그걸 가지고 올라오는 거죠. 그나마 우리 회사 봉투는 까만색이라 표가 안 나는데 업체마다 봉투 색깔이 달라서 하얀색, 하늘색, 연두색 봉지도 있어요. 거기에 노란색 물이 있다고 한번 상상해보세요. 액체만 있으면 흘릴 수 있으니까 나름대로 노하우를 발휘해서 봉지에 헝겊 같은 걸 넣어요.

소변이 막 밑으로 셀 때도 있어요. 배 안이라 평지가 아니고 경사가 있어서 자세가 안 나오니까. 동료가 작업하고 있는데 뭣도 모르고 그걸 만질 경우가 있거든요. 팔짝팔짝 뛰고 난리가 나는 거지. 10년, 20년 했다고 노하우가 있는 게 아니라 얼마나 급하냐에 따라 다르고 어쩔 수 없이 실수하는 경우도 있어요.(웃음) 오래 일한 사람은 다른 사람한테 망 좀 보라고 하면서 편안하게 볼일을 보는데 처음 온 사람은 부끄러워서 쉽지가 않죠. 그래서 초보들은 10분이든 20분이든 힘들어도 올라가는 거죠.

쉬는 시간이 짧고 계단이 힘들어서 화장실에 안 가는 것도 있지만 간이화장실이 너무 지저분했어요. 남자들이 여자 화장실에 들어가면 안 되는데 담배 피워서 꽁초로 엉망진창이고 가래 뱉고, 비위가 상해서 화장실을 못 갔어요. 남자가 여자 화장실에 들어갔다 걸리면 그날 난리 나죠. '아저씨'로 시작해서 삿대질해가면서 막 소리소리 지르면 얼마나 창피하겠어요. '급해서 들어왔습니다', '죄송합니다' 하면서 얼굴 벌개져서 도망가다시피 뛰어가는 거지. 이걸 비디오로 찍은 걸 봐야 상황이 팍 느껴지는데…. 화장실에 가스도 차 있어서 숨을 못 쉴 정도였어요. 여름에는 더 심하죠. 배가 아파도 화장실을 못 가요. 꾹꾹 참다가 집에 가서 해결하고 그랬어요. 차라리 봉지에 싸는 게 위생적으로 더 좋은 것 같더라고요. 지금은 새 화장실 들어오면 청소도 하고 수리도 하지만 저는 자연스럽게 습관이 돼서 터치업 봉지를 활용해요.

급할 때는 탱크 안에서 변을 보는 경우가 있어요. 도장하는 사람들은 방독 마스크 쓰잖아요. 마스크를 껴도 뻉끼 냄새를 막아주는 거지 대변 냄새나 방귀 냄새는 희한하게 그대로 나요. 냄새가 다 퍼져요. 방귀 뀌고 시침 뚝 떼고 있어도 옆에 있는 사람이 난리가 나요. 별별 일이 다 있어요. 이거를 어떻게 다 설명할 수 있겠어요? 직접 겪어야지 느낄 수 있지. 저는 말하면서 상상이 되니까 혼자 웃고 말지. 조선소 일을 모르는 사람들은 이게 이해가 갈까 하는 생각이 들어요.

웃음꽃과 분노의 몸짓

여자들끼리 모여 있으면 재밌어요. 도장 일은 한 반에 여자들이 일고여덟 명, 적으면 네다섯 명인데 성격이 다 다르니까 얼마나 재밌겠어요. 집에 있으면 웃을 일이 별로 없잖아요. 현장에 가면 오만 소리 다 하면서 실컷 웃어요. 그러면 스트레스도 풀려요. 제가 굉장히 장난이 많거든요. 도장반에서 재롱 담당이에요. 제가 조용하면 이상하대요. 짜증 나고 화날 때가 있어도 성격상 10분을 못 가고 하하호호 하니까. 내가 우스갯소리를 잘하지. 사람들을 웃겨줘야 돼. 인상 쓰고 있으면 일이 더 힘들어요. 가족보다 회사에서 부대끼는 동료들과 더 많이 시간을 보내는데 서로 생각하는 동료가 있으면 덜 힘든 거지. 그래서 좀 쉬고 싶어도 나 하나 빠지면 사람들이 더 힘드니까 계속 출근하는 거고. 이 사람들이 팀을 이뤄서 각자 다른 성격을 맞춰가면서, 중재해가면서 일을 이루어가는 거라. 그러니 서로 위해주고 함께 살펴야지 혼자 잘났다고 오만하게 굴면 낙오될 수밖에 없어요. 우리는 그래요. 힘들면 서로 도와주자, 같이 해서 빨리 쉬자, 다 같이 가자.

전에는 도장도 직영(원청 정규직 노동자)이 있었거든요. 직영 여성들이 터치업을 하고 다녔단 말이에요. 여자들이 일하는 걸 보니 잘하니까 여성을 점점 더 뽑은 거죠. 백번 양보해서 예전에는 남자들이 높은 곳 도장을 하고 무거운 걸 들었으니까 임금을 더 췄다고 할 수도 있겠지만 지금은 아니에요. 높은 곳 도장할 때는 로프맨들이 다 해요. 남자들이 많이 없어서 무거운 것도 여자들이 다 들어요. 그럼 임금에 남녀차별을 두면 안 되지. 근데 이상한 일이죠. 남자가 일당 오천 원을 더 받아요. 여자가 많고 남자는 적어서 할 일은 다 하는데 왜 임금은 다르게 줘요?

조선소는 남자가 많잖아요. 제가 조선소에 왔을 때 남성 관리자의 갑질이 심했어요. 청소하면 관리자가 따라다니면서 이거 주워라 저거 주워라 오만 잔소리를 다 했어요. 왜 밥 먹으러 빨리 안 내려오냐, 점심시간 지켜라, 왜 화장실을 빨리 가냐. 파업하기 전까지 더러워 죽겠다 할 정도로 이 얘기 저 얘기를 들어야 했어요. 여렸던 여자들도 조선소에서 살아남으려면 점점 억세질 수밖에 없는 거지. 남자들 속에서 이리 치이고 저리 치이다 보니까. 직영하고 싸울 때 보면 쌍욕이 난무하고 너무 재밌어요.(웃음) 아저씨들이 뭣도 모르고 우리가 도장한 부분을 밟잖아요? 그때는 아저씨들 살아남지를 못한다. 뚜껑 확 열려서 삿대질하고 난리가 나거든. 아저씨들이 '아휴, 도장 아줌마들 너무 무섭다' 하면서 도망가요. 혼자 보기 아까울 정도예요. 우리도 득이 안 되면 화를 안 내거든요. 딱 보고 하청 직원이면 넘어가는데 직영 직원이면 가만히 안 있어요.

조선소에서 일하기 전엔 저도 잘 싸우는 사람은 아니었어요. 조용하게 있는 편이었죠. 그때는 애만 키웠지, 하고 싶은 말 하고 이런 거는 없었으니까. 성격은 활발해도 나서지는 않았어요. 처음에 제가 어리버리하니까 주변에서 우습게 여기더라고요. 제가 젊은 여자라 그런 게 있더라고요. 어리숙하게 굴면 살아남지를 못하겠다. 아, 여기서 살아남으려면 강해져야겠다. 할 말 하고 바보같이 당하지만은 않아야지. 그때부터 사람들이 함부로 대하지 못하게 날을 세웠어요. 말도 안 되는 짓을 하는 건 아니니까. 제가 불의를 못 참아서 주위 사람들이 억울한 일 당하면 같이 싸워주기도 하고요. 그러다 보니 제 주변에 사람들이 모이더라고요.

진짜 나름대로 열심히 한다고 했는데

　남자들 틈에서 악착같이 버티면서 애들 공부시키고 빚도 갚았는데 이제 다 옛날 말이에요. 그게 지금은 어려워요. 제가 들어왔을 때만 해도 조선소 임금이 다른 데 비해서 높은 편이었어요. 시급 3800원으로 시작했어도 원청에서 두 달에 한 번 보너스 나오고 성과금도 있고, 불황기가 아니어서 일도 많이 할 수 있었으니까 돈이 꽤 됐죠. 하청업체 직원들도 자녀 학자금이 다 나와요. 2015년까지는 직영에서 받는 거 우리도 다 받았어요. 그래서 생활이 유지가 됐어요.

　2016년부터 조선 경기가 불황이 되면서 임금이 점점 삭감됐어요. 상여금도 없어지고 일당도 삭감됐어요. 상여금이 없으니까 오로지 시급만으로 생활해야 하는 거죠. 한 달에 2백만 원도 못 벌 때도 있었어요. '조선소 경기 풀리면 돈을 올려주겠다. 일당으로 전환해라. 사인해라.' 그래서 2016년에 시급이었던 사람들이 일당으로 반강제적으로 전환했어요. 경기 좋아지면 임금 올려주겠다는 말만 믿고 사인을 한 거예요. 그러고 나서 2년 전까지만 해도 일이 없으면 일당들은 다 집에 가라 했었어요.

　2016년 이전 정도는 아니어도 조선업이 많이 회복됐어요. 이제 조선소 경기 좋아졌는데 왜 임금 안 올려주냐. 불황이라면서 일하는 사람들 다 밖으로 내보내지 않았냐. 이제 약속을 지켜도 되는 상황 아니냐. 일은 바빠졌는데 돈은 안 올려주는 게 말이 되냐. 2022년에 51일 동안 투쟁하면서 거통고조선하청지회가 임금 30퍼센트 원상회복을 요구한 게 다 이런 상황이 있던 거거든요. 이해가 안 가는 게 약속했으면 지켜야 될 거 아니에요. 약속은 안 지키고 '조금 더 있다가' 하면서 시간을 끄는데 그만큼 우리가 기다려줬으면 올려줘야지. 내가 어디 가서 이런 배를 만들겠노, 그런 자부심이 있었는데 자부심 가지면 뭐 하겠어요? 대접도 안 해주는데.

2016년 전에는 기량자와 초급자의 임금 차이가 있었어요. 근데 지금은 시급이 백 원, 2백 원밖에 차이가 안 나요. 외국인 노동자들은 점점 많아지는데 한국 사람들은 더 이상 조선소에 안 들어와요. 돈을 벌어야 하는 사람들은 조선소로 오는 게 아니라 건설로 빠지잖아요. 그리고 아웃소싱(물량팀)이라고 들어보셨죠? 아웃소싱 업체가 많이 생기고 월급을 조금 더 주는 그쪽으로 몰리다 보니 우리처럼 하청 본공으로 일하는 사람은 부족해요. 예전엔 아웃소싱이 4대보험도 안 되고 퇴직금도 없었는데 지금은 둘 다 생겼어요. 우리가 하루에 13만 3천 원 정도 되거든요. 아웃소싱은 4대보험 안 넣으면 16만 원, 4대보험 넣으면 14만 5천 원, 15만 원. 저희 하청 본공에겐 그만큼 돈을 줄 수가 없는 거죠. 물론 아웃소싱 업체 사장 중에는 퇴직금 줄 시기가 되면 회사를 폐업하고 다른 업체로 바꿔서 문제예요. 우리는 노조가 있으니까 고용이 보장되고 당장은 돈이 적지만 미래를 보면서 여기 남아 있는 거죠.

제가 들어간 시점부터 도장팀에 초짜가 안 들어온 것 같아요. 일하는 사람 연령이 높아지니까 아무래도 일의 속도감이 떨어지죠. 언니들은 나이가 많고 제 또래가 중심이다 보니 힘든 거는 웬만하면 언니들 안 시키고 우리가 해요. 언니들이 어느 정도까지만 해줘도 고맙죠. 언니들이 물량을 해줘서 일이 수월하다는 생각하는 사람이 있는 반면에 물량을 못 쳐준다고 불만을 가진 사람도 있어요. 자기한테 조금만 손해가 되면 불평하는 모습을 보면 세상이 참 험하다 해야 하나, 인정머리가 없다 해야 하나. 언니들도 눈치가 보이니까 나가고, 그러니 또 사람이 없고, 우리는 힘들어지고. 그동안은 돈을 벌어야 한다는 생각만 하고 일하다가 노조에 들어가서 파업 투쟁을 하다 보니 그동안 우리가 열악한 환경에서 일을 했구나 느껴졌어요.

전부터 같이 일했던 지인이 노조 가입을 권했어요. 당장 필요성은 못 느껴서 가입은 하되 내색은 안 하겠다고 얘길 하고 적극적으로 활동하지는 않았어요. 근데 제가 노조에 있다고 하니 언니들이 저만 바라보고 있는 거야. 듣는 귀가 있고 보는 눈이 있으니까 제가 정보가 빠르잖아요. 뭔 일만 있으면 저를 쳐다보는 거예요. 불이익 받는 상황이 됐을 때, 급여나 연차에 문제가 생길 때, 좋은 소식 있다고 할 때, 동료들이 궁금해하면 알아봐주는 역할을 했어요. 동료들이 조합에 있는 저에게 의지를 하더라고요.

그러던 제가 51파업 때는 물불 안 가리고 싸웠어요. 어디서 그런 용기가 났는지. 조합원인 걸 내색도 안 하던 제가 대놓고 '나는 조합원이다' 말하게 됐어요. 경험이 없으니까 연대 이런 걸 알 턱이 없잖아요. 사방팔방 깃발 날리면서 행진하고 같이 노래 부르고, 신세계였어요. 너무 신기했어요. 제가 거제도에서 태어나고 자란 사람이잖아요. 제가 중학생 때 대우조선 노동자들 파업이 있었는데, 그때 경찰 엄청 오고 다른 사람들도 많이 왔었거든요. 그때 이후로 이렇게 많은 사람이 거제도에 온 건 처음이었어요. 사람들이 연대하러 온 게 한 번도 아니고 여러 번이었어요. 함께 연대해주고 싸워주는 사람들과 내 자신을 위해서 견뎌야 한다는 걸 처음 알았어요. 이때는 모든 게 너무 좋았지. 없던 힘도 나고 다 잘될 거라고 희망을 가졌던 것 같아요.

진짜 나름대로 한다고 열심히 했는데 돌아온 건 별로 없어서 회의감이 들었어요. 사업주가 시키는 대로 하지 않아도 된다는 걸 알게 되고 변한 것도 있지만 2016년 이전으로 임금이 회복된 건 아니에요. 제가 다니던 하청업체가 문을 닫으면서 업체가 바뀌어도 원청에서 고용 승계를 인정해준다고 했었는데 그게 성사가 안 됐어요. 조합원으로 가입했던 사람들은 나가면 못 들어오니까 나가지도 못하고 고용 승계만 믿고 있었단 말이에요. 조합원들은 회사에 한번 들어오면 조합원 탈퇴를 해야 다른 회사에서 받아주거든요. 블랙리스트가 있으니까. 회사들에서는 아니라고 말하지만 다

들 알고 있는 얘기죠. 노조 탈퇴하라고 회사에서 그렇게 얘기한다더라고요. 하청업체 사장들도 부담스러운 거지. 그러다 보니 어디안 가고 다니던 회사에 있다가 원하는 때에 일을 그만둘 거다 생각하고 있는 거죠.

우리도 한 회사에서 장기근속하고 싶어요. 사장이 자주 바뀌니까 할 수가 없는 거라. 직영 같으면 20년, 30년 장기근속을 할 수 있잖아요. 하청은 3년쯤 일했는데 회사가 폐업하면 처음부터 다시 시작해요. 정부에서는 장기근속을 하는 방향으로 얘기한다고 하는데우리는 해당사항이 없는 거예요. 기존에 일하던 사람들이 안정적으로 일할 수 있어야 만족감을 느끼고 사람들을 데리고 올 수 있잖아요. 있는 사람도 만족을 못 하는데 어떻게 일할 사람을 데리고 오겠냐고. 고용노동부에 가서 따졌잖아요. 이럴 것 같으면 얄궂은 정책은 쓸데없이 왜 만들었냐, 그렇게 잘 못 하려면 만들지 말라면서. 현실이 어떻게 돌아가는지 제대로 알고 정책을 만들어야지 책상머리에 앉아서 실효성 없는 정책만 만들면 뭐 하냐고요.

배 만드는 여자

'네가 만든 배가 지금 파나마운하를 지나가고 있다.' 배 만들 때모든 공정을 담당하는 감독님이 사진을 찍어서 보내줬어요. 와, 내가 만든 배가 지금 일하고 있다. 고생해서 만든 배가 바다를 다니면서 돈 벌고 있는 사진을 보니까 얼마나 감동적이었는지. 사진을 보내주신 건 제가 한 일과 저에 대한 인정이잖아요. 아무도 그런 사진을 찍어서 보내준 적이 없어서 제가 만든 배가 바다에 다니고 있다는 생각을 안 해봤거든요. 새로 만든 배를 도크에서 처음 물에 띄울 때 진수식을 하는데 노동자들은 참석하지 않으니까요. 이때가 제일 보람이 있었어요. 여태까지 내가 배를 몇 척이나 만들어봤을까? 대략 13년 동안 50척 넘게 만들었어요. 아, 많이 만들었네요. 웬만한 배는 다 만들어본 것 같아요. LNG, LPG, 벌크선(광물·곡물 운반용 화물선), 리그선(시추선)…. 대단하죠? 제가 하는 일에 자부심이 생기네요.

도장은 조선소의 꽃이에요. 마지막 공정이니까. 용접이나 파워만 해서 되는 게 아니고 배에 색을 입혀야 배가 바다로 나갈 수 있잖아요. 용접을 한 배는 불똥이 튄 자국이 있고 파워 작업을 하면 전신에 먼지투성이인데, 우리가 도장을 하면서 쓸고 닦고 꾸미거든요. 색을 예쁘게 입혀서 바다로 보내는 거죠. 온갖 색상이 들어간 배를 보면 얼마나 뿌듯한지 몰라요. 배마다 색이 다 다르고 이 배는 이 색을 입히면 하나밖에 없는 자기 이름을 가진 배가 되니까. 그러니까 내가 해서가 아니라 도장이 최고지.(웃음)

저는 도장 일이 없었으면 그 힘든 삶의 과정을 이겨내지 못했을 수도 있어요. 결혼 생활을 할 때만 해도 살림하고 애들만 키울 거라고 생각했고 평탄하게 갈 거라고 생각했지 이렇게 삶의 굴곡이 있을 거라고 생각을 못 했어요. 이혼하고 바닥까지 갔을 때 정말 막막했어요. 가장 힘들 때 조선소에 와서 경제적인 문제도 해결하고, 새로운 인연도 만나고, 일에 대한 능력도 인정받고, 하고 싶은 말도 하면서 살고, 기댈 수 있는 사람도 많아지고. 삶이 많이 변했어요.

사람이 죽으라는 법은 없더라고요. 이혼하고 진짜 죽을 것 같았는데 사람들과 부대끼고 노력하다 보니 좋은 일도 있더라고요. 아니, 좋은 일이 더 많더라고요. 저처럼 힘든 상황에 놓인 사람들이 자기 현실에만 묻혀 있지 말고 힘을 냈으면 좋겠어요. 저는 이 일을 10년만 더 해볼까 생각하고 있어요. 5년은 열심히 하고 5년은 여유를 가지고 일을 해보고 싶어요. 그리고 10년 뒤에는 저만을 위해서 한번 살아보고 싶어요. 요리도 배워보고 춤도 배우면서 신나게 살아볼까 싶어요. 같이 사는 사람과도 약속했어요. 강아지도 키우고 텃밭에 야채도 키우면서 그렇게 살자. 제가 겪어보니까 나는 왜 이러지, 내 인생은 왜 이러지, 이렇게 생각하면 딱 그 자리더라고요. 다시 한 번 해보자 하는 마음에 이미 희망이 있는 거잖아요. 아직 죽지 않았다. 아직 정인숙은 살아 있다 이거지. 그러니까 지금부터 나는 행복할 거야.

여서 그만두면
딴 데 가도
못 견딘다
생각으로 버텨가
오늘까지 왔어예

작업의 끝과 시작,
청소 노동자 김순태

기록   이은주

무더웠던 8월, 경남 진해 케이조선지회 사무실에서 첫 인터뷰를 시작했다. 20분 넘게 인터뷰가 진행되고서야 김순태 씨는 안전모를 벗었다. 그리고 그제야 조선소 노동자들의 분신과도 같은 두건과 목 토시에 가려 있던 깡마른 얼굴이 드러났다. 20여 년 조선소 노동자로 일해온 삶의 흔적이 여실히 보였다.

1957년 대구에서 태어난 그는 10대에는 동생들의 학업과 성장을 보살피는 돌봄노동을 했다. 스물세 살에 결혼한 후 40대 초반까지는 아내와 엄마로 가사노동을 전담한다. 남편의 갑작스런 죽음으로 가장이 된 그는 마흔여섯 살에 조선소 비정규직 사상 노동자로 일하기 시작한다. 68세, 그는 지금도 조선소에서 청소 노동자로 일하고 있다.

1990년대 후반부터 2000년대 후반까지 한국 조선산업은 황금기를 보냈다. 조선산업 호황에 힘입어 울산-부산-거제·통영·고성-남해-목포에 이르는 남해안 일대에는 조선산업 벨트가 형성되었다. 곳곳에 조선산업특구와 조선 기자재 생산단지가 들어서고, 중·대형 조선소가 들어섰다. 조선산업은 수많은 노동자의 노동력을 바탕으로 성장했다.

작업의 끝과 시작, 청소 노동자 김순태

그가 일했던 STX조선은 2008년 수주 잔량 세계 4위, 연간 수주 실적 세계 3위를 기록하기도 했다. 하지만 금융위기에 따른 수주 급감, 선박 가격 폭락, 중국 및 유럽 투자 실패로 수익성이 악화되고 운영 자금이 고갈되면서 어려움을 겪는다. 2013년부터 채권 금융기관 주도로 구조조정이 본격화되었다. 이 구조조정으로 2012년말 3488명이었던 정규직은 2021년 960명으로, 비정규직은 4641명에서 1000명까지 줄어들었다. 2018년 5월 정부는 울산 동구, 경남 거제·통영·고성, 창원 진해구, 전남 영암·목포·해남 등 다섯 곳을 산업위기대응 특별지역으로 지정했다. 고통의 10여 년이 지난 2024년, 조선소 노동자들의 삶은 여전히 녹록지 않다.

세 번의 실직과 취업의 반복, 사상 노동자에서 아파트 청소 노동자로, 다시 조선소 청소 노동자로 이어지는 그의 노동의 역사에는 한국 조선산업의 역사가 고스란히 담겨 있다. 조선업에 여성이 발 디딜 틈은 매우 적었고 여전히 적다. 현재 케이조선 정규직 현장 노동자 431명은 모두 남성이다. 정규직 사무직 498명 중 여성은 33명이다. 그리고 비정규직 노동자 2780명 중 여성 노동자는 416명으로 14.96퍼센트다.

그 좁은 틈에서 15년 사상 노동자로 일해온 그는 동료들의 작업을 한눈에 이해하고 필요한 곳으로 먼저 몸을 움직일 수 있다. 그의 말처럼 청소 작업은 공정과 공정을 연결하는 주요한 노동이다. 다른 이가 노동을 시작할 수 있도록, 그가 노동을 끝낸 자리가 빛나도록 하는 노동이다. 마치 공기처럼 늘 있어서 그 존재를 인지하지 못하는 것처럼 끝이자 시작인 필수노동의 소중함을 망각한 채 살아가기 일쑤다. 어쩌면 조선소 여성 노동자들의 삶이 그러하지 않을까? '힘들어도 버텨서 여기까지 왔다'는 그의 한마디에 팍팍하고 고단했을 삶이 오롯하게 전달되었다. '일 안 하고 집에 있으모 갑갑해서 몬 삽니더'라는 이야기에 가슴 밑이 찌릿하다. 힘겨웠던 그 노동이 그를 살게 한 숨구멍이었을까?

나에게는 STX조선 현장의 모습 중 깊이 각인된 몇 가지 장면이 있다. 폭발 사고가 있었던 탱크 안 처참한 흔적들, 점심시간 식당 입구 복도에 무수히 쌓여 있던 땀이 밴 노란 안전모들, 점심식사 후 고단한 몸을 누일 곳 없어 쇳덩어리 블록 밑에 누워 쉬던 하청노동자들의 모습이다. 그들 속에 있었던 김순태 씨를 만나 나의 시선은 확장되고 좀 더 인간다워질 수 있었다.

그와 함께 진해 원포동 STX조선소를 누볐던 사상공 언니들을 '구루마 부대'라 칭했다고 한다. 성장기부터 가부장제의 뿌리 깊은 여성차별과 일터에서의 차별을 묵묵히 견디며 살아온 언니들이다. 여전히 청소 노동, 노인 일자리에서 고단한 삶을 살아내고 있을 구루마 부대 언니들이 궁금해진다. 벚꽃이 흐드러지게 피는 진해의 봄날, 따뜻한 밥 한 끼 대접해드리러 가야겠다.

작업의 끝과 시작, 청소 노동자 김순태

그 시절엔 당연하게 여겨진 일들

이름이 남자 같죠. 아들 낳으라고 할머니가 이래 지었대요. 옛날에 그랬다 아입니까? 아버지가 4대 외동이에요. 저희는 8남매인데 오빠 하나 있고 언니가 너이나 되고, 딸은 제가 막내고 밑으로 남동생 둘이여요. 학교는 고등학교 중퇴했어요. 언니들도 중학교밖에 안 나왔어요. 그때는 급식비까지 다 냈잖아요. 여간해서는 공부 다 못 시켰죠. 한 2백 호 되는 마을에서 우리 집은 부자는 아니어도 사과 밭도 있고 어느 정도 산다 했는데도 여자들은 공부를 많이 시키지 못했어요. 요새 같으면 악을 쓰고 달라들기라도 했겠지만 그런 것도 못 했지요.

하도 오래되어 기억이 가물가물한데 친구랑 고속버스 타고 서울까지 간 적도 있어요. 김용림, 남일우가 산다는 아파트를 가본 적도 있고, 남진, 나훈아 리사이틀 온다 카면 대구 신도극장에 가고, 아이고 지금 생각하면 참 미쳤다 싶어. 하춘화, 문주란 스티커 사진도 팔았거든. 그걸 사가 이마이 모으고요. TV가 흔하지 않아서 라디오 끌어안고 맨날 노래 듣고 그랬어요. 그때는 생머리 이래 풀어가 있었어요. 한창 멋 부릴 나이니까. 그게 사춘기였지.

고향이 경북 경산인데 처녀 때 대구로 이사 왔어요. 결혼 전까지 집에서 학교 다니는 동생들 밥 해주고 있었죠. 직장 생활을 안 해봤죠. 친정아버지가 여식아는 바깥에 나가면 안 된다 카면서 얌전히 있다가 시집이나 가야 된다 이랬어요. 그러다 진해 살던 사형 소개로 진해로 시집 왔죠. 스물세 살 늦은 나이였죠. 옛날에는 열여덟, 열아홉이면 다 갔잖아요.

결혼하고 5년 동안 애가 안 들어서서 이혼까지 할 뻔했어요. 요새는 안 낳기도 하고 시험관도 하고 이라지만 옛날엔 그런 거 없었잖아요. 5년이나 없으니까 트러블이 좀 있었지요. 그때는 길 가다 임신해 배부른 사람 보면 그래 부러울 수가 없데요. 그러다 큰애 가졌을 때는 열 달 내내 입덧을 해가 못 먹었어요. 냉장고만 봐도 똥물까지 다 올려서 두 달 동안 입원해 있고 이랬어. 아이고 흰 색깔 밥, 냉장고만 봐도 끔찍했지. 둘째 딸내미 때는 좀 덜했어요. 하루 한 끼 아구찜만 먹고 살았어요.

아저씨 있을 때가 좋았어요. 가정적이었어요. 빨래도 하고. 그 때는 세탁기로 안 했잖아요. 대신 빨래 널 때는 꼭 누구 엄마야, 나를 불러서 널라 했어요. 옥상에 빨랫줄이 있었거든요. 쉬는 날은 요리도 잘했어요. 애들도 아빠가 한 게 더 맛있다 했고요. 좀 자상했지요. 마당에서 뭐 만들고 이런 걸 좋아했어요. 그럴 때는 내가 커피 한 잔 타가 이야기도 하고. 그럴 때가 좋았어요.

일 마치고 저녁에 집으로 돌아오다가 심장마비로⋯. 젊은 나이에⋯. 갑자기 하늘이 노랗데. 하늘이 노랗다 하는 게 이런 거구나. 그냥 멍하니, 1년은 내 정신이 아니더라. 세월이 약이라고 애들 크고 이러니까 잊혀지는 거지. 그때가 마흔다섯 살이었어. 처음에는 말도 못 했어요. 아저씨가 애들 대학 갈 준비는 해놨고 빚이 없었으니까 그나마 살았죠. 있는 돈도 쓰고 벌고 그랬어요.

짤막하게 자른 머리

2002년 STX조선소에서 직장 생활을 처음 했어요. 40대 초반에도 다니려 했는데 그땐 신랑이 반대했어요. '가려면 이혼하고 가라, 애들 어려서 학교 갔다 오면 엄마가 있어야 된다' 하면서. 또 조선소는 남자들 버글버글해서 거기 가면 바람난다고 못 가고로 했어요. 옛날에는 좀 그랬거든요. 건강검진 받고 이력서까지 넣어놨다가 취소했어요. 저도 어릴 때 학교 갔다 왔는데 집에 아무도 없으면 눈물 날 것 같았던 기억이 있어예. 엄마가 있으면 감자랑 고구마도 삶아주고 너무 좋은데, 들에 가뿐다든가 밭에 가뿐다든가 하면 쓸쓸했던 기억이요.

신랑 돌아가시고 난 뒤에 조선소에 왔어요. 친구가 온나 온나카는 거 안 가고 1년 넘게 솔직히 방황을 했지예. 애들도 커서 알아서 다 하고, 애들 학교 가고 나면 혼자서 도저히 집에 못 있겠더라고요. 그래가 사십여섯에 조선소에 첫발을 디뎠지.

첨에 사상(시야기, 마무리)을 배웠죠. 사상은 철판의 거칠어진 부위나 각진 모서리를 그러인더로 매끄럽게 갈아주는 거예요. 또 크레인으로 블록 들 때 거는 러그(lug)를 잘라내고 깨끗하게 갈아주는 것도 하고요. 부장은 사상 하면 팔이 너무 아프고 손이 덜덜 떨린다며 자동 용접을 해라 하더라고예. 근데 조선소 일 얼마나 하겠나 싶었어요. 그거 배우려면 6-7개월은 배워야 되거든요. 친구도 그때 사상 하고 있었어요. 그래가 '저리 쪼깨난 아도 하는데 사상 할랍니다' 하고 사상을 배워가 일했지.

저하고 같이 들어온 아줌마가 네다섯 명 됐어요. 진해 속천 꼬막 공장에서 일하던 사람, 부산 신발 공장에 다니던 사람. 처음 하는 일이고 불꽃이 사방으로 튀니 겁도 났지. 처음 들어오면 고비가 있잖아요. 너무 힘드니까 그만두는 사람이 많아예. 저 혼자 같으면 힘들었을 텐데 똑같은 초보자가 많았으니까, 못하는 사람끼리 어울리면서 하니까 그나마 낫더라고요. 그렇게 한 2년을 했어요.

그때는 잔업을 밤 9시, 12시까지 했어요. 잔업 안 하는 것도 한두 번이지 맨날 안 한다 하면 관리자한테 찍히거든예. 다른 사람 다 잔업하는데 안 한다 카면 남은 사람이 힘들잖아요. 그래서 너무 힘들었어요. 집에는 애들 둘만 있고 학생이라 손이 많이 갈 때잖아요. 근데 맨날 9시까지 일하고 집에 가면 10시, 씻고 하다 보면 잠도 안 왔어요. 또 새벽에 나와야 되고 애들 도시락도 싸줘야 하니 너무 힘들었어요. 밥반찬 할 시간이 어디 있어. 시장 갈 시간이 없었어요. 돈은 버니까 먹을 것을 자주 시켜 먹었죠. 시어머니가 가끔 오셔서 아이들 봐주기는 했지만 힘들었죠. 꿈만 같지….

머리도 길어서 엉덩이까지 왔었는데 머리 감고 다 말리고 나가면 통근차 타기가 늦거든예. 겨울에는 머리가 꽁꽁 얼어서 뿌득뿌득 하더라고요. 대충 닦고 나가기도 바쁘니 화장도 못 하고. 머리를 말려야 되는데, 아이고 이래가 안 되겠다 싶었지. 그래서 짤막하게 잘라버렸어요. 저 말고도 잘라버린 사람 많아요. 그때부터 머리는 안 길렀어요. 그 길로 많이 변했지.

STX조선에서 2년 일하고 STX중공업으로 옮겼어요. 창원 신촌동 중공업 1공장이요. 우리 딸내미가 중3, 아들이 고1이어서 야자 수업하고 오면 챙겨줘야 되는 상황이었어요. 매일 늦게까지 잔업해야 하니 애들이 걱정되는데 중공업은 잔업을 8시까지만 했지 12시 이렇게는 안 했거든요. 애들도 저 아빠가 갑자기 떠나서 상처를 입었을 거 아닙니까? 시급도 중공업에서 천 원을 더 준다 했어요. 그러다가 중공업이 중국으로 진출하고 사람들도 많이 넘어가면서 일거리가 없어서 폐업했어요. 그래 실업급여 몇 달 받다가 다시 STX조선으로 왔어요.

사상을 한 15년 했어요. 옛날에는 사상도 전구 다마를 단 전기선을 감아가 블록에 들고 들어갔지. 몸에 차는 에어호스도 있고, 그라인더도 들고요. 정반(조립 작업대)에서 작업 다 하고 나면 전기선, 큰 호스, 작은 호스 감아서 구루마에 실어요. 구루마 끌고 저 공장 안까지도 가고 그랬습니다. 구루마 천천히 밀면서 여섯일곱 명이 쭉 가니까 사람들이 구루마 부대 지나간다 했어요. 그때 생각하면 참 옛날이다. 요새는 공장 안에 공구 두는 곳이 있어요. 자전거에 공구 박스 실고 몸만 가요. 일하기 거저다 하죠. 그때는 되게 힘들었어요. 그라인더 하다가 공구 고장 났다 카마 공장 안까지 가야 됐어. 걸어서 갔다 오면 일 다 못 해요.

그때 비정규직이 엄청났어요. 최고 많을 때 6천 명도 넘었지. 정규직은 직영이고 우리 협력업체를 비정규직이라 그러잖아요. 협력업체는 사람 취급도 못 받았어. 지금은 좀 덜한가 몰라도 옛날에 그랬어요. 요새 말하는 갑질같이 그랬다니까. 통근차고 뭐고 모든 게 직영 위주로 도니까. 똑같은 인간인데. 우리끼리 하는 말도 '더럽고 아니꼬우면 너도 직영 돼라', '하청은 사람도 아이가?' 이런다.

문 닫은 조선소

2013년부터 경기가 안 좋아서 조선소 다 스톱 됐다 아닙니까? 정규직은 희망퇴직도 하고 무급휴직도 하고, 협력업체는 많이 문을 닫았어요.

예전부터 진해가 '소비 도시'라고 장사들이 몰렸다고 해요. 군인으로 제대하면 연금을 받아서 돈을 잘 쓴다고요. 이쪽으로는 조선소, 저쪽으로는 해군이 지금도 많잖아요. 제가 해군사관학교 앞에 사는데 저녁에 나가 보면 식당도 많고 군인도 많아예. 석동 쪽으로 번화가가 있는데 거기는 조선소 다니는 젊은 사람들 사는 원룸이 많거든. 진해가 솔직한 말로 조선소 밥 묵고 살았는데 일 없을 때 사람이 다 빠져나갔지. 그때 참 힘들었어. 식당도 문 닫는 데가 많았어요. 조선소 잘 돌아갈 때는 저녁 마치고 감자탕집, 횟집 이런 데 묵으러 갔다 아닙니까. 동료들끼리 많이 갔어예. 지금은 술 먹는 사람 옛날같이 많이 없어요. 원캉 물가가 비싸서 그런지 몰라도요.

경기도, 부산 녹산 같은 육상에 일하러 많이 갔어요. 조선 경기가 활발해지고 다시 오라 해도 한번 나간 애들은 잘 안 올라 해. 같이 실업급여 받던 사람 중에도 다시 안 들어온 사람 많아요. 너무 힘드니까. 동료들이랑 옛날이 좋았다 이야기해요.

지금은 명절에 원청에서 2년 이하는 10만 원, 2년 이상은 30만 원, 이게 다예요. 옛날에는 보너스도 나오고 선물도 나왔어요. 중공업에서 명절 때 보너스 150만 원까지 받아봤다니까요. 몇 년 전부터 명절이라도 선물 하나 들고 가는 사람이 없어요. 옛날에는 신발도 6개월 한 켤레씩 줬는데 지금은 입사할 때 주는 게 끝입니다. 일하는 내내 걸어 다니니까 신발이 너무 잘 떨어져요. 일을 시키면서 신발 안 주는 건 이해가 안 됩니다. 개인이 사 신으라 이거예요. 힘이 없으니까 업체에서 안 준다 카면 내 돈으로 사 신어야 해요.

내가 하기 싫어서 그만둔 게 아니고 회사가 문을 닫았으니까 실업급여가 7개월간 달달이 들어왔어요. 요양보호사 학원에 다니면 우리가 10퍼센트인가 내고 국가에서 지원해주더라고요. 학원 다니고 시험 치고 자격증 따고 그랬어요. 실업급여 받으러 고용센터 갈 때 그만둔 사람끼리 같이 갔어요. 같이 점심도 먹고 백화점도 구경 가고, 심심한 줄 모르고 지냈어요. 일할 때는 아침 6시 반 되면 나와가 저녁 어두워져 들어가니까 녹초가 돼서 밥 한 수저 먹고 누워서 잠자기 바빴지. 시장도 한번 못 가고 은행 볼일 볼라 카면 조퇴를 하든지 출근을 안 하든지 이래야 되고. 병원 갈 시간도 없었다니까. 그러다 모처럼 어울려가 다니니 재미도 있었지예.

다시 일이 있다고 들어오라 했는데 저는 아파트 청소하러 갔어요. 한 3년 했어요. 아침 9시에 애들 출근시키고 집안일 다 해놓고 출근했다가 3시에 퇴근했어요. 최저시급으로 하루 다섯 시간 일하고 월급이 130만 원밖에 안 됐어요. 돈은 적지만은 장 봐서 밥 해놓고 애들 퇴근하고 오면 같이 먹고 너무 좋더라고예. 3년 되었을 때 새로 바뀐 소장이 일할 사람을 데리고 왔어요. 그래서 거기도 그만두고 또 실업급여를 받고 있었어요. 그즈음 STX조선 훈련원에서 용접 기술을 배우면 한 달에 백만 원씩 준다고 하길래 놀면 뭐 하겠노 싶어서 친구하고 두 달 동안 용접 기술을 배웠어요. 훈련 마치고 나니 현장에서 용접을 하라고 하더라구요. 이 나이에 용접 해가 뭐 하겠노 싶었는데 그만둘라 캐도 쉽지 않더라고예. 교육 받으며 돈을 받았으니 우리가 일을 해야 회사도 노동부로부터 혜택이 있나 보더라구요. 그러면 일단 조금만 하다가 그만둬야 되겠다 하고 다시 들어온 게 2년이 다 되어갑니다.

쓰레기가 너무 무거우면 머리에 이고 가요

사상이랑 용접도 체력이 있어야 하거든요. 그래서 지금은 용접이랑 취부(임시용접) 하면 나오는 슬러그랑 찌꺼기를 청소해요. 청소는 각 업체 반마다 없는 곳이 없어요.

5시 되면 일어나요. 알람 혹시 못 들을까 싶어서 10분 후로 또 알람을 맞춰놓고. 5시 반 되면 아침을 먹어요. 조선소 와서 처음에는 아침밥을 안 먹었는데 한 11시 되니까 배가 되게 고프더라고예. 지금은 꼭꼭 먹어요. 6시 40분에 통근차로 회사 도착하면 탈의실, 식당 있는 바다관 건물에 와가 작업복 갈아입고, 어제 빨아놓은 거 다 걷어서 챙기고 현장에 나오죠. 체조하고 조회하고 현장으로 나가는 거지.

우리는 검사 받는 블록 위주로 청소해야 돼요. '오늘 검사는 블록 몇 번, 정반 몇 번 라인', 이렇게 관리자한테 작업 지시를 받아요. 검사가 오전 10시에 있다 하면 그전에 청소를 마쳐야 되는 거라요. 청소가 안 되면 검사를 못 받죠. 검사 있는 날은 되게 바빠예. 땀이 줄줄줄줄줄 막 비 오듯이 흐릅니다. 사상이 1차 있고 2차 있고 이렇거든. 처음에 한 번 체크해가 사상 하고 나면 우리가 쓸고, 2차로 또 사상을 해요. 그러고 우리가 다시 청소하고 난 뒤에 검사를 받아야 돼요. 그러니까 한 블록에 두 번 세 번 들어가야 됩니다. 야드(실외)에서 하든 공장 안에서 하든 사상이 들어가면 우리도 가야 해요. 하루에 걷는 양이 많아예. 한자리만 있는 게 아니고 왔다 갔다가 사상 따라가야 되고, 검사 블록 있으면 또 거기로 가야 되니까 다리가 아프죠. 발바닥에 불이 나는 것처럼 항상 발바닥이 따가워요.

빗자루, 통, 쓰레받이가 기본 도구죠. 빗자루로 쓸어서 하얀 플라스틱 페인트통 바케스에 담아요. 그걸 들고 블록 밖으로 나와 쓰레기통에 버리는 거지요. 바케스 무게는 얼마 안 나가는데 쓰레기가 담기면 아이고, 얼마나 무거운지. 쓰레기통까지 들고 오려면 팔이 아파 죽어요. 저 세계관 건물 밑에 3PE장(블록과 블록을 연결하는 작업장)에는 쓰레기 덩어리가 얼마나 많은지. 너무 무거워요. 쇠가 무거워가 안 움직이니까 팔이 아프지예. 도저히 들 수 없어서 머리 헬멧 위에 이고 갑니다. 블록 끝단에 내려놓고 아래칸으로 내려와 받으면 머리 위에 딱 올라오거든요. 그럼 머리에 이고 쓰레기통에 가요. 패킹제, 와이어, 요새 같은 날은 물병에 음료수 캔, 오만 거 다 버려놓으면 우리가 다 치워야 해요. 빗자루 안 들어가는 좁은 곳은 붓 요만 한 걸로 쓸어 담을 때도 있어요. 쓰레받이가 안 들어가면 반대편에서 구멍으로 밀어내서 담지. 정반 밑 바닥도 더러우면 지적 들어오거든예. 정반 10번 11번은 A업체, 12번 13번은 B업체, 이런 식으로 관리가 정해져 있어예. 청소가 잘 안 돼 있으면 안전과에서 사진 딱 찍어가 지적 들어옵니다.

공장 안에서 조립된 블록은 야드로 빼내거든요. 야드에 있는 블록은 더 구석구석 깨끗이 쓸어야 돼서 힘들어요. 비가 오면 하루 종일 물청소할 때가 있어요. 사상은 물이 있으면 작업을 못 하거든요. 올여름에 비 얼마나 왔습니까? 옷도 완전히 버리고 안전화에 물이 지걱지걱 말도 못 합니다. 비 몇 방울만 떨어져도 찌꺼기가 빗자루에 엉겨붙어가 안 쓸려요. 에어호스 꽂아가 안에서 불어주면 그 앞에서 받아내요. 사람이 모자라니까 관리자까지 서이너이 붙어서 하루 종일 청소하다가 갈 때가 있어요. 검사 불과 30분 앞두고 비가 와서 물청소를 한 블록에 네 번 한 적도 있어요. 소나기 오고 이럴 때면 미친다. 청소가 없을 때는 징크(zinc, 아연 외장재)를 다 발라요. 사상 하고 나면 녹이 지니까 녹이 벌거면 검사하는 데 지장 있거든요. 옥상(배 위), 블록에도 다 발라야 돼. 신발이고 토시고 모자에도 전부 징크가 다 튀어요.

깔끔하이 해가 검사 받고 오케이 됐다 하면 뿌듯하지. 빠꾸 먹었다 카면 청소도 한 번 더 해야 돼요. 어떤 감독은 장갑 벗고 맨손으로 이 홀을 만져서 조금이라도 걸리는 게 있으면 안 되는 기라예. 그래 까다로운 검사관도 있어요.

온몸이 컬러다

어쩌다 청소가 급해서 다른 일 하던 사람이 청소를 하러 왔는데 잠깐 쓸고는 '청소는 못 하겠다, 막 허리가 끊어질라 한다' 하더라고. 잠시 해놓고서는. 해봐야 안다니까요. 쓸어 담을 때 먼지가 많이 올라온다 아닙니까? 하고 나면 얼굴이 새카매. 나도 어떨 때는 사상이 오버헤드(위 보기 작업)만 안 하면 청소보다 낫다 싶기도 하지. 사상 하면 돈이나 많이 받지, 그런 생각이 들 때도 몇 번 있었지요. 청소는 숙여서 내내 쓸어야 하니까 허리가 아파요. 허리도 아프고 사다리 타고 올라가고 내려가야 되니 일은 굉장히 힘들어요. 직종 바꾸는 사람 많아요.

조선소 일이 쇠를 다루고 불을 다루는 거라 무섭고 위험하죠. 저도 블록을 지나다가 맨홀에 빠진 적이 몇 번 있어요. 한쪽 발이 빠졌는데 구멍이 작아서 탁 걸려가 안 빠졌지. 항상 조심해요. 지금도 항상 사다리 흔들어보고 올라가고요. 급하게 하다 사고 나면 자기만 손해거든요. 안전모 안 썼으면 벌써 죽었을지도 몰라요. 블록 안은 어두워서 플래시를 가지고 다니는데 머리를 박아서 뒤로 휘청할 때가 있어요. 목이 획 꺾이는데 안전모 없었으면…. 이게 굉장히 중요해요. 그래서 잠시도 안 벗는다. 쉬는 시간에도 안 벗어요. 쉬는 시간에 벗으면 물 뜨러 간다고 자기도 모르게 그냥 가게 되거든요. 그러다 블록 밑으로 지나가면 박는다고. 다른 사람들도 쾅 하면서 휘청할 때가 많아요. 점심 먹을 때나 벗지 안 벗어요. 항상 쓰고 있어요.

저는 일하다가 크게 다친 적은 없어요. 다른 사람 사상 하다가 손가락 다쳐서 병원 가는 거 봤고요. 그라인더가 켜진 상태로 티바(T자 모양 구조물)를 넘어가다가 그라인더 날에 허벅지가 째져서 꼬매는 것도 봤죠. 돌아가신 분도 꽤 많이 있었는데 저는 직접 보지는 못했어요. 허리를 삐끗해서 공상 처리로 한 달씩 안 나오는 사람도 있고. 다치면 업체도 안 좋다 하는데 본인이 더 힘들잖아요. 아무리 마음은 급해도 항상 위로 밑으로 다 보아야 해요. 처음 들어오는 사람은 겁나요.

일 마치고 목욕탕 들어오면 '아이고 오늘 하루도 더운데 잘 살았다, 잘 넘겼다', 다 그럽니다. 이런 데 막 보라색에다가 온몸이 컬러다. 징그럽게 받히는 사람도 많아요. 보기만 해도 얼마나 아픈지 짐작이 간다니까. 골병 드는 거지. 돈은 좀 벌지언정 조선소 오면 골병 드는 거 맞아요. 일이 그만큼 힘들어요. 힘듭니다.

옛날에는 외국 사람이 한두 명 가뭄에 콩 나듯이 보이고 없었는데 코로나 끝나고 많이 오고 있지예. 한국 사람이 힘들다고 잘 안 하려 하니까 외국 사람을 많이 쓰잖아요. 조선소처럼 일이 힘든 데도 쪼깨 주는 데가 어딨노? 하루 종일 얼마나 힘듭니까? 사상이고 용접이고 우리같이 나이 먹은 사람 나가고 나면 외국 사람밖에 없어요. 사상도 여섯 명 중 한 명 빼고 전부 외국 사람이고. 검사반은 외국 사람 아니고는 젊은 사람이 없어요. 그러니까 나중을 위해서 외국 사람들 자꾸 사상 가르치고 이런다 아닙니까. 청소 일도 외국 여성이 많죠. 한국 여성들도 젊은 사람은 스마트폰 잘 다루니까 도장이나 밀폐구역 감시자를 많이 하더라고요. 청소는 힘들다고 안 할라 캐. 필리핀이나 태국 여성이 많아예. 식당에도 가보면 세 명 중에 한 명은 외국인일 만큼 많아요. 그래 내가 좀 더 있으면 여가 한국인지 외국인지 모르겠다 캤어요. 외국인 노동자들은 임금이 첨에는 많다고 생각하거든. 자기 나라에 비해서 그렇게 생각하죠. 또 자기가 여기서 못 하면 어떡할 겁니까? 자기 나라로 돌아가면 올 때 들인 돈 다 물어야 되니까 어쩔 수 없이 하는 거지. 또 젊으니까 견디며 하는 거죠.

일하다 쉬는 거는 블록 밑에서 박스 깔고 잡니다. 블록 밑이 그늘지고 바람이 불면 시원하거든. 요새 얼마나 덥습니까? 휴게실이 가까이 있으면 에어컨도 있고 좋을 텐데. 휴게실이 많이 없어요. 더워도 어쩔 수 없이 블록 밑에서 잠깐 물 한 잔 먹고 올라가는 거지. 정반 밑에 가면 화장실이 있어요. 전에는 여자 두 칸 남자 한 칸 이랬었는데 남자 두 칸 여자 한 칸이 되었어요. 쉬는 시간이 10분이라 물 한 잔 마시고 화장실 한 번 갔다 오면 바쁩니다. 어떨 때는 화장실 가기 싫어서 참고 하거든예.

요새는 성희롱 섞인 말 하든가 터치한다든가 하면 바로 이야기 해라 하는데 옛날에는 뭐 예사로 장난치고 이래 했지. 근데 지금은 그런 거 없어요. 그건 세상이 많이 바뀐 거지. 매스컴에서도 나오고 이러니까요. 얼마 전에도 교육을 하더라고요.

현장에서 여자들을 부를 때는 이모라 해요. 외국 아들도 이모라 부르고. 남자는 직책을 부르거나 누구 씨라고 부르죠. 여자 이름 부르기가 좀 그거 한가? '순태 님' 이래 안 해. 절대 안 해요. 병원에 가면 뭐 김순태 님 부르고 하지만 이런 데서는 그래 안 부른다.

시급은 개별로 면담해서 정해요. 같은 업체에서 일해도 서로 절대 말 안 해요. 한번은 친구가 나한테 얼마로 정했냐고 물어본 적이 있어요. 아무 생각 없이 '1만 3천 원이다' 이랬어요. 근데 내가 올려 받았다 카면 옆에 사람도 덩달아서 그런다면서 말하지 말라고 하더라고요. 아니 맨날 붙어서 똑같이 일하니까 똑같이 받아야 안 됩니까? 더 받는 사람이 일 더 하나? 안 그렇거든요. 검사 바쁘다 하면 같이 가서 똑같이 해야지. 친구는 시급제였는데 내하고 똑같이 해달라 캐가 내캉 똑같이 해줬는 기라. 괜히 똑같이 해달라 카다가 지금은 후회한다 아닙니까.

시급제는 퇴직금도 나오고 한 달에 한 번 연차가 있잖아요. 근데 우리는 직시급제라 안 나오거든요. 처음에는 다 시급제였지. 첨에는 직시급이 별로 없었거든. 언제부턴가 무다이 직시급을 하더라고예. 2015년쯤 됐나 곡블록 할 때부터 직시급으로 바뀌었어요. 직시급은 퇴직금도 없고 연차도 없어요. 임금은 잘 안 올려줍니다.

다른 사람들 일하는 게 눈에 선하잖아요

사십여섯에 와서 육십여덟이 되었어요. 주변에도 다 일하러 가지 노는 사람 없어요. 영 꼬부랑 할매면 놀지 몰라도 안 놉니다. 집에서 전자제품 조립을 부업으로 하는 사람도 있고요. 옛날에는 자유수출인가 마산 공장 이런 데 다니더만 지금은 조선소 말고는 다니는 사람을 못 봤어요. 아파트가 많이 생겼으니까 저 나이 또래는 청소 같은 거, 상가 청소하러 다니고, 회사는 조선소 말고는 없는 것 같아예.

어디 출근한다는 게 있으면 좋죠. 일하러 오면 보람을 느끼고요. 세상 돌아가는 이야기도 듣는다 아입니까? 동료들하고 이야기하고 그게 좋은 거라. 집에 있으면 하루 종일 말할 사람이 없잖아요. 그래서 제가 나오는 거 같아예. 정 못 하면 그만두더라도 힘닿는 데까지 하려고 다니고 있어요.

돌아보면 힘들었던 일밖에 생각이 안 나지예. 첫 직장이어서 사람들하고 어울리는 것도 쉽지 않았어요. 여서 그만두면 어디도 못 간다는 생각에 버티며 일했어요. 아저씨 돌아가시고 애들하고 살아야 했으니까. 애들이 말썽 안 부리고 잘 커줘서 고맙지. 딸내미는 학교 병설유치원 교사 하고 아들은 공무원이에요. 애들 없었으면 못 버티지 않았을까 싶어. 애들은 일 그만두라고 난리죠. 나중에 골병 들어 약값이랑 병원비가 더 들어간다며 가지 마라고요. 나는

'돈이 문제가 아니다. 엄마 우울증 걸리면 좋겠나. 나 갈 거다' 이래 말해요. '엄마보다 나이 더 먹은 사람들도 오는데 내가 집에 놀 거가' 이러면서. 맨날 싸우는 거지.

휴가 때 한 4일 집에만 있어 보니 답답해요. 집에 있으면 다른 사람 일할 낀데 생각이 나고 일하는 모습이 눈에 선하죠. 지금 이 시간이면 체조하고 좀 있으면 조회하고 현장으로 배치되어 가겠다, 이런 생각이 들어 못 놀아요. 정 아프면 집에 있어야 되겠지. 아프면 돈을 억만금 준다 해도 일 못 하겠죠. 안 그래도 나중에 일을 못 하면 집에서 지겨워서 어쩌지? 그것도 하루이틀이지 우짜꼬, 요새는 고민이 그깁니다. 대부분 나이 먹고 이러니까 노래 교실을 많이 가데요. 컴퓨터를 배워야 되나? 구청에 가면 뭐 가르쳐주는 것도 있다 하는데 나중에 알아봐야지.

진해는 조용하고 살기는 좋아예. 언니들이 '아이고 야야 진해 갑갑해서 니 어째 사노? 가볼 만한 데가 없다' 카면 '언니 나도 처음에는 갑갑하고 좀 답답했는데 지금 너무 좋다' 이러거든요. '대구 가면 복잡해서 내가 못 산다' 이래요. 버스 타는 데도 가깝고 집 바로 밑에 마트 있고 목욕탕 코앞에 있고 세탁소도 가깝고. 살기에는 너무 좋아요. 주택 마당에 상추 같은 거 심어놓았거든요. 일요일에는 항거시(한가득) 따가 오기도 하지요. 우리 집 앞에 여좌천이 있어요. 벚꽃이 흐드러져가 집 밖에 안 나가도 사진 다 찍어요. 통근차 타고 왔다 갔다 하면서 보면 그게 군항제지.

조선소 안에서 나는 어디든 갈 수 있어요

쇠와 쇠를 이어 붙이는
용접 노동자 전은하

용접은 '조선소의 꽃'으로 불린다. 조선업에서도 핵심 기술직에 속하다 보니 여성의 진입이 쉽지 않았다. 그러나 호기심과 열정을 지닌 여자들은 어디에나 있고, 이들은 견고한 벽을 조금씩 허물어 그 벽에 결국 문을 냈다. 전은하 씨도 그 용감한 여자들 중 하나다.

전은하 씨는 생계부양자로 살길을 내기 위해 조선소 문을 두드렸다. 힘들고 외로운 일터에서 자신을 증명해야 했다. 살아남고자 부단히 노력했다. 힘든 일을 도맡아 하며 숙련공들 어깨 너머로 기술을 익혔다. 조선소의 꽃이라 불리는 기술을 어렵게 손에 넣고도 여자라는 이유로 그야말로 '꽃'처럼 취급될까 늘 긴장하며 일했다.

용접사로 보낸 20년은 고통스러웠지만, 오직 고통만 있지 않았다. 전은하 씨는 용접의 재미에 푹 빠졌다. 모르는 사람 눈에는 매일 똑같은 일을 반복하는 것으로 보이겠지만, 그의 눈에는 매일 새로운 현장이다. 그날의 온도와 습도, 바람의 세기, 철판의 상태, 용접기를 든 내 몸의 미묘한 컨디션 변화까지 느끼며 작업하는 숙련공만이 알 수 있는 경지다.

20년에 걸쳐 쌓아올린 단단한 자부심이 그를 노동조합 활동으로 이끌었다. 살면서 누려야 할 소중한 걸 다 포기하고 일에만 매달리듯 살아온 터였다. 회사가 그 대가로 해고 통지를 보냈을 때, 평생 느껴보지 못한 분노가 솟구쳤다. 자본가의 이익과 노동자 길들이기에만 관심이 있는 회사가 그를 모욕했다. 가족의 생계를 부양해온 '용접사 전은하'의 노동을 부정했다. 이렇게 물러설 수 없었다. 분노는 결의로 바뀌었다.

2022년 51일간 이어진 대우조선해양 하청노동자들의 투쟁은 전은하의 삶에서 가장 잊을 수 없는 장면이다. 이 투쟁은 2021년 4월 파워 노동자들의 집단 작업 거부로 시작됐다. 이들은 이튿날 거통고조선 하청지회에 가입하고 본격적인 투쟁을 펼친다. 임금 인상, 단기계약 금지, 법정 연차휴가 보장 등을 내건 파업 투쟁은 스프레이, 터치업 등 도장 파트 전체의 파업으로 확산됐다. 하청노동자 다수가 노동조합에 가입하는 중요한 계기가 되었다.

그 결과 2022년 6월 발판, 의장, 탑재, 조립, 도장 등에 걸친 스물두 개 하청업체 노동자들이 한데 뭉치자 엄청난 힘이 뿜어져 나왔다. 일곱 개 거점을 장악한 영리한 농성투쟁에 거대한 조선소가 멈춰섰다. 1세제곱미터 감옥에 스스로를 가둔 유최안과 고공농성에 들어간 6인의 절박한 투쟁이 전국으로 퍼져 나갔다. 대우조선해양을 향한 연대자의 행렬이 옥포 시내를 가득 메웠다.

투쟁안은 크게 두 가지였다. 임금 30퍼센트 인상, 노동조합 활동

보장. 10년 가까이 이어진 조선업 경기 침체를 이유로 대우조선해양 하청노동자들은 30퍼센트 가까이 임금을 삭감당했다. 물가 상승을 고려하면 30퍼센트가 훨씬 넘는다. 다시 말해 전에 받던 만큼 임금을 회복해달라는 요구였다. 사측은 겨우 4.5퍼센트 임금 인상안에 동의했다. 만족스럽지 않은 성과지만 노동자들은 다음을 기약했다. 그런데 대우조선해양은 이들 노동자의 파업으로 회사가 손해를 입었다며 파업에 참여한 하청노동자들에게 470억 원 손해배상청구소송을 제기했다. 노동조합을 탄압하려는 의도가 짙게 담겨 있다.

전은하 씨는 요즘 몸도 마음도 많이 아프다. 삶에 다시 없을 엄청난 투쟁에 몸을 던졌음에도, 임금은 여전히 최저임금 수준에 머물고, 노동자끼리 서로 물고 뜯는 모습만 눈에 들어온다. 자본의 벽이 이렇게나 높은 것임을 제대로 실감하고 있다.

지금 그에게 힘내라는 말은 결코 힘이 되지 않는다. 이미 미래를 지탱하는 데 써야 할 힘마저 쥐어짜며 살아왔다. 그러니 지금 힘을 내야 할 건 그가 아니라 그를 둘러싼 세상이다. 일의 가치, 일하는 사람의 가치를 함부로 판별하는 이 세상이야말로 힘을 내 자기를 쇄신해야 한다.

쇳물을 가지고 놀기까지

결혼하면서 거제로 왔어요. 결혼하고 한동안은 살림만 했어요. 1년쯤 있다가 애 놓고. 남편은 아파트 전기관리 쪽에서 일했어요. 남편이 몸이 좀 안 좋아요. 허리 수술도 몇 번 하고 병치레를 많이 했어요. 그래서 경제적인 면을 내가 책임질 수밖에 없었죠.

집에서 애 키우면서 부업 좀 해보려고 여러 가지 찾아봤어요. 요구르트 배달도 해보고 남의 아기도 봐주고. 다 푼돈밖에 되지 않더라고요. 애가 초등학교 들어가면서 제대로 일을 해봐야겠다는 생각이 들었어요. 소속감을 가지고 일하고 싶었어요. 집 가까이 대우조선이 있으니까 거기 들어가볼까 싶었죠. 하청업체에서 일해도 대기업 그늘에서 벌어먹는 게 낫다는 인식이 있잖아요. 대기업이니까 허술하게 하지는 않을 거라고 믿은 거죠. 마침 대우조선에서 용접 훈련생을 모집했어요. 훈련소에서 6개월 정도 먹고 자면서 일을 배우는 거였는데 여자는 출퇴근해도 된다고 해서 들어갔어요.

용접이 뭔지 아무것도 몰랐죠. 호기심만 가지고 갔어요. 훈련소에 여자는 저까지 네 명이 있었어요. 거기 온 여자분들은 다 저처럼 호기심이 많더라고요. 훈련소에서 아크용접과 CO_2용접을 가르쳐줬어요. 지금은 아크용접을 잘 안 하는데 예전에는 많이 했거든요. 연필처럼 길쭉하게 생긴 봉을 폴더에 물리면 전기가 오고 철판에다가 그걸 녹여요. 쇳물이 차면서 딱 붙어서 안 떨어지는 게 신기하더라고. 아, 이런 게 용접이네. 재미있더라고요.

IMF 터진 후에 대우조선이 워크아웃으로 채권단인 산업은행의 관리를 받았거든요. 그래도 대우조선은 잘 돌아갔어요. 달러도 억수로 많이 올라갔었잖아요. 조선소는 오히려 호황이었죠. 일감이 10년 치는 있다고 얘기하더라고요. 원래 훈련이 6개월 예정이었는데 일감이 많아 바쁘다고 넉 달 만에 바로 현장에 투입됐어요. 현장에 갔더니 뭐…. 훈련소에서 배운 게 소용이 없더라고요. 장비도 다르고 용접할 철판도 다 달라요. 관리자가 저를 보고 안 되겠다고 오토 캐리지(auto carriage)라고 부르는 자동 용접을 가르쳐줬어요. 자동 용접으로 일을 하는데, 주위에서 무조건 수동을 배우라고 권하더라고요. 자동은 기술로 인정을 안 해주니까 임금이 많이 오르지 않을 거라고. 그래서 또 1년 동안 수동 용접을 배우기 위해 노력을 많이 했어요. 선임자들이 일한 곳 청소를 도맡아 하면서 틈날 때마다 어깨 너머로 배웠어요.

용접은 일을 배우고 숙련되어가는 과정이 정말 힘들어요. 특히 체력이 많이 소모돼요. 용접으로 쇠가 녹아서 접합된 부위를 비드(bead)라고 하거든요. 용접하는 사람들은 이 비드가 깔끔하게 나와야 인정받아요. 용접봉으로 그냥 긋는다고 일이 되는 게 아니에요. 전기를 흘려서 녹인 쇳물을 갖고 놀아야 돼요. 철판 상태에 따라 전기 출력도 다 다르게 맞춰야 하죠. 철이 많이 녹는지 덜 녹는지, 그 물 상태를 봐가면서 모양을 만들어야 해요. 혼을 불어넣는 작업이에요.

LNG운반선은 철판이 일반 상선하고 좀 달라요. 더 강한 걸 쓰거든요. 용접에 쓰는 와이어도 강도가 센 것도 있고 무른 것도 있어요. 연강은 비드가 그냥 깨끗하게 잘 올라가는데, 고장력은 쇳물이 좀 무르다고 해야 되나, 처져요. 용접해놓은 모양이 보기 싫고 골이 생겨요. 골이 생기면 안 되거든요. 용접봉을 움직이는 방법도 달라요. 고장력은 연강보다 천천히 움직여야 해요. 같은 작업을 수없이 반복하면서 자기 노하우가 생겨야 해요.

철판이 여름에는 늘어나고 겨울에는 쪼그라들어요. 겨울에는 철판 냉기가 장난이 아니라서 용접한 부위가 빨리 굳으니까 잘못하면 크랙(균열)이 쫙 가요. 배는 크랙이 가면 치명적이거든요. 그래서 겨울에는 용접할 부위 옆에 열 패드를 붙여서 온도가 일정 정도 올라간 다음에 작업해요.

용접 품질을 생각하면 겨울이 안 좋지만 일하기는 여름보다 나아요. 여름에는 일하기 참 힘들어요. 추울 때는 뭐라도 껴입고 일하면 되는데, 더울 때는 벗어도 덥잖아요. 위에서는 뜨거운 태양이 내리쬐지, 철판은 자글자글 익어가지, 몸은 온통 땀이지. 요즘에는 한 여름만 더운 게 아니라 5월부터 9월까지 더워요. 습도가 높으니까 용접용 와이어에 습기도 잘 차서 작업물에 결함이 많이 나와요. 하루이틀 지나면 쓰던 걸 갈아줘야 해요.

용접은 '버틴다'고 그러거든요. 한 자세로 흔들리지 않고 길게, 깨끗이 긋는 걸 잘해야 해요. 이 버티는 일이 몸을 혹사시켜요. 배 안에는 안 좋은 자세로 용접해야 하는 데가 참 많거든요. 그런 곳은 용접하기 정말 힘들어요. 팔꿈치도 아프고 무릎도 아프고 허리에도 무리가 가죠. 오버헤드(위 보기) 자세로 용접을 하면 목하고 어깨도 아주 아파요.

처음에 일을 선수미 공장에서 배웠어요. 선수와 선미, 그러니까 배의 앞뒤 부분인데 블록의 형태가 평평하지 않고 곡이 져 있어요. 곡 블록 작업하는 게 어려워서 그런 데서 기술을 배우면 다른 어디에 가도 일을 다 할 수 있다고 하더라고.

우리가 '스몰탱크'라고 이야기하는데, 블록 안에는 작은 공간이 많아요. 숙이고, 엎드리고, 드러눕기도 하고, 어떨 때는 물구나무 서듯 거꾸로 매달려서 작업하기도 해요. 심지어 몸이 안 들어가는 데도 많아요. 안전모나 용접면도 다 벗고 작업해야 할 때도 있고요. 자그마한 흑유리 하나만 보고 용접하는 거죠. 눈으로 직접 볼 수 없는 곳을 용접할 때는 가로세로 10센티 정도 되는 작은 거울을 이용해서 용접해야 해요.

선수미에서 5년 동안 배우니까 정말 조선소 안 어디에 가도 다 일이 되더라고요. 일 시작하고 처음에는 불량을 많이 냈어요. 어느 정도 기량이 된다 싶어질 때까지 2년에서 3년쯤 걸린 것 같아요. 이제는 숙련공이니까 제가 작업해놓은 걸 보면 초보가 일한 거하고 확연히 차이가 나잖아요. 뿌듯해요. 용접 쪽에 여자는 잘 안 시키는 일이 있어요. 그런 일은 꼭 남자가 마무리하러 막 들어오는데, 저는 제가 마무리해요. 남자가 하는 일을 나도 똑같이 해낸다는 자부심이 있어요. 조선소 안에서는 어디 가서 어떤 일을 해도 다 해낼 수 있어요.

용접이 재밌어요. 손으로 뭔가 만든다는 거는 재밌는 일 같아요. 지루하지 않아요. 맨날 반복되는 일인데도 다르게 느껴져요. 같은 배지만 또 다른 배가 만들어지잖아요. 배를 한 척 딱 만들어놓으면 우리 같은 용접사는 용접한 선이 싹 보이거든요. 용접해서 배 한 척을 지었다는 자부심이 생기죠.

배가 완성됐을 때보다는 내가 용접한 곳에 불량이 안 날 때 제일 큰 보람을 느껴요. 검사해서 한 번에 딱 오케이 됐을 때. 내가 일하는 데만큼은 깔끔하게 하자는 원칙이 있어요. 다른 사람이 다시 일하지 않게끔. 아무리 용접을 잘해놔도 결함이 생길 수 있거든요. 그걸 최소화해주어야 내 뒤에 일하는 사람들이 수월하죠. 항상 그런 마인드로 일해요.

여자, 용접사

저는 배의 전체 형태를 완성하는 도크장 안에서 일하고 있어요. 조선소에서는 배를 블록 단위로 조립하거든요. 블록 하나가 수천 톤씩 해요. 완성된 블록을 도크장에서 대형 크레인으로 하나씩 붙이거든요. 이 공정을 탑재라고 해요. 그러면 우리가 아는 배 모양이 갖춰지는 거예요.

용접사로 일한 지는 20년이 훌쩍 넘었어요. 요즘 조립 쪽에는 여자들이 꽤 있지만, 제가 일하는 탑재 쪽에는 여전히 다 남자들이 일해요. 하청업체 한 곳에 150명 정도 있다 치면, 그중에 한 명 정도가 여자라고 보시면 돼요. 일하고 있을 때는 내가 남자인지 여자인지 몰라요. 머리부터 발끝까지 용접복을 뒤집어쓰고 있잖아요. 용접면으로 얼굴도 다 가리고 있어요. 그러니 같은 반원들 아닌 이상 다 나를 '아저씨'라고 불러요. 작업복 벗으면 깜짝 놀라죠. '여자가 있었나' 말하는 사람도 있어요.

남자들하고만 일하니까 조심을 많이 했죠. 일할 때는 여자라서 안 된다는 말도 안 했어요. 맡은 일은 무조건 다 했어요. 여자라고 표를 안 내려고 반원들이랑 회식할 때는 웃기는 말도 하고 편하게 대하는데, 너무 친하게 지내지는 않으려고 해요. 말 한마디도 조심하고. 혹시 내가 여자라는 인식을 심어줘서 남자들이 딴생각을 할 수 있지 않나, 그런 것도 좀 신경이 쓰이더라고요. 나는 그냥 동료

쇠와 쇠를 이어 붙이는 용접 노동자 전은하

라서 술을 한 잔 먹는데, 남자는 그리 생각 안 하는 경우가 있더라고요. 그냥 웃었는데 자기 좋아서 웃는 줄 알기도 하고.

남자들은 말도 좀 함부로 하잖아요. 여성 비하 발언이라든지 성에 대한 이야기를 한다든지. 그런 얘기는 빨리 회피해버려요. 지나가는데 팔 안쪽을 만진다든가, 일하고 있는데 엉덩이를 때리고 가는 일도 있었어요. 그런 일을 안 당하려고 신경을 좀 썼죠. 블록에서 단둘이 일하다 이상한 느낌이 있으면 빨리 자리를 피한다든지. 어떤 때는 왜 그러냐고 큰소리를 낸 적도 있어요. 다행히 크게 트러블이 있지는 않았어요.

용접사는 여성과 남성 사이에 임금 차이가 좀 있어요. 시급 천 원 정도 차이 나는 거 같아요. 한 달에 3백 시간 일한다 치면 30만 원 정도 차이 나는 거죠. 그 정도 차이 나고 수월하게 일하는 것도 좋다 싶은 생각도 들어요. 고소차를 타고 높은 데 올라가야 될 경우나 불량이 나서 수정하는 작업에서 여자들은 빼주거든요. 아무튼 체력적으로 힘에 부치는 일은 안 시키죠. 그래도 저 남자보다는 내가 더 잘하는 것 같은데 임금을 덜 받는다는 생각이 들 때도 많아요. 가진 기술보다는 남자니까 더 주고 여자니까 좀 적게 주는 식이에요. 남자는 가장이라는 인식이 임금 책정에 반영되는 거 같아요. 여자는 맞벌이 가정의 소일거리 정도로 생각하고.

조선소는 남자들만 일하는 곳으로 생각되어왔잖아요. 남자의 영역에 여자가 들어가서 일한다는 자체를 남자들은 좀 안 좋아할 수도 있겠죠. 그동안 남자들끼리만 해온 일을 여자들에게 다 보여 줘야 되니까. 남자들이 여자를 무시하잖아요. 힘쓰고 기술이 필요한 일은 자기들만 할 수 있다 생각하고. 조선소에 들어오기 전에는 저도 그렇게 생각했어요. 막상 와서 일해보니까 남자들 하는 일이 그리 대단하지 않은 경우가 있더라고요. 남자라도 저보다 용접을 못하는 사람도 있죠. 저래도 월급 받아가나 싶을 정도로 일하는 사람도 보이고. 여자도 다 할 수 있는 일이네 싶기도 하고. 여자들이 다 할 수 있어도 남자들이 자기 직업을 뺏길까 싶어 안 시키는 일도 세상에는 많이 있겠다 싶어요.

이상한 세상

용접사 훈련소가 대우조선해양 연수원에서 조금 높은 곳에 있었어요. 일을 배우다 바깥에 나와서 조선소 현장을 바라보곤 했어요. 하루 종일 저렇게 힘든 일을 하면서 사람이 살 수 있을까? 처음에는 그런 생각을 많이 했어요. 막상 들어와보니 저도 적응해가더라고요. 세상에 수많은 사람이 정말 상상 외로 엄청나게 긴 시간을 노동하며 살고 있더라고요.

애가 어릴 때는 새벽 5시 반에 일어났어요. 반찬거리 좀 차려놓고 6시 10-20분 통근차 타고 6시 반이면 회사에 도착해요. 식당에서 아침 먹고 탈의실에 앉아서 작업 준비를 해요. 작업에 필요한 물품도 챙기고 작업복도 갈아입고. 준비가 끝나면 자전거를 타고 현장으로 이동해요. 옛날에는 7시 20-30분 되면 현장에 내려가서 청소도 했어요. 7시 50분이 되면 모여서 체조하고, 체조 끝나면 반장이 각자 어디 어디 가라고 지시를 해요.

보통 조선소는 아침 8시부터 저녁 6시까지를 한 공수(工數)로 잡아요. 잔업까지 하고 집에 가면 밤 10시 40분쯤 돼요. 그 시간에 가면 아무것도 못 해요. 일찍 가는 날은 장을 봐서 음식 조금 하고 나면 밤 9시, 10시고. 여자는 일찍 가도 집안일을 해야 되니까 힘들어요. 별 보고 나가서 별 보고 들어오는 생활을 15년 동안 반복했어요. 쉬는 날도 거의 없이 일했어요. 매일 잔업에, 주말에도 일하고, 철야도 밥 먹듯이 하고. 매달 5백 시간 가까이 일하고 살았어요.

평일 낮에 시내 나갈 일이 드물게 있는데, 그럴 때 보면 거리 풍경이 낯설어요. 새벽에 나가 밤에 들어오고 매일 용접면을 뒤집어쓰고 사니까 밝은 햇살에 눈이 부셔요. 애가 초등학교에 들어가는 걸 보고 일을 시작했는데 크는 내내 학교에 한 번도 못 가봤어요. 주말에도 놀아주지 못했죠. 그게 마음에 많이 걸려요. 조선소 들어와서 인정받으려고 회사에 열심히 붙어 있었어요. 책임감을 갖고 일했어요. 결혼했고 애도 있으니까.

당시 조선소가 그만큼 바쁘기도 했어요. 열심히 일할수록 임금이 많아지니까 그 재미가 있었죠. 그래도 몸이 너무 힘드니까 나중에는 저녁마다 잠들기 전에 몸이 떨리더라고. 감기 걸린 것도 아닌데 밤마다 몸에 으스스 한기가 들어 자다 깨고 그랬어요. 몸이 많이 망가졌어요. 지금 안 아픈 데가 없어요. 어떻게 버티는지 나도 모르겠어요. 전신이 다 아픈데 일을 하면 또 하게 되더라고요. 이제 일을 안 하면 오히려 몸이 더 아픈 거 같아요.

조선소 바닥에 흙같이 보이는 게 다 쇳가루예요. 그 쇳가루를 마시면서 일하는 거예요. 또 용접한다고 쇠를 태우면 그 흄(fume. 용접할 때 발생하는 중금속 가스와 미세입자 혼합물 1급 발암물질)이 어마어마하지 않겠습니까? 게다가 블록 위에는 발에 치이는 게 많아요. 용접복을 입으면 몸이 둔해지니까 부딪히고 넘어지는 일도 잦아요. 지나가는데 위에서 뭐가 떨어지기도 해요. 한번은 족장(발판) 위에서 안전벨트 매고 작업을 하는데, 누가 내려가는 입구에 덮개를 안 덮어둔 거예요. 나는 용접면을 쓰고 있으니까 열어놨는지 닫아놨는지 모르잖아요. 거기 가슴께까지 빠져서 허공에 매달린 적도 있어요. 바닥까지 높이가 15미터, 20미터쯤 되는 곳이었으니 떨어졌으면 큰일 났겠죠.

조선소는 다시 호황이라고 하는데 하청업체에서 오래 일한 숙련공 임금은 몇 년째 오르지 않고 있어요. 최저임금을 겨우 넘겨서 1만 원 남짓한 시급을 받아요. 이 돈 받고 내가 이렇게 힘든 일을 해야 되나 싶어요. 동료들 보면 마음이 더 아프죠. 저렇게 일을 열심히 하고 경력이 오래된 기술자인데 그에 걸맞은 대우를 못 받는다는 게. 힘든 일을 할수록 임금이 높아야 되는데, 힘든 일을 할수록 임금이 낮아요. 뭔가 잘못된 구조예요. 이런 구조는 고쳐야 해요.

내 뒤에 젊은 사람들은 나아지길 기대하고 노동조합 활동을 시작했어요. 그런데 지금 모습 보면 저도 당장 그만두고 싶은 심정이에요. 회사가 사람을 일회용품처럼 쓰다 버려요. 너 없어도 얼마든지 사람 쓴다는 식이에요. 오래 열심히 일한 노동자를 대우해주기는커녕 대체 인력으로 이주노동자를 넣고 있어요. 진짜 너무 비참해요. 조선소를 넘어서 이 사회 자체가 근본적으로 일하는 사람들을 천하게 보는 것 같아요. 공부 못하면 어디 가서 노가다한다느니 그런 말을 하잖아요. 세상 만물 다 노동자들이 일궈가고 있는데.

20년 노동의 대가, 해고통지서

노후까지 먹고사는 데는 걱정 없겠다 싶어서 조선소 일을 배웠잖아요. 애 대학 졸업시켜놓고 이제 나도 내 노후를 준비해야지 생각하고 있었는데, 그때부터 조선소 일이 없어지는 거예요. 2016년쯤부터 조선업계에 구조조정 바람이 불었어요. 하루아침에 하청업체들이 줄줄이 폐업했어요. 사회보험을 수년씩 안 낸 업체들도 있고, 노동자들이 퇴직금도 못 받는 경우가 많이 생겼어요.

그때 저는 금강이라는 회사에 다녔는데 대우조선해양의 1차 하청업체였어요. 우리 회사는 다행히 폐업은 안 했는데 상여금을 줄이자고 하더라고요. (1년간 월 기본급의) 550퍼센트를 받고 있었는데, 150퍼센트를 내놓고 안 받겠다는 각서를 쓰게 하는 거죠. 회사가 어렵다니까 우리가 전부 동의해줬어요. 남은 상여금 4백 퍼센트는 시급으로 전환해버렸어요. 그런데 한 달 기본 작업시간이 아니라 최대작업시간으로 계산해서 나눴어요. 240시간이 아니라, 320시간으로 나눈 거예요. 그러면 그만큼 시간당 급여가 작아진 거죠. 기가 막혔죠. 거기 동의하라는 서명을 하라고 해서 못 하겠다고 하니까, 회사가 동의 여부를 투표에 부쳤어요. 투표를 한 번만 하는 게 아니라 안이 통과될 때까지 계속 부치더라고요. 병가 내서 나가 있는 사람까지 데리고 와서 서명하게 하더니 결국 한 표 차이로 그 안이 가결됐어요.

지금 거통고조선하청지회장을 맡고 있는 김형수 동지가 그때 우리 회사에 있었어요. 우리한테 노동조합에 가입하자고 하더라고요. 뺏긴 상여금 되찾자고. 원래 대우조선 내에는 하청노동자들이 가입할 수 있는 노동조합이 없었어요. 거통고조선하청지회가 생긴 지 얼마 안 되었을 때였어요. 우리 회사에서 그때 노조에 많이 가입했어요. 상여금을 그렇게 뺏기고 보니 노동조합의 필요성을 크게 느낀 거죠. '되찾자 550%!'라고 외치면서 조선소 서문 다리에서 촛불집회도 했었어요. 그 일이 노동조합이 있다는 걸 알리는 계기가 됐어요.

원청이나 사측에서는 우리 회사가 노동조합의 뿌리라고 본 거예요. 그러니까 표적이 된 거죠. 2019년 3월에, 잘 있던 회사가 갑자기 문을 닫고 명천이라는 이름을 새로 달았어요. 새로 온 대표는 정리해고를 하기 위한 조건을 만들어갔어요. 새 일도 받지 않고 있는 일도 옆에 회사에 몰아주면서 회사가 어려운 것처럼 보이게 만든 거예요. 처음에는 희망퇴직을 받겠다고 해서 40명인가 나갔어요. 그런데도 또다시 20명 정리해고 명단을 문자로 통보했어요. 거기에 제가 포함됐어요.

저는 명천기업에서 일하고 있는 여성 노동자입니다.

(2019년) 10월 28일 아침 반장이 해고자 명단에 우리 반 두 명이 있다며 그중에 한 명이 저라고 했습니다. 해고 사유가 뭐냐고 물으니 부양가족이 없다는 게 저에게 낮은 점수로 적용되었고, 그 기준이 연말정산에서 확인된 서류라 했습니다. 과연 그 연말정산 서류에만 부양가족이 있는가요? 부양가족이 있어도 부양하지 않는 경우도 있고 부양가족 기록이 없어도 부양하는 가족이 있습니다.

저는 병원에 계신 어머니도 돌봐드리고 있고 몸이 아파 집에 있는 남편도 있습니다. 적어도 가정사를 한 번이라도 물어나 보고 해고통지서를 보내든지. 이런 날벼락이 따로 없습니다. 설령 부양가족이 없이 혼자라고 해도 코로나19로 인해 경제가 마비되어 있는 이 시국에 취업마저 어려운데 나가서 굶어 죽으라는 말입니까!

청천벽력 같은 소리를 듣고 진정도 되지 않은 상태에서 이날 오후 4시 46분 문자와 카톡으로도 통보를 받았으며, 29일 퇴근 후 집에 가니 해고통지서가 식탁 위에 올려져 있었습니다. 이 심정을 어찌 표현해야 할지 모르겠습니다. 평생 느껴보지 못한 고통과 충격이었고 아픔이었습니다. 분노가 치밀어 오릅니다. 대표 사무실에 가서 목을 매어 죽어버릴까, 배에서 뛰어내릴까, 사무실에 불을 질러버릴까라는 극단적인 생각도 들었지만 자식이 눈에 밟혀 이 분노를 진정시키고 있습니다.

(…) 이제 겨우 자식 대학 공부시켜놓고 늦었지만 노후 준비도 해야 하고 어렵게 마련한 집값도 갚아야 하는데. 여자로서 혼자 벌어 가정을 책임지고 이끈다는 것은 남자가 벌어주는 돈으로 사는 것보다 두 배 세 배 더 힘든 삶이었습니다. 해고통지서를 받은 날부터 한잠도 잘 수가 없으며 음식을 제대로 먹지도 못하고 있습니다.

(…) 더 이상 우리는 내어줄 것도 물러설 곳도 없습니다. 10년 20년 30년 경력에도 모두가 최저시급에 준하는 임금 200만 원 안팎으로 겨우 버티며 지금 살아가고 있지 않습니까! 서른다섯에 대우조선해양 연수원에서 용접 자격증을 취득해서 조선소 첫발을 내딛고 이렇게 힘든 일인 줄 알았으면 들어오지도 않았을 텐데, 아무것도 모르고 그저 내 가정의 생계를 책임져야 한다는 마음으로 들어와 지금까지 버티고 열심히 살아왔습니다.

제 나이도 어느덧 오십 중반이 되었고 더 이상 직장을 옮기고 싶지도 않고 잃고 싶지도 않고 이 직장에서 정년을 맞이하고 싶습니다. 저는 마음은 여리고 무서움이 많지만 옳지 않거나 부당함을 보면 또 가만히 있지 못합니다. 지금 행하고 있는 정리해고는 부당합니다.

하청노동자는 달면 씹고 쓰면 뱉는 껌이 아닙니다. 대우조선해양의 생산의 주체이고 심장 같은 존재입니다. 하청노동자가 멈추면 대우조선해양의 심장은 멈춥니다. 저임금으로 강도 높은 육체적인 노동을 다 하고 있는 것도 억울한데 정리해고가 웬 말입니까! 왜 하청노동자들을 낭떠러지로 내몰고 있습니까!*

해고통지서를 받아보니 진짜 하늘이 무너지는 것 같더라고요. 조선소 들어와서 20년 동안, 해고돼서 나갈 정도로 엉망으로 살지는 않았는데. 시키면 시킨 대로 열심히 일해줬어요. 내 혼을 담고 뼈를 다 갈아넣을 정도로 힘들게 일했는데, 나갈 때 해고장을 받고 나간다? 자존심이 억수로 많이 상하더라고요. 너무 분하고 억울하더라고요.

억울해도 나 혼자는 못 싸우잖아요. 노동조합이 옆에 있으니까 이번에는 싸워야 된다는 생각이 들었어요. 가정이 있다 보니까 그

---

* 명천 정리해고 당시 전은하 씨가 쓴 글.

동안에는 먹고사는 일이 우선이었어요. 회사에서 인정받으려고 근면성실하게 살아왔어요. 이제는 애도 다 컸으니까 돈이 덜 들어갈 테고. 여유가 있다기보다는 매이지는 않게 된 거죠. 걸리는 게 없으니까 좀 싸워봐야겠다는 생각을 했어요.

회사에서는 한 달 치 월급을 더 주면서 해고가 아니라 희망퇴직인 것처럼 사직서를 쓰라고 회유했어요. 저까지 네 명이 사직서를 안 쓰고 끝까지 투쟁했어요. 정리해고 통보 한 달 전인 2020년 9월 말부터 노동조합에서는 정리해고를 막기 위한 행동에 들어갔어요. 선전전, 기자회견, 거제시장 면담 등 할 수 있는 일을 다 했죠. 그러고도 해고통지서 받은 사람들은 회사 안 선각삼거리에다 천막 치고 정리해고 철회하라고 투쟁했어요.

회사는 꼼짝을 안 했어요. 농성장에 한 번 오지도 않고 답도 없고. 정리해고 예고일이 다가오니까 사측에 타격을 줄 방법이 뭐가 있을지 고민했어요. 마침 1도크에서 건조하던 배가 진수할 때가 됐더라고요. 도크장 바닥에 설치된 타워크레인 하나를 점거했어요. 같이 투쟁하던 남성 동지 한 명하고 김형수 지회장, 둘이 같이 거기 올라갔어요.

엄청 위험한 상황이었죠. 사측에서 도크에 바닷물을 넣어버리면 크레인이 넘어질 수도 있어요. 회사에서는 저 배 못 나가면 하루 손실이 3백억이라면서 겁을 주더라고요. 손실이 눈앞에 오니까 그제서야 회사에서 반응이 오는 거예요. 언론에서도 크게 이슈화됐어요. 고공농성 3일 만에 협상이 타결됐어요.* 정리해고 예고일을 딱 3일 앞둔 때였죠.

해고 통보 받고 나서 본격적인 투쟁을 한 달 정도 했거든요. 그 과정에서 동료들이 우리를 외면하는 걸 보는 게 제일 힘들었어요. '산 사람은 살아야 안 되겠나', '대를 위해서 소가 희생되어야 된다'는 말들을 하더라고. 전부 이 싸움은 안 된다고 포기하라고 했어요. 실제로 이기기 힘든 싸움이었어요. 그래도 끝까지 해야 된다고 생각했어요. 쫓겨나더라도 밖에서 계속 싸울 생각이었죠.

우리가 포기하면 내 회사뿐 아니라 옆 회사들로 정리해고가 번져서 대책 없이 다 쫓겨나야 될 판이었어요. 시급 받는 본공을 다 내보낼 계획이었던 것 같아요. 본공은 상용직이니까 일당직으로 고용 구조를 바꿔서 노조의 뿌리를 뽑으려고 했던 거죠. 저는 그걸 막았다고 생각해요. 노동조합이 생기고 나서 확실하게 뭔가를 걸고 싸운 건 이때가 처음이었던 거 같아요. 모두가 어렵다고 한 싸움에서 승리해서 현장에 돌아갔지만, 회사 대표를 보나 동료들을 보나 마음이 편하지는 않았어요. 어쨌든 우리가 싸워서 돌아왔다, 노동조합으로 이렇게 싸우면 된다는 걸 보여준다는 게 중요했죠.

---

* 사직서를 제출하지 않은 네 명을 '거제형 조선업 고용유지 모델'을 활용해 고용을 유지한다는 조건이었다. 거제시, 대우조선해양, 삼성중공업이 맺은 협약에 따라 조선소 노동자의 고용 유지를 위해 정부가 휴업수당의 90퍼센트, 거제시가 10퍼센트를 지원한다. 4대보험 사용자부담금도 경상남도가 50퍼센트, 거제시가 20퍼센트를 지원한다. 고용을 유지하는 하청업체에는 최대 2억 원까지 경영안정 자금을 융자해준다.

1퍼센트의 싸우는 사람들

노동조합을 하길 잘했다 싶었을 때는 뭐니 뭐니 해도 51파업 투쟁이죠. 표현할 말을 찾기 힘들 만큼 대단한 경험이었어요. 두 번 다시 올 수 없는 파업투쟁이라고 생각해요. 우리 조선소에서 일하는 노동자가 당시에 1만 2천 명쯤 됐어요. 그중에 150명이면 1퍼센트 아닙니까? 사측에서는 그러데요. 너희들 고작 1퍼센트밖에 안 된다고. 1퍼센트가 뭘 하겠냐고. 그렇게 비아냥 듣던 그 1퍼센트가 파업을 하고 조선소를 멈춰 세웠어요.

그 투쟁이 하루아침에 일어난 게 아니에요. 시작은 앞에 말한 정리해고 반대 투쟁이었어요. 그다음에 임금 인상 투쟁이 몇 차례 있었어요. 도장 쪽에서 많이 참여했어요. 그리고 폐업 고용 투쟁. 하청업체가 어렵다면서 줄줄이 폐업했어요. 옛날에는 한 업체가 폐업하면 다른 업체로 수평 이동하면서 근속연수, 연차 다 그대로 인정해줬는데 언젠가부터는 연차도 다 끊고 고용 승계도 안 해주는 거예요. 4대보험 체납과 임금 체불도 심각했어요. 미지급 퇴직금이 10억 단위가 넘어요. 그걸 체당금*으로 돌리는 거예요. 다 세금 아닙니까? 노동자들만 고스란히 피해를 보고 있어요. 원청은 아무 신경 안 쓰고. 그러니까 사람들이 노동조합을 찾아서 투쟁을 하

---

* 회사 도산 등의 사유로 임금·퇴직금·휴업수당 등을 지급받지 못하고 퇴직한 노동자에게 국가가 사업주를 대신해 이를 지급하고 사업주에게 대위 청구하는 제도.

게 되고, 그 힘이 바탕이 되면서 임금 30퍼센트 원상 회복을 요구하면서 파업에 들어가게 된 거죠.

우리가 조선소 야드에 일곱 개 구역 이상 거점을 만들어서 농성하며 싸웠어요. 발판이 멈추면 조선소 모든 작업이 멈춘다고 해서 발판 쪽에 거점을 두 군데 장악하고 도장 쪽에 거점을 또 몇 군데 장악했어요. 여러 군데로 나눠서 투쟁하니까 원청에서 정신을 못 차리는 거예요. 우리는 발판 만드는 노동자들이 많으니까 농성 천막도 잘 지어요. 무너뜨리면 다시 짓고 무너뜨리면 다시 짓고. 얼마나 비닐이 많이 찢어졌으면 비닐 파는 집에서 도대체 어디 쓰는데 비닐을 이리 많이 사가냐고 물을 정도였어요.

그런 상황에서 회사에서는 파업에 참여하지 않는 하청노동자들을 동원해서 노동자끼리 대립하게 만들었어요. 또 원청에서는 대우조선 정규직 직장, 반장으로 구성된 '현장 직반장 책임자 연합회'를 동원해서 폭력을 행사했어요. 관리자들이 2백 명, 3백 명씩 몰려와 칼로 농성장 비닐을 찢고 커다란 절단기로 전선, 철사를 막 잘라댔어요. 그 무지막지한 모습에 화가 너무 났어요. 그 자리에 드러누워서 내 손가락을 내놓고 막 고함을 쳤어요.

"이것도 잘라라! 내 몸도 자르고 다 잘라라! 당신들도 옛날에 노동조합 없을 때 힘들게 노동조합 만들어서 지금 그 자리에 있지 않냐! 1987년도에도 구사대 있었는데 당신 그때도 구사대였냐! 당신들도 그 당시에 노동자였는데 왜 지금은 그 자리에 있냐! 다 돌아가라! 하청노동자는 노동조합 가지면 안 되냐! 우리가 뭘 잘못했냐! 20년 30년 최저임금 주면서, 왜 우리는 이렇게 살아야 하느냐!"

남자들은 전부 뒤에 있고 나 혼자서 그렇게 싸운 거예요.(웃음) 남자들더러는 몸 부딪히지 말고 뒤에 있으라고 말했죠. 사람이 다치면 안 된다는 생각에. 나는 여자니까, 저것들이 어찌 하겠나 생각이 들어서.

거점 투쟁이 너무 노-노 싸움으로 치달으니까 안 되겠다 해서 도크장을 점거했죠. 1도크에 30만 톤급 유조선이 진수를 앞두고 있었어요. 유최안 동지가 그 배 바닥에 1미터짜리 작은 철장을 만들고 자기를 가뒀어요. 그때서야 우리 투쟁이 세상에 알려지더라고. 옥포에 살면서 그렇게 사람이 많이 모인 걸 그때 처음 봤죠. 노동자들이 이렇게 집회 할 수 있는 세상이 오리고는 생각도 안 했어요. 그 많은 사람이 대우조선 하청노동자를 위해서 피켓을 들고 있는데, 심장에 울컥 진한 감정이 솟구쳐 올랐어요. 정말 고맙더라고.

점거 농성 28일째에 윤석열 대통령이 공권력을 투입하겠다는 뜻을 밝혔어요. 다음 날 유최안 동지를 지키려고 조합원들이 모든 거점을 털고 도크장 안에 다 모였어요. 두려운 건 없었죠. 오히려 그렇게 싸우니까 당시는 진짜 무서운 게 없더라고. 우리가 도크장 수문 위에 있었거든요. 경찰이 수천 명 들어오고 헬기도 뜨고 해봐야 손을 못 쓰는 거예요. 우리는 정말 단순하게 싸우고 있는데. 도크장 수문이라는 게 배가 나가는 문인데, 이쪽은 바다고 저쪽은 낭

떠러지예요. 도크장 바닥까지 높이가 30미터가 넘거든요. 도크 수문이 아래는 비스듬하게 돼 있어서 억수로 위험해요. 에어매트 같은 거 깔아놓아봤자 그냥 내려가버려요.

우리는 하는 대로 해보자, 일이 되든 죽든 살든 끝까지 할 거야, 이런 각오로 했어요. 윤석열이 뭐라 해도 무서움은 없었어요. 외로운 싸움이 아니었잖아요. 세상이 다 아는 싸움이고 그 많은 사람이 연대해주고 있으니까. 단지 저 안에 있는 유최안 동지 걱정뿐이었어요.

회사에서는 우리가 점거해서 하루 손실이 3백 억이라고 하더라고요. 우리 때문에 8천 억이니 1조니 손실을 봤다고 언론에서 얘기하는데, 우리하고는 아무 관련이 없는 것처럼 느껴졌어요. 진짜 그런 게 있나? 안 믿어지잖아요, 그런 큰 숫자는. 그러니까 그렇게 싸운 건데 지금 보면 어마어마한 싸움이었던 거죠. 끝까지 간다는 생각이었어요. 저는 집에도 안 갔어요. 51일을 회사에서 먹고 자고 했거든요.

우리 아파트에 수국나무가 있어요. 5월 되면 수국꽃이 피거든요. 한 달 정도 피어 있어요. 그게 피려고 할 때 파업을 시작했는데 집에 돌아가니까 그 수국이 이미 져 있더라고요. 아, 많은 시간을 내가 보내고 왔구나 생각이 들더라고요. 지금 생각해보면은 정말 잘 싸운 것 같아요. 잘 싸웠다는 마음은 있었는데 우리가 목표했던 만큼의 성과를 못 내서 그게 아쉽죠. 그래도 큰일을 치르고 왔다는 느낌이 들었어요. 아파트 지하에 차를 대놨는데 곰팡이가 피어서 다 썩어 있더라고.

쇠와 쇠를 이어 붙이는 용접 노동자 전은하

중요하지 않은 노동이 있나요?

쇠를 깎는
밀링 노동자 김지현

기록   이은주

'어제의 모든 괴로움 털어버릴 오늘은 기름밥 먼지밥 또 삼켜도 어제와 같지 않으리. 헛된 두려움 벗어던지고 내일 위해 살겠네.'

노래를 부르며 몸짓을 하는 영상 속에 담긴 얼굴에 웃음이 가득하다. '도크게이트'는 2022년 거통고조선하청지회 51파업 당시 만들어진 몸짓패다. 김지현 씨는 투쟁하는 동지들에게 웃음과 힘을 주는 활력소였던 도크게이트의 패장이다. 그 51일의 파업 이후, 웃는 그의 얼굴을 보기 어렵다. 비단 그만이 아니다.

세 번 인터뷰가 진행되는 동안 그는 감정의 요동 없이 담담하게 이야기의 실타래를 풀어갔다. 2007년, 살아보겠다고 가족들과 함께 거제에 정착한다. 남편 월급만으로는 살림을 꾸리기 어려웠다. 서른여덟 나이에 여성이 수월하게 진입할 수 있는 조선소 화기감시 일을 시작했다. 거제는 경남 지역에서 여성의 취업률이 가장 낮은 곳 중 하나이고 조선소 외에는 일자리를 찾기 어렵다.

이제 그는 쇠를 깎는 5년차 밀링 노동자다. 10여만 개의 철 조각이 연결되어 만들어진 3백여 개의 쇠 블록이 탑재되어야 배의 모양이 갖

쳐진다. 이때 블록에 달린 러그를 크레인에 걸고 블록을 운반한다. 블록이 탑재된 뒤 제 역할을 다한 쇳덩이 러그가 잘린 자리를 매끄럽게 깎는 작업이 그가 하는 밀링이다. 폭이 2.5미터 가까이 되는 육중한 밀링머신을 옮기고 집중해서 몇 시간 쇠를 깎는 그의 손길이 가야 배의 표면이 제 모습을 갖추게 된다. 배가 제 모습을 갖추기 위해 쇠를 수없이 깎았지만 정작 그의 삶과 살림살이는 갖춰지지 않는다.

그의 조선소 7년의 역사는 비정규직 노동자의 수난사다. 2016년부터 시작된 대우조선해양 구조조정이 그에게도 들이닥쳤다. 2020년 정리해고 대상자가 되었다는 한마디로 정리해고 통보를 받는다. 조선소 하청노동자들은 '회사가 어려워서 내달부터 나가야 된다' 하면 일터를 떠나야 했다. 대량 해고가 벌어진 구조조정 시기에도 하청노동자들에게는 정리해고라는 말도 적용되지 않았다. 이와 다르게 명천의 정리해고는 정리해고라는 형식으로 하청노동자 본공을 해고하려는 첫 번째 사례였다. 그는 해고 통보를 받은 동료들, 남편과 함께 싸웠다. 이들의 투쟁 후에는 정리해고라는 형태의 해고가 시도된 적은 없다.

그는 어떤 상황에 직면했을 때 맞대응이 아니라 곰곰이 곱씹고 한반 한 발 멈추지 않고 가는 성격이라고 한다. 그렇게 살아온 그는 차별과 수난에 숨죽이지 않고 묵묵히 투쟁하며 걸어간다.

세 아이의 엄마, 탑재부 밀링 노동자, 비정규직 여성 노동자, 비정규직 취부 노동자의 반려인인 그의 삶의 이야기는 2022년 '이렇게 살수는 없지 않습니까!'라고 외치며 투쟁에 나선 이들이 왜 그렇게 싸울 수밖에 없었는지를 보여준다.

뜨거웠던 파업을 마치고 일터로 돌아온 이들의 살림살이는 여전하다. 블랙리스트는 이들의 일자리를 옥죈다. 원청은 정당한 목소리를 낸 이들에게 470억 손해배상을 청구했다. 그리고 노동조합법 개정안, 즉 간접고용된 노동자가 실제 사용자인 원청과 단체교섭을 할 수 있도록 하고, 파업의 책임을 물어 노동자에게 과도하게 손해배상을 청구할 수 없도록 한 법안이 국회를 통과했으나 대통령이 거부권을 행사했다. 활짝 웃던 그의 얼굴에서 웃음기를 찾기 어려운 이유다.

여전히 살얼음판 같은 그곳에서 걸음을 멈추지 않고 활짝 웃으며 뛰어오르는 그의 몸짓에 맞춰 내일의 노래를 함께 부르고 싶다. '중요하지 않은 노동이 있냐'는 그의 물음을 오랫동안 되새기며.

쇠를 깎는 밀링 노동자 김지현

한 달에 백만 원씩 펑크 나는 생활비

부산 감만동이 친정이에요. 어릴 적 꿈은 현모양처였어요. 학교에서 꿈 적어내라 했을 땐 어린이집 선생님을 적었던 것 같아요. 그냥 애들이 좋았어요. 대학은 응용미술을 전공했어요. 아동심리, 사진, 수채화, 소묘, 공예, 이런 걸 종합적으로 배워요. 손으로 만드는 걸 좋아하는데 지금 하는 일도 손으로 기계를 조작해서 쇠를 깎는 작업이긴 해요. 대학 졸업하고 어린이집 교사, 구몬 학습지 교사, 교구 방문 수업을 했는데 오래는 안 했어요.

대학 졸업하고 스물네 살에 결혼했거든요. 결혼하고 아이 낳고 키우다 보니 집에만 있었어요. 그렇게 경력이 단절되니까 더 할 일이 없는 거예요. 둘째가 기저귀 안 뗐을 때 어린이집에서 보조교사를 구하길래 애를 어린이반에 넣어두고 보조교사 일을 하다가, 신랑이 화상을 입어 한 달 입원했었거든요. 간병하는 동안 일이 끊어지고, 그러고부터는 다시 집에 있었죠. 결혼할 때 어린이집에 애들 안 보낼 거라고 신랑한테 자신 있게 말했을 정도로 아이들을 좋아했어요. 첫째는 어린이집을 되게 늦게 갔고, 둘째도 36개월인가에 갔어요.

둘째 돌 되기 전인 2007년, 남편이 조선소 가면 돈 많이 번다는 이야기를 듣고 거제에 가서 일하기 시작했어요. 원래는 파워를 할 거라고 삼성에 들어갔는데 시급이 너무 낮아서 생각보다 많이 못 벌었어요. 그러다 파워 작업을 하면 손가락이 아프고 하니까 취부로 전환하면서 대우로 넘어오게 되었죠. 남편이 처음에 거제로 왔을 땐 몇 달 떨어져 있다가 애들도 어리고 남편도 혼자 생활하기 힘들어서 집을 구해 거제로 오게 되었어요. 남편 따라서 거제로 오는 사람도 많았죠. 그때는 타 지역보다는 여기 월급이 높았으니까요. 그래서 가족이 같이 정착한 경우도 많았죠.

신랑이 셋째를 원했어요. 제가 셋째 낳는 조건으로 '나는 일 안 할 거야' 했어요. 근데 막상 셋째를 낳고 키우니까 생활이 빠듯해져서 내가 일하러 가겠다고 하게 된 거죠. 당장 나가서 벌어야 되는 상황이었죠. 신랑 혼자 벌어서는 한 달에 마이너스가 백씩 늘어났으니까요. 월급은 그대로고 보너스도 없어져서 메꿀 방안도 없고요. 내가 백이든 2백이든 벌어야 메꿔질 것 같아서 일을 시작했죠.

막내가 지금 중1이거든요. 그 아이가 초등학교 들어갈 때 시작해서 지금까지 6년 일했죠. 남편은 '조선소 일이 힘든 일이니까 너 못 할 거다' 하면서 처음에는 동의하지 않았어요. 그래도 저는 이거 아니면 당장 답이 없으니 일단 해보자고 시작했죠.

와이프가 일할 만한 데가 있냐고 신랑이 주변에 물어봤어요.

여자들이 처음 조선소 들어오기에는 화기감시자가 수월하니까 화기감시 구하는 곳이 있는지 몇 군데 알아보고 들어왔어요. 그렇게 화기감시로 1년 반 하다가 회사를 옮겨서 밀링을 시작했어요. 처음 들어갈 때는 남편하고 다른 회사였는데 지금은 같은 회사예요.

여성들은 남편 따라 조선소로 일하러 오는 경우가 많죠. 거제 안에는 남자도 다른 할 일이 별로 없는데 여성은 편의점, 식당 아니면 일할 데가 없으니까요. 제가 서른여덟에 들어왔는데, 대부분 애들 키우고 그 나이 즈음에 들어와서 20년 했다, 15년 했다, 그렇게 되더라고요. 나는 저렇게 오래 다닐 수 있을까 생각도 들었어요.

용접 불똥이 구슬처럼 팔 위에서 굴렀어요

2017년 처음에 들어왔을 때는 PE(pre-erection. 선행탑재. 블록과 블록을 연결하는 작업)장 사이드 쪽에 있는 블록에서 화기감시를 했어요. 용접하면 가끔 용접 물이 떨어지거든요. 그 용접 물이 툭 떨어져서 어깨에서 손등까지 도르르 구슬처럼 구르는 거예요. 뜨거워서 막 털었더니 작업복에 불똥 구멍이 뿡뿡뿡뿡 나고 장갑도 탔어요. 또 한번은 블록 조립장에서 뭐가 툭 치길래 돌아보니까 고소차였어요. 고소차 운전할 때는 높은 데서 보면서 이동해야 되는데 낮은 높이에서 운전하느라 날 못 본 거예요. 다행히 세게는 아니고 툭 친 정도였죠. 감시하다가 옆에 있던 가연성 쓰레기통에 불이 나서

소화기로 불을 끈 적도 있어요. 그게 들어와서 한 달, 두 달 안에 다 일어났어요.

화기감시는 불 작업 보는 일이라 위험해요. 전선이 막 쌓인 곳에서 불질 작업을 하면 우리는 함석판을 들고 불을 막고 서 있어야 해요. 전선을 태우면 안 되니까요. 가끔 장갑으로 잘못 집으면 뜨거운 것도 있고요. 다른 작업자도 위에서 떨어진 용접 불똥이 등에 도도도도도 굴러서 데인 경우도 있었어요. 많이 다치고 데여요.

불 작업하는 곳은 각 업체에 화기감시자가 있어요. 제가 처음 들어갔을 때는 많지는 않았어요. 삼성이랑 다른 조선소에서도 불도 나고 폭발 사고가 나고 하니까 화기감시자를 둔 것 같더라고요. 2015년 대우조선 화재 사고 때 화기감시자가 돌아가셨어요. 다른 사람들 대피하라고 하다가 그 아주머니가 탱크에서 돌아가셨을 거예요. 일이 진짜 힘들고 항상 긴장해야 해요.

근데 사람들은 화기감시자들이 불만 보고 가만히 서 있다고 생각해요. '화기라서 편하지 놀다가 집에 가네' 이런 말도 해요. 화기감시는 거의 여성이어요. LNG 말고 LPG는 탱크 안에 또 탱크를 넣는데, 카고탱크라고 거기는 남자 화기감시도 있어요. 진입로가 좁고 복잡해서 화재가 났을 때 초동 진화나 대피 안내, 지원을 해야 하고 사람을 업고 나오기도 해야 하니까 남자 화기가 필요하다 해서 3개월, 6개월, 단기 계약으로 많이 들어와서 지금은 남자도 좀 있어요. 직영으로 일하다 정년 하고 나오신 남자 분들도 있어요. 여자나 남자나 화기감시자는 다 최저시급이에요.

일은 힘들었어도 화기감시자 다섯 명하고 용접사 한 명이 여성이어서 탈의실도 같이 쓰고 재미있게 일했어요. 그러다 회사를 나가고 싶은 생각이 든 일이 생겼어요.

당시 업체는 아침 7시 10분까지 출근 타각을 하고 7시 30분까지는 작업 현장으로 가서 청소 같은 작업 준비를 하라고 시켰어요. 7시 30분이 지나서도 탈의실에 남아 있으면 관리자들이 질책을 했고요. 업무 시간은 8시에 시작이니까 그럼 매일 8시까지 30분씩 공짜 노동을 하는 거예요. 퇴근도 예를 들어 5시가 퇴근 시간이면 5시 10분 이후에 카드를 찍으라고 했어요. 근로기준법에 따라 청소 시간, 작업 준비 시간, 조회 시간도 근로시간이라서 타각을 5시에 해야 맞는데 5시까지 일을 하고 나오라고 하니 그 시간만큼 또 매일 공짜 노동을 하는 거잖아요?

이 이야기가 거통고조선하청지회 신문에 나온 거예요. 다른 밀폐감시 업체 얘기였는데 여기는 6시 50분까지 나와서 7시부터 일하라고 하고 7시부터 8시까지 일한 임금은 주지 않은 일이 있어서 지회에서 임금 지급하라고 요구한 일이었거든요.

그런데 대표는 이거 누가 이야기했는지 밝히라고 난리였죠. 내가 신랑한테 얘기해서 신문에 나왔다고 생각한 거예요. 그때 저희 신랑은 명천에서 노조에 가입해서 활동할 때였거든요. 회사에서는 내가 말했다고 단정하고 대표가 인사도 안 받았어요. 소장이랑 관리자들도 저를 투명인간처럼 대하고요. 그게 길어지니까 계속 다니기가 싫어진 거죠.

조선소를 오래 다니려면 화기 말고 기술이라도 하나 배워야겠다는 생각도 들 때여서 옮기고 싶었어요. 화기감시는 일 없으면 제일 먼저 쫓겨날 것 같기도 하고요. 용접을 배울까 했는데 주변에서 용접 흉도 안 좋고 와이어 끌고 다니기 힘들다고 만류하길래 밀링을 선택했죠. 탑재 일 하는 네 업체 중에 두 업체만 밀링이 있었어요.

우리 반장한테 '나 명천 가서 밀링이라도 해야겠다. 내가 갈 수 있냐. 승계가 되냐' 대표에게 물어봐라 했어요. 퇴근하고 집에서 밥 먹을 때였나, 퇴근하는 길이었나. 전화가 온 거예요. 바로 사직서 쓰면 옮길 수 있다고요. 원래 업체에서 업체로 이동이 잘 안 되거든요. 근데 바로 된 거예요.(어이없는 웃음) 빨리 나가길 엄청 바란 거죠. 대놓고 나가라고 눈치를 준 거예요.

러그가 절단된 자리를 깎아요

밀링 한 지 5년 됐어요. 제가 들어오기 훨씬 전에는 남자 직영분들이 밀링을 했대요. 남성들이 하루 종일 앉아서 하는 작업을 지겨워서 잘 못하셨나 봐요. 하청업체가 밀링 작업을 하면서부터는 밀링은 다 여성들이 하는 거죠.

블록에 러그가 달려 있어요. 크레인을 러그에 걸고 작은 블록들을 연결하면 큰 블록이 되잖아요. 다시 그 큰 블록을 골리앗 크레인이 들고 도크 안에서 탑재하면 배의 형태가 완성되는 거예요. 그럼 러그가 필요 없으니까 러그를 잘라내고 절단된 자리를 밀링기를 사용해서 깎아주는 거예요. 밀링 배우는 건 일주일 안 걸려요. 저는 선임이 하루 알려주고 다음 날부터 하라고 해서 안 되는 건 바로바로 물어보면서 했어요. 뒤에 들어온 사람들도 2, 3일 하면 할 수 있었어요. 하루 종일 앉아서 해야 하니 조금 힘들죠.

러그가 큰 것도 있고 작은 것도 있거든요. 러그 하나 깎고 난 뒤 기계 들어서 옮겨놓고 청소하면 큰 거는 한두 시간, 작은 거는 한 시간 걸려요. 밀링기 옮길 때는 유압기로 들어서 전진 후진해서 움직이는데 무겁고 핸들이 뻑뻑해서 잘 안 돌아가요. 파이프를 넘어야 되거나 골목이 좁을 땐 크레인을 써서 옮기죠. 좁은 공간에 들어가야 될 때는 파이프 밑에 몸을 구겨 넣어서 기계를 맞춰놓고 고개도 못 들고 핸들을 잡고 하는 경우가 많죠.

그나마 앉아서 내 일만 하면 되니까 그런 거는 좀 편한 것 같아요. 누가 터치는 안 하니까요. 보통 LNG가스를 보관하는 거대한 탱크가 네 개 있어요. 그리고 탱크마다 40개씩 러그가 있어요. 한 명이 들어갈 때도 있고 두 명씩 들어가서 포트(배의 왼쪽), 스타포드(배의 오른쪽) 나눠서 할 때도 있어요. 한 사람이 하루에 평균적으로 대여섯 개, 많으면 일고여덟 개 작업해요. 크레인이 안 돼서 기다려야 하면 하루에 하나 할 때도 있어요.

날짜에 맞춰서 다 끝내고 이동하면 내가 이만큼 끝내고 진수를 내보냈다는 생각에 되게 뿌듯하죠. 내가 마무리한 성과가 보이잖아요. 하루를 잘 끝내고 집에서 밥 먹으며 맥주 한잔하는 게 보람인 거고. 월급은 그냥 들어왔다 나가는 거죠. 한 달 받는 월급이 보람은 아닌 것 같아요.

밀링도 거의 최저시급이거든요. 저보다 먼저 오신 분 그리고 뒤에 오신 분 세 명이 임금은 몇 백 원씩 차이가 있었거든요. 기존 임금이 올라가는 것보다 최저임금이 계속 올라가니까 임금이 비슷해졌는데, 재작년에는 저보다 뒤에 오신 분 백 원 올려주고 나 안 올려주고. 작년에는 두 분 똑같이 5백 원씩 올려주고, 나 백 원 올려줬어요. 많이는 아니지만 몇 백 원씩 차이가 나요. 노동조합 활동 하니까 차별을 두는 거죠. 저희 신랑은 취부사 중에 제일 밑에서 두 번째예요. 우리 회사에 조합원이 공식적으로 열한 명이에요. 다른 사람들 6백 원 올려줄 때 조합원은 3백 원, 백 원 올려줬어요. 백 몇 십 원으로 사람을 관리하는 거잖아요. 수당이 나와도 최저임금을 받는 청소, 화기, 이주노동자는 배제돼요. 그나마 밀링은 경계선에 있어서 인센티브를 조금 받고 있어요.

아프면 일하지 마세요

제가 5월에 더워질 때쯤 처음 들어왔거든요. 조선소는 남성 여성 떠나서 일단 출근하는 자체로 기가 빨려요. 작업복 입고 있는 것 자체도 힘들고 무겁고요. 하이바(안전모) 쓰고 작업복 입고 안전화 신는데, 안전화가 되게 무겁게 느껴지고 벨트 차는 것 자체가 힘들 었어요. 처음엔 귀마개도 적응이 안 돼요. 귀마개 하면 사람 말이 안 들려서 빼고 '뭐라고요' 그랬더니 귀마개를 빼지 말래요. 이제는 귀마개 해도 잘 들리는데 처음에는 힘들었죠. 그리고 위에서 뭐가 떨어질지도 모르고 위험하잖아요. 또 이상한 농담하시는 분들도 많잖아요.

화기감시하다가 용접 불똥에 데였을 때 어떻게 해야 될지 몰랐 는데 다른 작업자가 나를 보고 회사에 전화해서 안전요원이 요만 한 구급상자 하나 들고 와서 화상 연고 발라주고 끝났었죠. 요즘은 사고 나면 무조건 서문 건강센터에 가는 걸로 바뀌었어요. 재작년 인가 밀링기에 다리가 찡겼거든요. 서문 갔더니 눌러보고 뼈는 이 상이 없는 것 같다고 해서 약만 받아 나온 적도 있어요. 일단 서문 의료실로 가서 거기 의사가 사진 찍어봐야겠다고 하면 대우병원 으로 가는 거죠. 작은 아차사고도 많아요. 호스를 밟아 콕 넘어져서 무릎을 찧는다든지 그런 건 그냥 지나가는 거죠. 멍드는 경우가 많 죠. 청소하시는 분들은 바닥을 보면서 계속 쓸다 보면 위에 파이프가 있는지 모르고 쿵쿵 박는 일들이 많죠. 목이 아프다 그래요.

처음 일 시작하고 허리 통증이 와서 엑스레이를 찍었어요. 근육이 문제인 것 같다고 해서 회사 연계된 병원 가서 물리치료를 한 번 했어요. 그 뒤 밀링 한 지 3년 가까이 되었을 때 허리가 아파서 반장보고 화기감시로 전환을 시켜달라고 했어요. 근데 정말 아파서 이 일을 못 하겠다는 소견서가 없으면 보직 변경이 힘들다고, MRI든 뭐든 찍으라고 하더라구요. 괜히 돈 들여서 찍었는데 안 나오면 돈만 나가는 것 같고 해서 물리치료 좀 하고 말았어요.

근데 여름 지나고 너무 아파서 병원 가서 MRI를 찍었더니 추간판 탈출이라고, 이렇게 볼록 튀어나왔더라고요. 소견서 제출하면서 보직 변경을 요청했는데 화기감시도 힘든 일이라면서 또 안 바꿔주는 거예요. 신랑은 산재를 내라 했는데 들어온 지 만 5년도 안 되니 산재가 되겠나 하면서 좀 더 기다려보자 했죠. 대우병원에서는 이걸로 산재가 안 된다고 했었거든요. 정리해고 때부터 나를 자르려고 했고 잔업, 특근도 안 시키려고 했었는데, 아프다고 증거를 내니까 그 뒤로는 아프니까 일을 안 시키겠다며 매일 5시까지만 하게 했어요. 잔업, 특근 없이 빨간 날은 다 쉬고 한 2년 가까이 그렇게 했어요.

51파업 들어가기 전까지도 계속 그랬어요. 한번은 월요일이 빨간 날이었는데 출근하지 말라는 거예요. 아니, 평일 빨간 날도 안 시킬 거냐 그랬더니 안 시킨대요. 밀링 세 명 중 두 사람은 7시까지 시키는데 나는 아무리 일이 바빠도 A코드(5시 퇴근)인 거죠. 은하 언니가 산업안전보건위원회 회의에서 차별하는 거 아니냐고 항의했죠. 차별이 아니래요. 이제 안 아프다, 괜찮다, 잔업 특근 풀어라 했더니 안 아픈 소견서를 가지고 오라는 거예요. 병원에 가서 혹시 소견서 떼줄 수 있냐 했더니 의사가 써주시더라고요. 파업 들어가면서 괜찮다는 소견서를 문자로 보낸 거죠. 파업 마치고 다시 돌아와서 '소견서를 냈는데도 안 시키면 차별 아니냐?' 해도 안 시켰어요.

그즈음 같이 일하는 언니 한 명이 청소를 하다가 뜨끔했다고 일주일인가 서문에서 물리치료를 받았거든요. 그 언니도 5시까지만 일 시키다가 언니가 괜찮다고 하니 별말 없이 잔업을 시키기 시작했어요. 저에게는 반장이 면담을 한 번 한 뒤에 잔업을 시키겠다 얘기해놓고 면담을 2주를 미루더라고요. 그러더니 면담 없이 그냥 자연스럽게 넘어갔어요. 그 뒤로는 6시까지도 하고 가끔 토요일도 출근하고 있어요.

방광염에 걸렸어요

화장실이 너무 부족해요. 멀기도 하고요. 여자 화장실 개수가 훨씬 적고요. 남자 세 칸이면 여자 한 칸, 남자 다섯 칸이면 여자 두 칸 이런 식으로요. 너무 지저분하고 어떨 땐 거품이 안 나올 때도 있어요. 분명히 여자라고 표시되어 있는데도 남자들이 사용하고 나오기도 해요.

방광염도 왔어요. 쉬는 시간에 배 끝에서 끝까지 화장실을 가려면 시간도 많이 걸리고 컨테이너 창 안에 사다리를 타고 올라가야 했어요. 그래서 조회 끝나고 화장실 한 번 가고 들어가면 점심 먹을 때까지 참았어요. 중회 끝나고 퇴근할 때까지 한 번 가고요. 한 2주 동안 그랬던 것 같아요. 그러다 느낌이 쌔하니 아프더라구요. 주변 사람들이 방광염이라고 해서 병원을 갔죠. 약을 먹어야 낫더라고요.

생리 중일 때도 힘들어요. 그럴 때는 진짜 힘들어도 내려가야 돼요. 그런데 한번은 일하는 시간에 화장실 가니까 반장이 '화장실은 쉬는 시간에 가셔야죠' 이러는 거예요. 아니 정말 급할 때도 있는데 화장실을 어떻게 쉬는 시간만 가냐구요. 아니 반장 지는 쉬는 시간에만 화장실 가나, 이런 생각이 들죠. 지금은 중간에 안 쉬고 일하면 조금 일찍 내려오기도 해요. '몰라, 화장실 가고 싶어서 갔다' 하면 되지 이러고 내려와요.

화장실 안에 거품이 안 나면 가스가 많이 나올 때도 있어요. 배 안에 들어갈 때 쓰라고 산소측정기를 나눠준 적 있거든요. 근데 탱크 안에 용접하는 곳에서는 안 울리던 게 화장실 안에서 울리는 거예요. 이래서 사망 사고도 나는구나 했죠. 부산에서 화장실에 가스가 차 질식해서 사망한 사고도 있었잖아요.

쇠를 깎는 밀링 노동자 김지현

얼마 전 사람이 늘어서 화장실을 더 갖다놓았어요. 1도크 동편에 원래 여자 한 칸, 남자 두 칸, 모두 세 칸이 있었거든요. 그 옆에 컨테이너가 하나 더 왔어요. 그럼 여자, 남자를 각각 줘야 되잖아요. 남자 것만 왔어요. 여자 것은 한 칸밖에 없었는데 남자 것만 더 왔어요. 여성 노동자 숫자도 늘어나는 걸 고려 안 하고 남성 위주로 배치하는 거죠. 옛날보다 여성들이 진짜 많아졌다고 해요. 밀폐감시, 화기감시, 청소, 엄청 많아진 거죠.

휴게실은 신발 벗고 올라가서 누울 수 있는 곳인데 대부분 남자들이 있으니까 여자가 눕기는 좀 그렇고 들어가기도 어렵죠. 여성 휴게실이라고 따로 있지 않아요.

우리 반 자체가 이주노동자와 여자밖에 없어요. 나이 많으신 아저씨 한 분 있고요. 여성 노동자도 그렇고 이주노동자가 많이 들어오고 있잖아요. 적게 주고 일을 많이 시킬 수 있는 사람을 늘리는 거죠.

기술을 쓰면 생산노동, 기술 없이도 누구나 할 수 있는 거는 비생산노동이라고 얘기를 하죠. 중요하지 않은 노동은 없는데 말이에요. 회사에서 봤을 때 대체할 수 있는 인력이 많냐 적냐에 따라서 나누는 것 같아요. 기술을 요하는 거냐, 청소나 화기감시처럼 누구나 투입을 할 수 있는 거냐에 따라서 시급에도 차이를 두는 거죠. 없으면 안 되지만 '너 아니라도 일할 사람 많다' 이렇게 생각하는 것 같아요.

관리자들이 주황 조끼 입고 서 있는 작업자를 가리키며 '서서 저러고 있는데 어쩔 수 없이 감시를 세워야 되니까 돈이 나간다'고 이야기해요. 반장들도 작업 지시할 때 '거기 뭐 불 볼 건 없는데 가서 오늘 좀 편하게 쉬다가 오세요'라고 말해요. 작업자들끼리도 그렇게 얘기하게 되더라고요. 여성 노동자들이 화기를 본다든지 밀폐를 감시한다든지 하면, 망치질 하고 힘들게 일하는 작업자가 보기에는 노는 것처럼 보이는 것 같아요.

또 내 주 임무는 화기감시인데도 청소가 바쁘면 청소해야 하고, 반대로 화기가 바쁘면 '누구 씨, 오늘은 청소하지 말고 여기서 화기 좀 봐주세요' 그렇게 반장이 시키면 해야죠. 반장에게 밉보이면 잔업, 특근 가지고 괴롭히니까요. 그러니까 입 다물고 있어요. 만근하면 연차가 생기는데 눈치 보여서 못 쓰게 되더라고요. 남자들은 근태계를 책상 위에 올려놓으면 끝이거든요. 근데 여자들에게는 바쁘면 날짜를 바꿔달라고도 해요.

노조 가입하는 것도 더 쉽지 않아요. 우리 반장이 저한테 한 것처럼, 일단 가입하면 임금이나 잔업을 포함해서 모든 부분에서 불이익을 주잖아요. 그걸 여성들이 더 못 견디죠. 제가 처음 업체에서 유령 취급당하고 못 견디고 나온 거잖아요. 남자들은 반장한테 시팔시팔 하고 따지기라도 하는데 여자들은 대부분 그렇게 못 하는 것 같아요.

자꾸 악에 받치게

2020년 10월 30일, 정리해고 통보를 받았어요. 퇴근하고 집에 있는 사람들에게 반장들이 전화를 한 거예요. 11월 1일이 생일이라 사람들하고 아주동에서 생일 파티하고 있었거든요. 신랑이 전화해서는 회사에서 해고된 사람들에게 전화 돌리고 있다는데 전화 받았냐고 묻더라구요. 저는 '아니 전화 없었는데, 나는 아닌가 보네' 이랬어요.

다음 날 회사를 갔더니 발칵 뒤집어진 거죠. 반장한테 소리 지르고 항의하는 사람도 있고요. 조회하러 다 RD5(로얄도크5)로 오라고 했어요. 1도크에 있는 사람들까지 전부 다 갔죠. 거기서 '우리 회사 정리해고를 하는데 우리 반에는 김지현 씨가 해당이 되었다'고 통보를 받은 거예요. 아, 진짜 미쳐버리겠더라고요. 전날 전화 통보도 없이 굳이 사람들 다 모인 자리에서 해고 통보를 하더라구요. 정리해고를 한 대표보다 그런 식으로 통보하는 반장이 싫었어요.

다른 반은 반장 멱살 잡은 사람도 있고 몇몇은 현장소장을 찾아갔다 하더라고요. 그러고서 점심 중회를 하는데 점수 매긴 것에 오류가 났다며 해고자 명단이 바뀐 거예요. 갑자기 이주노동자가 포함되고 다른 반에는 물량팀 사람도 포함되었어요. 아, 진짜 기가 막혀서….

소문에 소장한테 가서 빌거나 멱살 잡거나 한 사람들은 대상에서 빠진 거죠. 반장도 너무 싫고, 같이 일했던 언니들도 자기는 아니니까 별 말 없는 것도 싫었죠. 신랑은 나보고 잘렸으니까 나가라고 하더라고요. 자기랑 친한 사람이 해고 대상이 돼서 자기는 투쟁하면서 내보고는 나가라고요. 나도 별 생각 없이 나가면 나가는가 보다 했죠.

카더라 통신에는 명천 대표가 정리해고를 하면 다른 업체들도 줄줄이 정리해고를 시작하는 신호탄이 될 거라 했어요. 금강이었다가 명천으로 바뀌고, 대표가 새로 와서 얼마 안 됐는데 정리해고를 시작한 거죠. 정리해고 통보 받고 지회에 다 모여서 회의를 했죠. 다음 날 선각삼거리에 천막을 쳤을 거예요. 저는 다른 사람들 투쟁하는 것만 보고 아침 선전전에만 참여했어요. 그렇게 보름 가까이 일하다가 '어차피 한 달 뒤에 나갈 건데' 하는 생각에 일하기가 너무 싫은 거예요. 은하 언니도 투쟁하러 간다 해서 '그럼 나도 갈게요' 이렇게 시작했죠.

천막에서 은하 언니랑 신랑이랑 같이 계속 있었죠. 저녁에 집에 가기도 하고 천막에서 언니랑 자기도 하고. 목에 쇠사슬 연결해서 자물쇠 걸고도 있었죠. 정리해고 예고일이 가까워질 때가 1도크에서 건조하던 배가 진수할 때였어요. 투쟁해도 사측이 전혀 변하지 않으니 도크장에 설치된 타워크레인에 김형수 지회장이 올라가서 진수를 막는 상황이 되기도 했죠. 그렇게 똘똘 뭉쳐서 싸웠어요.

파업이 처음이기도 했고 11월 추운 겨울이었어요. 크게 두려운 게 없었어요. 가만히 있는 사람을 자꾸 악에 받치게 만드는 것 같아요. 이만큼 하고 그냥 말아야지 했는데 계속 몰아가니까 '우씨' 그런 게 생기더라고요. 하루하루 지나면서 못 나가겠다, 나가면 안 되겠다 생각이 든 거죠.

천막에 있을 때는 일을 안 해서 좋더라고요. 그런데 점점 30일에 다가갈수록 어떻게 되는 거지? 날짜가 지나면 쫓겨나는 건가, 못 들어오는 건가? 조금씩 막막해졌죠. 결국 홍구 동지, 박경호 동지랑 은하 언니, 저 이렇게 네 명이 복직했어요. 다른 분들은 그 전에 다 나갔어요. 그때 그렇게 투쟁을 하면서 노동조합에 가입해서 조금씩 활동을 시작한 거죠.

여기에 우리가 살아 있었지

51일 파업투쟁은 그냥 좋았어요. 투쟁에 비해 너무 얻은 게 없다고들 하죠. 저는 합의안이 말도 안 된 거였지만 하청지회가 교섭에 들어간 것도 의미 있다고 생각했어요. 투쟁 그 자체로 우리가 세상에 많이 알려졌잖아요. 51일 파업투쟁 끝나고 지회 사무실에서 인터뷰했을 때 지금 기분이 어떤지 체크한 적이 있어요. 다른 분들은 상실감에 체크를 많이 하셨죠. 저는 슬프거나 그렇지 않더라고요.

투쟁할 때 비가 엄청 왔어요. 항상 도크게이트에서 비옷 입고 앉아 있던 모습, 안개 낀 아침 풍경들이 가장 기억에 남아요. 풍경이 예쁘면 사진을 잘 찍는 편이라 그런 장면을 카메라에 담고 그랬어요. 정신없이 투쟁하고 투표할 때, 경찰 헬기가 떠다닐 때, 그렇게 긴장했을 때보다 조용히 우리끼리 있을 때가 더 많이 떠올라요. 다리 위에 총파업 깃발이 휘날리던 장면도 떠올라요. 일할 때 항상 자전거를 타고 지나다니는 길이거든요. 우리 목소리도 내고 여기에 우리가 살아 있었지 하는 거죠.

그때 많은 사람을 알게 되었죠. 같은 회사 다녀도 서로 모르거든요. 근데 도장부, 탑재부, 다른 부서 사람들까지 다 모여서 이야기 나누며 있었죠. 도크게이트에서 해가 뜨면 천막을 다 올려가지고 그늘 삼아서 앉아 있고, 비가 오면 그걸 내리고 위에 비닐을 치고 비옷을 입고 앉아 있었어요. 건너편에서 여섯 분이 고공농성하고 아래에는 최안 동지가 있으니 편한 자리에 있을 수 없다는 마음도 있었죠.

51파업 때, 연대투쟁 온 분들이 율동 공연한 거를 보고 다음 날 도크게이트에 앉아서 동영상과 유튜브 보면서 우리끼리 따라 한 거예요. 〈바위처럼〉 노래에 맞춰 율동을 해보려고 이래 볼까 저래 볼까 하고 있었죠. 그러다 금속노조 안종걸 동지가 가르쳐주겠다 해서 대보 마당에 가서 배웠고, 배운 거 보여줄게 하다가 공연을 하라고 해서 이름도 짓게 되었어요. 이름 지을 때 천막을 늘 치던 선각삼거리나 공장 안 장소가 대부분 후보로 나왔었죠. 그중에 '도크 게이트 좋네' 이래가지고 정해졌죠. 그 후 서울 산업은행 앞, 구미 아사히투쟁문화제랑 여기저기 가서 율동을 했죠.

몸짓패다 이렇게 시작해서 만든 게 아니고 우르르 모여서 하다 보니 몸짓패가 되었죠. 처음에 열한 명 정도로 많았어요. 북적북적 한 줄, 두 줄, 세 줄도 서고 그랬죠. 그리고 어쩌다 제가 패장이 된 거예요. 패장이라는 책임에 어깨가 무거워요. 노래 듣고 음악은 좋아하기는 하는데 춤추거나 하지는 않았거든요. 제가 몸이 유연하지가 않아요. 무대로 걸어 나갈 때도 당당하게 가야 하는데 팔자걸음으로 가요. 나는 분명 점프를 뛴다고 뛰는데 동영상을 보면 안 뛴 걸로 보이죠. 아직까지 엉망이에요.(웃음) 그래도 모두 무대에 올라가면 최선을 다하고 내려오죠. 틀려도 서로 '잘했어, 잘했어' 하죠.

조선소 도시에서 자라는 아이들

막내가 초등학교 들어가면서부터 조선소에 들어왔잖아요. 그때부터 자기들이 알아서 하게 내버려뒀어요. 아침 6시 40분, 새벽에 나오니까 아침도 못 차려주잖아요. 퇴근하고 가면 또 힘드니까 대충 밥 시켜 먹고요. 막내 초등학교 들어갈 때 둘째가 5학년이었나, 아침에 동생 데리고 학교 갔다가 마치면 데려오고 그랬거든요. 막내딸 머리 빗기고 하는 거를 둘째 오빠한테 하라고 했죠. 애들한테 세탁기 돌리기, 청소, 재활용 분리, 다 분담시켰어요. 지금은 큰 애가 대학을 부산으로 가서 세 명이 하던 걸 두 명이 하고 있어요. 애들한테 엄마 일하러 가야 되니까 너희가 그만큼 해야 한다고 얘기했죠. 알아서 잘 컸어요.

애들은 엄마 아빠가 활동하는 거 알죠. 종종 얘기는 하죠. 작년 (2022년)에 우리 아들이 알바를 했거든요. 고깃집에서 일하면 최저시급 받으니까 1만 원 가까이 되잖아요. 그때 저희 신랑 시급이 1만 4백 원인가 그랬어요. 조선소 월급이 너무 적고 너보다 엄마 시급이 적은 거라고, 그래서 부당하다고 얘기하는 거라고 말해주었죠. 옥포 시내에서 시민들하고 집회했을 때도 신랑이 다 나오라 해서 함께 했어요.

51파업 할 때 정규직이랑 갈등이 있었어요. 우리에게 물병도 던지고 우리 앞을 지나가면서 욕도 하고. 우리 반대하는 카톡방에서 우리보고 바퀴벌레, 버러지 그런 말도 했어요. 투쟁 끝내고 돌아가서 얼굴 부딪히면 어떡하나 그런 얘기도 했거든요. 자식들 다 거제 사는데 불이익 받으면 어쩌나 이런 생각도 하고요. 좁은 거제 안에서 누구는 누구 애다 그런 게 있지 않을까 걱정이 되니까요. 그게 심하게 오면 공포로 느껴지겠죠. 고등학생 아들한테 물어본 적 있어요. 워낙 투쟁을 크게 했으니까 애들끼리도 얘기할 수 있잖아요. '한 번 얘기가 나왔는데 크게는 얘기하는 거 없어요' 하는데 애들끼리 의견 차이가 나서 부딪히지 않을까도 생각했었어요.

이대로 살 순 없지 않습니까

노동조합 가입은 신랑이 먼저 했어요. 저는 정리해고 당하고 활동하면서 노동조합은 당연히 있어야 된다고 생각했죠. 노동조합이 없이 나 혼자는 그냥 해고가 됐을 거잖아요. 든든한 백, 지켜주는 힘이라고 해야 되나? 회사에서 노동자들을 부리고 싶은 대로 부리고 불이익을 줄 때, 그걸 막아줄 수 있는 힘인 것 같아요. 우리가 모였을 때 임금 인상도 하고 상여금도 받고 해고도 막은 거잖아요. 개개인이면 그런 힘이 안 나오는 것 같아요. 노조 활동하면서 연대라는 것도 배웠죠. 51파업 투쟁에 연대의 힘도 되게 컸어요. 제가 정치에도 전혀 관심도 없고 뉴스도 잘 안 봤는데 노조 활동하고 나서 바뀌었죠.

51파업 투쟁할 때 남편이 서울에 단식투쟁을 갔어요. 가는 것도 당일 아침에 알았어요. 신랑이 한 끼만 안 먹어도 배가 고파서 못 견디는 사람이란 말이에요. 원래 단식하기 전 며칠이나 하루 정도는 소식해야 되잖아요. 뭘 준비해야 되는지도 몰랐고 단식 전에 이렇게 해야 한다고 교육이 전혀 없었어요. 밥 안 먹어서 힘은 없는데 아침 선전전, 중식 선전전 해야 하니 더 힘이 없었겠죠. 사람들 찾아오면 말도 해야 했구요. 한의사가 검진할 때 '조금이나마 운동을 하세요' 이랬는데 신랑이 여의도를 뛰어다녔다더라고요. 살살 움직여야 되는데 모르니까 땀 흘리면서 뛰어다녔다는 거예요.

그렇게 투쟁했으니 더 큰 실망이 있었죠. 허무해하기도 하구요. 그 후로는 저에게도 활동 그만하지 얘기하기도 해요. 그러고 다음 날 하고 싶냐고 또 묻고 하고 싶으면 하라고 해요. 신랑도 갈등하는 거죠. 투쟁이 끝나고 떠나시는 분이 많았어요. 같이 했던 분들 떠나고 많이 안 보이죠. 저보고도 그만하라는 사람도 있었죠. '누구누구 나갔어, 누구 누구 탈퇴했어' 하면 옆에서 들으면서 지금 많이 안 남아 있겠네 싶어서 마음이 안 좋죠.

신랑은 이제 삼성중공업 하청업체로 옮긴 지 한 달 정도 되었어요. 대우조선도 지긋지긋하고 회사도 별로 마음에 안 들어 했어요. 제가 만 5년이 되어서 아이들 학자금도 나오니까 자기는 나가겠다고 옮겼어요. 대우에서 10월 말까지 하고 11월부터 삼성으로 옮기려고 교육 다 받고 삼성 출입증까지 다 나왔어요. 근데 사직서 쓴 뒷날 삼성 업체에서 안 된다고 연락이 왔어요. 신랑처럼 노조 가입한 조합원이 어디로 가는지 알면 막아요. 대우에서 막은 건지, 명천인지 삼성인지 정확하게 모르지만요. 거제 작은 조선소들도 다 안 된다고 하더라고요. 그래서 진해에 가야 하나 하고 있었는데 아는 분이 또 삼성 다른 업체에 서류를 넣어봐라 해서 다시 넣었어요. 안 되나 보다 했는데 갑자기 교육을 받으라고 연락이 와서 교육 받고 다음 날부터 출근하고 있어요.

몇 달 전 검찰에서 우편물이 왔어요. 51파업 가지고 검찰에 송치되었다구요. 또 한 달 뒤에 '추가 조사요망' 이렇게 날라왔구요.

투쟁 끝나고 원청에서 고소한 거죠. 거제경찰서에서 오라고 해서 조사 받았거든요. 느태 농성장에 있었던 사람 모두에게 출석요구서가 왔었죠. 제가 경찰조사 받은 게 세 번째예요. 명천 정리해고 투쟁 때도 본사 건물 침입했다고 업무방해로 조사 받았는데 기소유예로 끝났어요. 그때는 경찰도 어차피 끝난 거 형식적으로 하는 조사였는데 이번에는 좀 느낌이 달랐어요. 분위기도 딱딱하고요.

투쟁 당시에 노조에 가입한 조합원이 한 분 계셨어요. 느태 농성장에 하루 잠깐 나왔다가 다음 날부터 와이프가 서울에 병원 간다고 못 왔었는데 그분도 조사 받았어요. 그분은 삼성으로 옮겼다가 다시 대우로 못 들어오고 있어요. 회사 말로는 아직 조사 중이라서라고 하는데….

노동조합이 좀 더 강해져야 하는데 시간이 갈수록 힘이 빠지는 느낌이 들어요. 한화가 대놓고 조합 활동을 방해하는 건 아니지만 파업 안 하면 성과금 지급한다고 하는 거나, 투쟁한 사람들에게 일자리 찾기도 어렵게 하는 거나 다 노조 힘 빼려고 하는 거잖아요. 노조 할 권리도 우리는 쉽지 않은 게 답답해요. 삶을 즐기고 꿈꾸는 게 우리에게는 너무 멀어요. 살기 좋은 세상이 오긴 올까요?

조금 더 나은
제 삶과 세상을
만들기 위해
목소리를 내고
싶어요

작업을 위한 첫길을 내는
비계 발판 노동자 나윤옥

기록   이호연

인권 교육을 할 때 노동 현장의 위험성을 설명하기 위해 참여자들에게 비교해서 보여주는 두 사진이 있다. 건설 현장 노동자의 추락 위험을 낮추기 위해 안전장치를 마련한 발판 그리고 보기에도 아찔할 정도로 위험해 보이는 발판 사진이다. 한국은 여기저기 공사장이 워낙 많다 보니 발판은 산재의 위험을 보여주는 예시로 말할 수 있는 것 중 하나였다.

그렇게 발판에 익숙하다 여긴 나도 그동안 발판을 설치하고 해체하는 노동자를 생각해본 적은 없다. 조선소에서 일하는 노동자를 만나기 전까지 발판 작업을 하는 노동자는 인식에 들어와 있지 않았다. 발판이 저절로 놓이는 게 아닌데 어째서 노동의 결과물만 보고 노동자는 생각하지 못했을까? 그런 의미에서 나윤옥 씨는 내가 발판 세계 입문 과정에 들어갈 수 있도록 문을 열어준 사람이다. 이제는 인권 교육을 할 때 노동자들이 안전하게 일할 수 있도록 발판으로 공중에 길을 만드는 노동자들 이야기부터 시작할 수 있지 않을까?

어떤 환경에서 일할 때 위험을 느끼는 감각은 더 많이 만들어질까?

작업을 위한 첫길을 내는 비계 발판 노동자 나윤옥

여기서 우리가 경계해야 할 것은 흔히 안전불감증이라고 불리며 개인에게 위험에 대한 책임을 돌리는 방식이다. 나윤옥 씨는 구조적 관점에서 노동이 처한 위험의 문제를 날카롭게 짚고 있다. 발판 업무를 할 때 안전지대를 확보하기 위한 역할이 '하부감시'라는 노동의 이름으로 자리를 잡고서야 노동자들은 이전과 다른 안전에 대한 감각을 갖게 되었다. 위험에 계속 노출되기보다 안전을 위한 조치들이 만들어질 때 위험을 느끼는 개인의 감각도 높아진다.

조선소에서 본공 대신 일당으로 일하는 사람들이 늘어나면서, 원청이 아닌 자영업자 소사장 개인이 일할 사람을 채용하면서 점점 개인이 위험을 감수할 수밖에 없는 구조가 만들어졌다. 노동의 지속성이 보장되지 않는 구조에서 노동자들은 아파도 다쳐도 참으면서 위험 가까이에서 일을 한다. 더구나 나의 일이 동료의 일과 연결되어 있는 상황에서 안전하지 않은 노동 환경과 조건은 나뿐만 아니라 옆 사람도 함께 위험해질 수 있는 문제다.

나윤옥 씨는 동료와 그 자신이 위험해지지 않도록 끊임없이 일과 사람을 살피는 일을 해왔고 지금도 하고 있다. 그는 발판 위에 있는 동료들이 지친 상태는 아닌지, 일단 일을 멈추고 쉬어야 하는 상황은 아닌지, 발판 설치하는 동료들이 지금 필요한 물품은 무엇인지, 발판 아래에서 눈과 손과 발을 바쁘게 움직여 살핀다. 위가 아니고 아래에 있기에 그는 더 많은 것을 볼 수 있다. 그는 매일의 노동 현장에서 오늘도 함께 무사히 일을 끝낼 수 있도록 동료들이 처할 수 있는 위험을 감시

하고 안전을 챙기는 일을 한다. 하지만 그의 노력만으로 문제가 해결되지 않는다는 것을 누구보다도 잘 알고 있다. 그래서 그는 동료들이, 더 나아가 비정규직 노동자들이 존엄한 대우를 받고 안전하게 일할 수 있도록 노조 활동을 통해 새로운 길을 만들고 싶어 한다. 그는 평등해야 자유로울 수도 있다는 것을 깨달은, 삶을 사랑할 줄 아는 사람이다.

작업을 위한 첫길을 내는 비계 발판 노동자 나윤옥

다시 일어서기

친구가 결혼해서 거제도에 살고 있었어요. 조선소에서 친구는 밀폐감시로, 친구 남편은 취부사로 일하고 있었고요. 저는 두 딸을 데리고 거제도에 놀러 왔다가 여기 살면서 조선소에서 일하는 게 괜찮은지 물어봤더니 괜찮다고 내려오라고, 일도 꾸준히 있어서 마음만 먹으면 돈을 벌 수 있다고 하더라고요. 그렇게 2013년부터 조선소에서 일을 하기 시작했어요.

"엄마랑 같이 거제도에 내려갈래?" "엄마, 난 시골에 안 가." (웃음) 애들한테 물어봤는데 싫다고 하더라고요. 다 큰 아이들이라 인천에 두고 왔어요. 이혼하고 양육권이 남편에게 있기도 했고요. 제가 아이들 키울 능력이 안 되니까. 애들은 아빠하고 살고 저는 가끔 만나서 밥 먹고 놀러 다니면서 애들하고 시간을 보내요.

제가 살면서 이혼보다 힘들었던 게 경제적인 어려움이었어요. 애들 아빠가 알루미늄 납품을 했어요. 근데 어음 몇 십억이 부도가 난 거예요. 사람들이 갑자기 집으로 찾아오더니 빨간 딱지를 붙이더라고요. 깜짝 놀라서 남편에게 전화를 걸었어요. 도대체 이게 무슨 일이냐. 그때서야 남편이 얘길 하는 거예요. 해머로 머리를 한 대 맞은 느낌이었어요. 그동안 번 돈을 다 빚 갚는 데 써야 하는 상황이었어요. 쫄딱 망한 거죠. 그때부터 그런 생각을 했어요. 가진 게 없으니까 무서울 것도 없다. 다시 일어나면 되지.

하루아침에 벌어진 힘든 상황이었지만 저는 버텨야 한다고 생각했고 힘을 내려고 했어요. 근데 남편은 아니었어요. 남편이 바람까지 피우니까 더 힘들더라고요. 제가 제일 싫어하는 게 자존심 상하는 거거든요. 막아보려고도 했는데 안 되더라고요. 그렇게 버티다가 이혼을 했어요.

스무 살에 결혼하고 금방 임신을 해서 하던 일을 그만뒀어요. 고등학교 졸업하고 반도체 공장에서 1, 2년 일했었거든요. 그러다 애들이 어느 정도 크고 서른여섯 살에 다시 일을 시작했어요. 제가 살던 인천은 공단에 조그마한 회사가 많아서 들어가기 어렵지 않았어요. 인력업체와 계약하고 사업체에 가서 일을 하는 거죠. 핸드폰 검사하는 일을 시작했어요. 노동시간이 일정치 않아서 오전에 일하고 일이 없어서 오후에 집에 갈 때도 많았어요. 수입도 100만 원이다가 150만 원, 250만 원으로 들쭉날쭉했어요. 수입이 100만 원이나 150만 원일 때 4대보험 제외하고 받으면 월급이 너무 적었어요. 그렇게 핸드폰 검사 일을 10년 정도 했어요.

거제도에 내려오기 전엔 걱정도 많았지만 각오를 하고 시작했어요. 근데 조선소 일은 생각보다 더 힘들었어요. 처음에는 도장 일을 했어요. 배 밑, 바닥을 칠해야 하니까 앉아서 하는 작업이 많았어요. 이동하려면 항상 배 안의 가파른 계단을 올라 다녀야 하거든요. 얼마 안 가서 계단을 오르는데 무릎에 통증이 심하게 느껴졌어요. 손도 너무 아팠어요. 롤러를 잡을 때 힘을 많이 줘서 일했나 봐요. 병원 갔더니 염증이 생겼다고, 치료 받으려면 일을 쉬어야 된대요. 결국 일을 그만두고 3개월 치료를 받았어요. 일해서 번 돈을 병원비로 다 썼죠. 일 시작한 지 얼마 안 돼서 이런 일이 생겨서 속상했어요. 거제도까지 온 게 잘못된 선택인가 후회도 많이 했어요. 지금도 무릎이 아파서 쪼그려 앉기가 안 돼요.

그렇게 일을 쉬고 있는데 친구한테서 연락이 왔어요. "발판 쪽 하부감시 할 사람 뽑는데 너 갈래?" "그게 뭐 하는 건데?" "이 일은 서서 할 수 있어." "그래, 그럼 나 빨리 연결해줘." 그렇게 해서 대우조선해양 하청업체 진우기업에서 다시 일을 시작하게 됐어요.

그 회사는 폐업해서 지금은 없어요. 회사 사정이 안 좋아서 폐업했다기보다는 사장이 돈을 버는 방식으로 폐업을 하곤 해요. 체당금을 이용하는 방식을 써요. '나는 임금 못 주니까 체당금 신청해라.' 일하면서 폐업이 계속 있었는데 진우가 있었고 진우에서 혜성으로 승계됐어요. 그다음에 혜성에서 현진, 벌써 두 개가 폐업했어요.

타인의 생명을 지키기 위한 싸움

　조선소에서 발판 일은 시작이자 끝이에요. 배는 높고 크고 무거워서 발판 없이는 일을 할 수가 없어요. 배를 만들려면 블록과 블록을 붙이기 위해 용접을 해야 하는데 그때 발판을 깔아줘야 돼요. 도장, 전기, 배관, 보온 등을 할 때도 발판 설치를 해야 작업이 가능해요. 작업을 진행할 때 한 번에 마무리되지는 않거든요. 배관을 했는데 물이 샌다 하면 다시 발판을 설치해야 돼요. 노동자가 작업하면서 불로 지져놓은 흔적이 보이면 또 발판을 깔아야 해요. 해체를 했어도 점검 과정에서 다시 발판을 놔야 하는 상황이 있어요. 설치, 해체, 설치, 해체가 계속 이어져요. 모든 작업이 끝났을 때 발판 해체가 이루어져요. 배가 완성돼서 나갈 때까지 계속해야 하는 일이 발판 설치와 해체예요. 발판 참 예쁘게 깔렸네. 여기서 예쁘다는 건 안전하게 깔아놓은 걸 말해요. 노동자들이 발판에 올라가서 일을 해야 하니까 우리 때문에 안전하게 잘 작업하고 있구나. 노동자들이 작업하고 있는 걸 보면 뿌듯해요. 참 괜찮은 직업이다. 자부심을 느낄 때가 있어요. 조선소에서 일한 지는 10년 됐고 그중에서 9년 동안 발판 일을 했어요.

　배 종류 중에 드릴십(시추용 선박)이 있어요. 이 배는 위에서 하는 고소 작업이 많아요. 안전을 중요시하는 외국 선주사 측이 요구해서 하부감시라는 일이 생겼어요. 작업하는 곳마다 따라다니면서 위험한 구역에 접근을 막는 일을 해요. 위쪽에서 발판 작업이 진행될 때 그 밑으로 사람이 다니지 못하게 금줄을 치고, 금지구역에 사람이 접근하려고 하면 호루라기를 불어서 주의를 주기도 하고요. 주로 남자들은 위쪽에서 작업을 하고 여성은 하부감시 업무를 해요. 대우조선은 하부감시를 할 마음이 없었을 거예요. 하부감시자가 없으면 선주사에서 조선소에 전화해서 항의하고 그랬어요.

하부감시가 생기기 전에는 사람들이 위험하다는 생각을 크게 안 했어요. 발판 작업을 하다 보면 덮개나 발판이 떨어질 수 있거든요. 뭐든 떨어질 수 있는 환경이에요. 실제로 하부감시가 없을 땐 다치는 사람이 있었어요. 하부감시가 처음 생겼을 때는 금줄을 쳐놔도 막 들어갔어요. 그동안 없던 게 생긴 거니까. 사람들은 자기가 제일 급하다고 생각하잖아요. 다들 가까운 길로 지나가고 싶어 하죠.

그래서 처음엔 많이 싸웠어요. 말을 하면 네가 뭔데 막고 있냐고 덤비더라고요. 대놓고 욕하는 사람도 있었어요. 10만 원 벌러 나와서 죽고 싶냐고 해도 말을 안 듣는 거예요. 아침에 출근할 때마다 일하면서 싸울 생각을 하니까 화가 나서 머리카락이 막 섰어요. 스트레스가 많았어요. 나중에는 안 되겠더라고요. 작업복에 안전벨트가 있거든요. 안전벨트 뒤에 있는 고리를 잡아서 패대기친 적도 많아요.(웃음) 제가 몸집이 작은데 남자라도 무게중심을 잃으면 힘을 못 써요. 금줄을 무시하고 들어오는 사람이 보이면 사진을 찍어서 반장에게 보냈어요. 저는 제 할 일만 하면 되니까요.

1, 2년 열심히 싸운 것 같아요. 선주 감독들도 돌아다니면서 주의를 주고 제 옆에서 같이 얘기하니까 점점 사람들도 받아들이더라고요. 아차 하는 순간에 사고가 날 뻔했는데 제가 서 있어서 다치는 사람이 없을 때 보람이 있어요. 내가 안 지켰으면 누구 하나 다쳤겠구나 하는 마음이 드니까. 드릴십이 만들어지는 2년 동안 저는 하부감시만 했어요. 지금은 드릴십을 안 만들어요. 주로 상선을 제작해요. 흔히 말하는 LNG 운반선, LPG 운반선, 컨테이너 운반선을 상선이라고 하거든요. 금줄을 쳐놓으면 예전보다 덜 들어가긴 하는데 많이 해이해졌어요.

몸으로 말하는 노동

발판이 상당히 무게가 많이 나가요. 우리가 제일 많이 쓰는 발판 길이가 3미터거든요. 발판 자체도 무거운데 발판 위에서 도장 작업을 하다 보면 페인트가 묻어서 더 무거워져요. 탱크는 물을 채워놓고 테스트하거든요. 그럼 배 안이 습해져요. 발판이 물을 머금으면 더 무거워지겠죠? 파이프도 마개는 씌워놨지만 안으로 물이 들어가요. 예를 들면 발판이 5킬로그램이면 15킬로그램이 돼버리는 거죠. 이거를 하루 종일 주고받는다고 생각해보세요.

발판 일 하면서 추락 사고가 발생할 때가 있어요. 코퍼댐(cofferdam. 연료, 물 등이 서로 섞이지 않게 차단하는 밀폐 격벽) 탱크에서 발판을 해체할 때였어요. 맨홀에 조명이 하나도 없었어요. 다른 팀원들은 조명을 찾으러 간 사이에 한 사람이 아무 조치도 없이 혼자 맨홀에 들어갔다가 추락한 거예요. 엉덩이, 팔, 어깨 뼈가 부러진 채로 살려고 피투성이가 된 채로 기어 올라왔어요. 다른 사람들은 동료가 떨어진 줄도 몰랐다가 피투성이가 된 사람을 보고 그때 안 거죠. 사다리에 안전벨트를 건 상태에서 일하던 노동자가 사다리를 고정한 발판을 자르는 바람에 발판과 사다리가 같이 떨어지면서 사람이 추락하는 경우도 있어요.

발판 일은 추락 사고 다음으로 낙하 사고가 많이 발생해요. 위에서 작업하다가 기자재가 떨어지면 지나가는 사람이 다치는 거죠. 하부감시를 해도 아차 하는 순간에 떨어질 수 있거든요. 그래서 높은 곳에서 일하는 노동자들이 긴장을 많이 해요.

사고뿐 아니라 일하다 보면 몸에 문제가 생겨요. 주로 근골격계 질환이죠. 어정쩡한 자세로 계속 무거운 발판을 받아야 할 때가 많아서 허리 아프다는 사람이 많고 무릎도 안 좋아져요. 저 같은 경우에는 손이 아파요. 방아쇠 수지 증후군이라고 하더라고요. 총 쏠 때 방아쇠 당기는 동작처럼 손가락을 구부렸다 폈다 하는 게 잘 안 되고 통증이 오는 거예요. 저 같은 경우는 딱딱한 걸 많이 만져서 이 병이 걸린 거래요. 손가락이 안 구부려져서 아침에 양치하기도 힘들어요. 발판 하는 사람들은 손가락 마디가 툭 튀어 나와 있어요.

저는 그래도 덜한 편이에요. 같은 반 다른 여성 동료는 손마디가 전부 다 튀어 나왔어요. 발가락에도 실금이 갔는데 일을 하더라고요. 병원 가볼 생각을 안 해요. 조퇴도 잘 안 해. 일이 걱정돼서 병원에 못 가는 거예요. 병원에 갔다 와도 되는데 자기가 누려야 하는 걸 안 누려요. 자기 권리를 못 찾아요. 자기 없어도 회사는 잘 돌아가는데. 아프면 병원 가야지. 반원들에게 미안해서 그런 건 알겠지만 미안한 거는 잠시잖아요. 우리는 몸이 재산인데 자기 재산을 자기가 지켜야지 누가 지켜줘요. 그런 모습을 보면 참 안타까워요.

하부감시를 하다 보면 발판 설치하는 게 밑에서 보이잖아요. 발판 설치할 때 다음 단계에 필요한 물품이 뭔지 보이는 거예요. 제가 그걸 하나씩 건네주고 있더라고요.(웃음) '발판 집게' 이러면 갖다주고 '방망이 집게' 하면 갖다주고 '2미터 발판' 하면 갖다주는 식인 거죠. 발판 일은 초보자가 밑에서 일하는데 초보자는 잘 모르니까 제때 필요한 걸 주질 못하는 거죠. 나중엔 발판 일 하는 사람들도 으레 제가 갖다주려니 생각하더라고요. 그렇게 발판 업무의 데모도가 됐어요. 우리가 쓰는 일본말인데 보조라는 뜻인 거 같아요.

발판 설치에 필요한 물품이 50가지가 넘을 거예요. 놀라셨죠? 발판이라고 생각하면 보통 공사장에서 보는 발판만 생각하기 쉬운데 발판도 다양하고 파이프, 앵글, 방망이, 방망이 집게, 낙하 방지용 토보드 등 연결 물품이 굉장히 많아요. 그중에서 제때 필요한 물품을 알아채서 작업하는 사람에게 건네줘야 하니까 노련해야죠.

지금은 높은 배면 잠깐씩 하부감시를 하고 주로는 발판 쪽 일을 하고 있어요.

놀면 뭐 해 하면서 도와주다가 오지랖이 부른 '참사'가 된 거죠. 제가 하부감시 겸 데모도를 할 때 일을 잘하니까 여자들을 더 뽑자 해서 열 명을 한꺼번에 뽑았어요. 두 달 사이에 거의 다 나가고 몇 명 안 남았어요. 하부감시만 했으면 남았을 텐데 두 가지를 같이 해야 하니까 못 견딘 거예요. 전에는 데모도를 거의 남자가 했어요. 발판에는 여자가 거의 없었어요. 근데 한 사람이 두 역할을 하니까 돈이 적게 들잖아요. 회사 입장에서는 좋았던 거죠.

발판은 위로 올라갈수록 일종의 승진이에요.(웃음) 신입은 밑에서 선배들이 달라고 하는 물량을 건네주고 경력자는 점점 위로 치고 올라가요. 발판 해체할 때도 위에서부터 하니까 높은 칸에 있는 사람이 경력자예요.

발판을 설치하는 것도 기본적으로 머리를 쓸 줄 알아야 할 수 있어요. 작업 때마다 발판을 똑같이 깔지 않거든요. 배 모양이 다르잖아요. 발판을 깔 때 곡선 부분도 있고 삼각형 모양도 있고 동그란 곳도 있고 설치한 곳에 맞게, 도장이나 용접이나 다른 작업을 할 수 있도록 어떻게 깔지 머릿속에 그려야 돼요. 그거를 그릴 줄 알면 기술이 있어서 예전엔 임금을 더 많이 받았어요. 발판 설치 설계도 할 수 있고 해체 노하우도 있으려면 제 생각에는 최하 5년 이상은 해야 해요. 저도 오래 일했으니까 이게 가능해요. 근데 저는 무릎이 안 좋아서 못 올라가요. 파이프에 발판을 묶으려면 쪼그리고 앉아야 하는데 무릎 때문에 아예 올라갈 생각을 안 해요. 무릎만 괜찮았으면 아마 올라갔을 거예요.

발판 작업에서 여성 최초로 제가 크레인에 물량 올려주는 일을 한 사람이에요. 원래 이 일은 거의 반장들이 해온 일이에요. 발판 물량은 굉장히 무거워서 크레인으로 들어 올려요. 2톤이 넘는 것도 있어요. 그래서 물량을 옮길 때 크레인에 달린 슬링벨트에 물량을 걸어주거든요. 전에는 그 일을 반장들이 맡아서 했어요. 근데 제가 해보니까 할 만하더라고요.

위험의 책임 지우기

기술이 늘수록 임금이 올라야 하잖아요? 근데 그렇지가 않아요. 발판이 3D 업종이거든요. 거기에 비해서 임금은 정말 적어요. 20년 전에는 기술 차이가 나면 임금 차이가 났대요. 불황기였던 2015년 이후부터 임금을 올려줘봤자 시간당 천 원, 2천 원도 아니고 백 원, 2백 원. 너무 안 오르니까 지금은 초보자와 경력자의 임금 격차가 거의 없어요. 그러니까 더 이상 경력자로 일을 안 하려고 그래요. 의욕이 안 생기죠. 2015년, 16년까지만 해도 날고 기는 애들이 엄청 많았어요. 지금 저희 반이 일곱 명인데 그때는 한 반에 스물일곱 명 그랬거든요. 애들이 얼마나 부지런하고 잘하는지 진짜 걱정할 게 없었어요. 2018년쯤 발판 쪽은 기량자들이 임금을 상대적으로 많이 주는 건설 쪽으로 다 갔어요. 여자들은 그쪽으로 가지도 못하죠. 무거운 발판을 들어야 하니까 여자는 채용을 안 해요.

진짜 고양이 손이라도 빌리고 싶은 심정이에요. 요즘엔 일하는 사람이 많이 적어요. 우리 반은 일곱 명인데 두 명이 여자예요. 열 명은 넘어야 원활하게 돌아가거든요. 사람이 없으니까 발판 설치할 때 혼자 들어요. 3미터 발판은 원래 2인 1조로 들게 되어 있어요. 근데 둘로 구성이 안 되니까 혼자 하는 거죠. 힘들어서 사람들이 발판에 안 있으려고 그래요. 우리 반은 일곱 명이 본공인데 우리끼리 안 될 때가 있으니까 일당들하고 합쳐서 일할 때가 많아요. 요즘엔 본공을 채용하지 않으니까 지금 남아 있는 본공들 연령대가 높아요. 저희 반만 해도 거의 50대 초반이에요. 젊은 사람이 안 들어오려고 그래요. 힘든데 임금도 적은 게 다 소문 난 거예요. 발판가지 마라. 저희가 대우조선해양에서 한화오션으로 바뀌었는데 사람들이 뼈 있는 농담으로 그런다니까요. '안 와 오션'이라고.

본공 대신 지금은 물량팀이 자리를 채우고 있어요. 물량팀장도 사업자등록을 내고 자기 이름으로 회사를 만들어서 들어와요. 2018년, 19년부터 물량팀이 많이 늘어났어요. 물량팀장은 일당으로 사람을 모아서 열 명, 스무 명을 데리고 와요. 일종의 인력회사예요. 사고가 나면 '사장인 네가 책임져' 이런 식인 거죠. 요즘에 물량팀으로 다니는 사람이 많은데 힘들어서 오래 못 버티니까 계속 초보자가 와요. 이직률도 높아졌어요. 이 팀에서 안 맞으면 저 팀 가고 저 팀에서 안 맞으면 또 다른 팀으로 가면 되니까 이직률이 높을 수밖에 없죠. 또 일당으로 일하는 사람 중에 이주노동자가 점점 많아지고 있어요. 요즘 발판 업체에 이주노동자가 특히 많아졌는데 일할 사람이 적으니까, 그러면 안 되는데 이주노동자들은 두 달만 돼도 발판 위쪽으로 올라가요. 어떤 게 위험한지 알려면 적어도 6개월은 넘어야 하거든요. 바쁘고 사람도 없고 급하니까 3개월만 일해도 그냥 올라와라 하는 거죠. 그러니 안전 문제에서 많이 취약할 수밖에 없어요.

물량팀으로 일하는 사람이 발판을 들다가 허리를 삐거나 어디가 아플 수 있잖아요. 그래도 아프다는 소리를 못 해요. 회사가 아니라 물량팀장 개인이 책임져야 하는 상황이라는 걸 아니까 다음에 일을 안 줄까 봐 아파도 참아요. 괜찮다고 하면서 계속 일하러 나와요. 일하다 다치면 산재 신청을 해야 하는데, 본공들도 그렇긴 하지만 특히 물량팀으로 일하는 사람들은 산재 신청을 꺼려요. 될 수 있으면 산재 신청하지 마라 이런 소리를 듣고 신청하면 욕을 먹으니까. 저랑 같이 사는 사람도 연골 수술을 했는데 산재 신청을 못 했어요. 물량팀장이 그러는 거지. '내가 치료비 얼마 줄 테니까 산재 처리하지 마라.' 팀장 얼굴 봐서 결국 안 하는 거죠. 사실 본인이 산재 처리하겠다고 강하게 말해도 되거든요. 근데 다시 그 팀장과 일을 못 하게 되니까 사람들이 그걸 못 해요. 마음이 아파.

발판 작업은 팀워크가 제일 중요해요. 팀워크가 안 좋을 때는 스트레스를 많이 받아요. 우리 반 본공들은 계속 같이 일하니까 서로 아는 관계인데 일당은 그렇지 않잖아요. 작업 방식이 달라서 제가 얘길 하면 말하지 말라는 분위기예요. 일당으로 오는 사람들은 회사 소속이 아니라 '오늘 하루' 일하러 온 사람이니까 '잔소리'는 듣기 싫다는 거죠. 남성 경력자 중에도 다른 사람 의견을 잘 수용하지 않는 사람들이 있어요. 제가 보기엔 3미터 깔면 되는데 왜 저걸 깔지, 또 저 발판은 저기다 쳐서 깔면 쉬운데 왜 저렇게 힘들게 깔지 이럴 때가 있어요. 예전에는 얘길 했는데 요즘엔 말을 안 해요. 자기 경력이 더 낫다고 생각하니까 제가 의견을 말하면 불편해해요. 그래서 발판을 잘못 설치해도 말 안 하고 놔둬요. 근데 잘못 깔면 결국 다른 사람이 다음에 고쳐야 하는 상황이 생겨요.

경력자 중엔 다른 사람들은 자기만큼 일을 안 한다고 생각하는 사람이 있어요. 예전에는 기량을 가진 만큼 경력자가 동료들을 다 독이는 모습이 있었어요. 단합도 더 잘 됐고요. 근데 일하는 사람이 적어지고 해야 할 일은 정해져 있으니까 힘들어서 마음의 여유가 없는 거 같아요. '빨리빨리 일해야 하는데 그걸 네가 못해서 일이 진행이 안 된다' 그래요. 자기는 힘들게 일하는데 남은 노는 것같이 보이는 거예요. 사기도 힘드니까 그런 거겠죠. 근데 알고 보면 다른 사람들도 나름대로 다 힘들거든요. 그걸 살펴볼 시간이 없는 거죠.

가시밭길 위에 선 사람

 2020년쯤에 제가 다녔던 업체 사장이 18개월 동안 국민연금을 미납한 거예요. 국민연금은 제 노후자금이잖아요. 퇴직금 문제도 있었어요. 사업주가 매달 얼마씩 퇴직금을 적립해주는 방식이었는데 퇴직금 적립율이 40 몇 프로밖에 안 됐어요. 사업주가 내야 할 몫 50퍼센트를 적립하지 않고 있었던 거죠. 국민연금공단에서 온 미납 안내 문자를 받고 알게 됐어요. 사장에게 퇴직금과 국민연금을 정산하라고 했더니 못 하겠다, 회사가 어려우니 문 닫겠다고 하는 거예요. 그래서 싸우려고 노조에 가입했어요.

 당시에 같이 일하던 사람 중 열 명 넘게 노조에 가입했어요. 인터뷰도 하고 기자회견도 하고 다 했어요. 열심히 싸워서 업주가 내야 하는 것까지 다 받았어요. 노조 가입 안 한 사람은 못 받았어요. 퇴직금은 싸워도 그동안 일한 만큼 못 받을 것 같아서 사표 쓰고 다시 회사에 들어갔어요.

 51일 파업투쟁 때 제가 여기저기 도로에 많이 누웠어요.(웃음) 뭐 도로뿐인가요. 지게차 위에도 누웠는데. 발판 기자재 업체 대보라고 있거든요. 제가 대보 서문 적치장을 맡았어요. 그날 업체에서 물량 가져가려고 지게차, 트럭도 오고 원청 직원들도 왔더라고요. 물량 빼는 걸 막으려고 제가 지게차에 누워버렸어요. '아휴, 피곤해서 졸려서 누운 거니까 비켜라. 여기서 잔다.' 설마 사람을 지게차로 옮기겠어요. 저는 그런 거는 겁이 안 나요. 너희들이 나를 건드릴 거면 한 방에 보내라.(웃음) 아이고 싸우는데 무서울 게 뭐 있어요. 가진 게 없는데. 회사 안에서나 직영, 하청이지 밖에서 만나면 그 사람들이나 나나 똑같지.

51파업 이후에 사람들이 노조를 많이 탈퇴했어요. 우리가 그렇게 큰 투쟁을 했는데 우리한테 많이 불리한 쪽으로 가고 얻어진 게 많지 않다고 생각하니까. 임금 4.5퍼센트 인상, 설, 추석 그리고 여름휴가비 인상에 합의했지만 핵심 요구사항이었던 삭감된 임금 30퍼센트 회복과는 거리가 먼 상황이니까요. 열심히 싸운 건 우린데 성과는 크지 않고, 협상의 혜택은 비조합원들도 같이 누리게 됐으니까. 노조를 탈퇴하는 이유는 회사의 압박 때문도 있었어요. '너 뭐 해줄게 탈퇴해라'라는 회유도 있고요. 회사에서는 조합원들을 싫어하니까 노조를 탈퇴하라는 압력으로 명절 떡값도 조합원들에 겐 적게 줬어요. 불이익을 감수해야 하는 면이 있는 거죠. 우리가 가시밭길을 가고 있구나.

저도 한두 번 노조를 탈퇴하고 싶은 마음이 왜 없었겠어요. 하지만 정년까지 몇 년 안 남았는데 조금이라도 바꿔놓고 가자. 저들이 욕하는 거엔 관심이 없으니까 옳은 길이면 가는 거다. 이런 노력으로 바꾼 것들을 제가 누리지 못할 수도 있을 거예요. 하지만 제 다음에 오는 후배들은 조금 더 나은 상황이 될 수 있잖아요.

조선소 현실이 너무 열악하거든요. 좋아져야 하는데 갈수록 점점 어둠 속으로 들어가고 있구나. 바꿀 게 너무나 많거든요. 대우조선 정규직지회에서 나오는 전단지를 보니까 독감 예방주사 관련된 내용이 있었어요. 독감 주사가 2만 4천 원이에요. 정규직은 백 퍼센트 지원, 하청은 50퍼센트 지원. 열받더라고요. 2만 4천 원 돈이 문제가 아니라 자기네 지위를 과시하는 거잖아요.

코로나19 때도 그래요. 정규직들은 쉴 거 다 쉬면서 돈 나오고 우리는 돈도 안 주면서 쉬라고 해요. 원청 직원이 성과급 백 퍼센트 받으면 우리도 백 퍼센트 주라 이거예요. 우리가 같이 낸 성과인데 왜 너희들이 다 가져가냐. 우리한테는 콩고물 조금 뿌려주듯이, 닭모이 주듯이 뿌려줘요. 그거 자체가 우리를 하대하는 거잖아요.

우리는 고용 승계가 안 됐거든요. 회사는 들어간 지 10년 됐는데 인정을 못 받았어요. 근속수당이 한 달에 1만 원씩 나왔었는데 지금은 인정이 안 돼서 신입이랑 똑같아요. 단지 돈이 문제가 아니라 경력을 인정받느냐 하는 문제니까 중요하잖아요. 이런 차별을 조금이라도 없애려면 목소리를 내야 한다고 생각해요. 목소리가 죽으면 노예에 불과하겠구나 생각이 들어요.

저는 조합 활동이 재밌어요. 올해 처음으로 교섭위원이 돼서 협상 테이블에 들어갔거든요. 지회장님이 바른 말 딱딱 하면서 정곡을 찌르는데 너무 멋있어요. 아주 시원해요.(웃음) 대리 만족이 되고 통쾌함을 느껴요. 우리가 목소리를 내니까 회사에서 우리를 의식해요. 회사 다른 사람들도 궁금한 게 있으면 우리한테 물어봐요. 전에는 크고 작은 사고가 나면 회사가 숨기기에 급급했거든요. '병원비 내줄 테니까 조용히 있어라.' 우리가 이렇게 목소리 안 낼 때는 숨기는 걸 당연하게 여겼어요. 은폐하려면 얼마든지 할 수 있거든요. 근데 지금은 숨기면 문제가 생길 줄 아니까 안 숨겨요. 우리가 감시 역할을 하고 있잖아요. 눈에 보이게 변하는 것들이 있어요. 우리가 조합 활동을 그만두고 조용히 사라지면 원래대로 돌아갈 수도 있잖아요. 지금은 조선하청지회가 새 물결을 일으켜보겠다고 안간힘을 쓰고 있으니까 새로운 바람을 일으켜봐야죠.

평등해야 자유롭다

제가 나대는 편이에요. 할 말은 하고 따지기도 잘하는 성격이에요. 아마 아버지 영향일 거예요. 제가 어려서부터 많이 당당하게 컸거든요. 아버지가 자신감을 키워주신 것 같아요. 아버지는 제 말이라면 다 들어주는 분이셨고 딸 바보였어요. 당시에도 여자가 조신해야 한다는 말은 들은 적이 없어요. 아버지는 저를 그냥 이쁘다 이쁘다 하셨어요. 그래서 제가 세상에서 제일 이쁜 줄 알았어요.

충남 공주에서 아홉 살 때까지 살았어요. 어릴 때 집을 태운 적이 있어요. 아궁이에서 감자를 굽고 있는데 오빠가 감자를 건드린 거예요. 건드리지 말라며 부지깽이로 확 쳤는데 쌓여 있던 낟가리에 불씨가 튀어버렸어요. 그게 타는 줄도 모르고 싸우다가 어느 순간 딱 보니까 불이 난 거예요. 우리는 도망가고 동네 사람들이 와서 물을 뿌려서 불을 껐어요. 엄마 아빠는 장에 갔다가 오셨는데 집이 불에 다 탔잖아요. 놀라셨을 텐데 '니들 괜찮으면 괜찮다' 그러시더라고요. 그리고 새로 집을 지었어요.

그렇게 저를 아끼던 아버지가 제가 중학교 2학년 때 돌아가셨어요. 학교에 있었는데 선생님이 저를 부르셨어요. 빨리 집에 가보라고. 아버지가 돌아가셨다는 얘길 듣고 장난치지 말라며 화를 냈어요. 아침에 학교 잘 갔다 오라고 했던 아버지가 갑자기 그럴 리가 없잖아요. 집에 와보니 아버지가 숨을 안 쉬는 상태셨어요. 옛날에는 지금같이 119 불러서 병원 가기도 힘든 일이었으니까. 제가 기억하는 아버지의 마지막은 얼굴의 인중이 푹 가라앉은 모습이었어요. 제 삶에서 가장 충격적인 일이었어요.

제가 이혼할 때도 큰 충격을 받고 여러 일을 겪었지만 버틸 수 있었던 건 어릴 때 받은 진한 사랑 덕분이 아닌가 싶어요. 지금은 새로운 사람을 만나 결혼은 안 하고 같이 살고 있어요. 파트너 개념으로 살고 있는 거죠. 사귀면서 제가 그랬어요. 난 결혼은 안 한다. 혼자 있는 것보다 같이 있는 게 괜찮으니까 같이 사는 건 좋다. 예를 들어 제가 다시 결혼하면 명절 때 시댁에 가야 하는 부담이 있잖아요. 며느리 노릇하는 거는 싫다. 굳이 이 나이에 왜 그런 생활로 돌아가야 되나. 그런 부담에서 해방되고 싶었어요. 자유를 뺏기기 싫었어요.

저는 아직 일을 그만둘 생각이 없고 가능하다면 정년까지 일하고 싶어요. 그때까지 조금 더 나은 제 삶과 세상을 만들기 위해 목소리를 내고 싶어요. 우리 비정규직 노동자들은 다 같이 힘들잖아요. 저는 노동의 가치가 존중받는 세상에서 살고 싶어요. 우리가 차별받지 않고 노동자에게 평등한 세상이 꼭 왔으면 좋겠어요.

당해봐라.
우리가 얼마나
소중한 것인지

작업복과 수건을 매일
새것으로 바꿔내는
세탁 노동자 김영미

기록   박희정

웰리브는 한화오션의 의식주를 담당하는 회사다. 노동자가 잘 먹고 잘 자고 더러워진 몸을 씻고 깨끗한 옷을 입는 일은 이곳에서 '복지'라는 말로 축약해 쓰인다. 조선소 안에서 '복지'는 '생산'과 구분된다. 생산과 분리할 수 있는 일, 부수적인 일로 인식된다. 대우조선 안의 한 부서로 자리했던 지원직 노동자들은 이러한 인식을 근거로 점차 조선소 변두리로 밀려 나갔다. 2005년 웰리브라는 자회사로 분리될 때, 회사는 '선박 건조에 집중한다'라는 전략을 이유로 내세웠다. 그러나 애초에 지원직 노동자들이 대우조선의 한 부서로 자리했었다는 사실이 일러주듯 복지와 생산은 하나다. 노동은 노동하는 몸 없이 이루어지지 않는다. 복지는 그 노동하는 몸을 재생산하는 노동이다.

웰리브는 2017년 모회사의 재정이 악화되면서 투기자본인 사모펀드에 매각된다. 웰리브가 수익을 잘 내는 알짜배기 회사였던 까닭이다. 웰리브 노동자들은 이 시점이 모든 문제의 시발점이라고 말한다. 사모펀드에 매각된 후 웰리브는 5년 동안 세 번이나 소유주가 바뀌었다. 2021년 3월에는 웰리브가 백 퍼센트 출자한 자회사 웰리브F&S

가 설립되면서 다단계 하청 구조가 형성됐다. 이 과정에서 생산직을 지원하는 직무에서 일하는 노동자들의 처우와 노동 조건은 더 열악해졌다. 한화가 대우조선해양을 인수한 뒤 웰리브F&S는 매달 한화와 계약을 갱신해야 하는 처지에 놓였다. 정부와 기업은 노동자의 파업이 기업과 사회에 커다란 손실을 입히는 양 앓는 소리를 한다. 그러나 똑똑히 보자. 누가 일터를 엉망으로 만드는가?

거제에서 태어나 평생을 살아온 김영미 씨는 웰리브F&S 소속이다. 조선소 노동자들의 작업복을 세탁하는 곳에서 13년째 일하고 있다. 새벽 6시 40분부터 하루 두 번 10분씩의 휴식시간과 점심시간을 빼고 꼬박 여섯 시간을 일한다. 그 시간 내내 영미 씨는 단 한순간도 쉴 틈이 없다. 영미 씨를 포함한 여성 노동자 아홉 명이 매일 작업복 3천 벌, 수건 1만 6천 장을 개고 정리한다. 끝도 없이 밀려오는 작업복을 사람별로 짝을 맞추고, 다 갠 옷과 수건은 수량을 세어 포장한다. 돌아가면서 매장에 나가 작업복을 맡기는 '고객'을 응대하는 일도 이 여섯 시간 안에 포함된다. 고객이 맡긴 옷을 깨끗이 세탁해 마른 상태로 마무리해놓고 퇴근해야 한다. 샤워실 수건도 마찬가지다. 세탁실에 맡겨진 일은 결코 내일로 미룰 수 없다. 고요한 작업장에는 옷과 수건 개는 소리만 울린다. 영미 씨의 손가락은 마디마디 쑤시고 무릎과 발목도 성하지 않다.

김영미 씨는 이 비인간적인 노동 환경에서 '인간'을 생각한다. 그녀의 이야기는 탐욕에 빠진 기업과 그 기업을 비호하는 정부가 망친 일터를 포기하지 않고 일궈나가는 건 노동자들이라는 사실을 잘 보여준다. 그 소박한 목소리를 듣고 나면 깨닫게 된다. 자본은 일하는 사람을 마치 마음도 없는 물건처럼 대하지만, 그래서 그들은 실패할 것이라는 것을. 이 세상에 마음 없는 사람은 아무도 없기 때문이다.

작업복과 수건을 매일 새것으로 바꿔내는 세탁 노동자 김영미

일하는 마음

거제는 아름다운 곳이에요. 바다에 둘러싸여 있고 아무 데서나 텐트 하나 쳐놓고 라면 하나를 끓여 먹어도 행복한 동네죠. 우리 아이들 키울 때는 나가 놀 곳 천지였어요. 바닷가에서 아이들하고 낚시도 하면서 즐거운 시간을 많이 보냈어요. 저는 여기가 좋거든요. 아이들은 지금은 수도권에 있어요. 아이들 보러 도시에 나가면 힘들어요. 도시는 바쁘게 살잖아요. 거제도에 들어오면 조용하고 좋아요. 평안해요.

제가요, 어릴 때는 엄청 내성적이었어요. 교회에서 예수님을 만나고 청년회 활동을 하면서 조금 외향적으로 바뀌었어요. 고등학교 때까지는 처음 보는 사람들한테는 말도 잘하지 못했거든요. 근데 청년회 활동을 하다 보니까 이렇게 처음 만나는 사람들하고도 이야기를 잘 하게 되더라고요. 사람들 만나는 게 재밌구나, 행복하구나 그런 생각을 하게 됐어요.

저는 여기 거제가 고향이에요. 고등학교도 거제에서 나왔어요. 1남 4녀 중에 둘째예요. 가정 환경은 평탄했어요. 그렇게 굴곡지게 살지는 않았어요. 남편은 전북 전주가 고향인데 열아홉 살 때 조선소에서 일하려고 거제로 왔어요. 교회에서 만났어요. 제가 스무 살 때 청년회 일하면서 만나서 스물네 살 때 결혼했어요. 결혼하고는 현모양처로 산다는 생각만 했죠. 남편이 회사에 다니니까 나는 애 키우고 있어야 되겠네, 그런 생각밖에 안 했던 것 같아요.

여자가 할 일이 거제에는 많이 없잖아요. 조선소에 직장을 가지지 않으면 식당이나 마트밖에 없어요. 그것도 애를 키우면서 다니려면 시간이 맞아야 되는데 힘들죠. 그러니까 주부로 많이 있어요. 도시는 둘이 벌어야 먹고살지만 여기는 남자 한 명 벌어도 생활이 되니까. 집값도 도시처럼 비싸지 않고. 남편이 조선소 직영으로 오래 일해서 크게 쪼들리는 건 없었어요. 남편 따뜻한 밥 해주고, 애 잘 키우고, 신앙 생활하고. 그렇게 살았어요.

조선소에는 마흔세 살 때 들어왔어요. 특별한 이유는 없었어요. 애들이 다 고등학교에 가니까 손이 많이 가지 않잖아요. 내 시간이 생기니까 뭐라도 일을 한 가지 해보고 싶더라고요. 그래서 딱 세 시간만 할 수 있는 걸 찾다가 이 일을 하게 됐어요. 같은 아파트 사시는 분 중에 대우조선해양 세탁수불에 다니는 언니가 있었어요. 나도 좀 소개해달라고 했죠. 솔직히 세탁수불이 뭐 하는 데인지는 자세히 모르고 들어왔어요.

처음에는 세 시간 알바로 '매장'에서 작업복 받는 일부터 했어요. 옷을 맡기고 찾는 곳을 매장이라고 불러요. 조선소가 크니까 매장이 곳곳에 있어요. 남자 직원들이 매장에서 차량으로 작업복을 모아 와서 세탁기에 넣고 돌려요. 세탁이 끝나면 건조기로 말려서 정리실에 올려줘요. 정리실은 세탁과 건조를 마치고 온 작업복을 개고 분류하는 곳이에요. 여사원들이 그 작업을 해요. 정리가 끝난 옷을 박스에 담으면 다시 남자 직원들이 각 매장으로 옮겨요.

작업복을 만지다 보니까 조선소에서 노동자들이 얼마나 힘들게 일하는지가 보여요. 일한 모습이 작업복에 다 묻어나는 거잖아요. 찢어진 데가 많아요. 기름때가 엉켜 있거나 용접 불똥이 튀어서 구멍이 난 것도 많고요. 옷을 보면 기계를 만졌다든지, 용접을 했다든지, 아니면은 좁은 데 들어가서 일을 했다든지 그런 게 다 느껴지죠. 여름에는 일하면서 옷에 땀이 막 배잖아요. 얼마나 땀이 많이 났는지 작업복이 다 젖어서 와요. 어떤 옷은 전신에 새카맣게 기름 범벅이 돼서 오기도 해요. 보면서 마음이 뭉클해요. 작업복 보면 다 애틋하고 찢어진 거 보면 바꿔주고 싶고 그래요.

여기 다닌 지 벌써 13년이 됐어요. 직장이라는 곳에 다니니까 행복한 것 같아요. 주부로 있을 때보다는 내 삶에 더 적극적이고 활력도 생기는 거 같아요. 나도 직장 생활을 할 수 있구나 성취감도 들어요. 보람도 있죠. 우리는 일을 하루에 다 끝내야 되거든요. 다 끝내야만 다음 날 출근하는 사람들에게 작업복을 내줄 수 있고 그 사람들이 샤워장에서 수건도 쓸 수 있으니까.

아침에 눈 딱 뜨고 일하러 가면 일감이 수북이 쌓여 있어요. 특히나 화요일에는 작업복이 진짜 많거든요. 우리가 주말에 쉬고 월요일 저녁에 작업복을 받잖아요. 조선소는 주말에도 돌아가니까 주말에 입은 작업복까지 월요일 저녁에 들어와요. 평소보다 두 배는 되죠. 여름에는 두 벌 세 벌, 많으면 다섯 벌도 맡기는 사람이 있으니까 한 세 배는 된다고 봐야죠. 그것도 하루에 끝내야죠. 빨리빨리 움직여야 돼요. 그 많은 걸 우리가 해내고 퇴근할 때 뿌듯해요.

세탁이라는 노동

지금은 정리실에서 하루에 여섯 시간씩 일해요. 여름에는 땀을 많이 흘리니까 일감이 늘어서 하루 여덟 시간씩 일해요. 겨울에는 옷이 두꺼워요. 방한복하고 조끼, 잠바 같은 게 들어와요. 검사복도 있어요. 하루에 처리하는 작업복은 평균적으로는 180-190박스 정도 돼요. 여름에는 200박스가 훌쩍 넘어요. 한 박스에 30벌이 나온다 치면 아마 6천 벌이 넘을 거예요. 지금 여사원 아홉 명이 그 일을 다 하고 있어요. 옷만 세탁하는 게 아니라 수건도 세탁해요. 샤워장, 수영장에서 쓰는 수건인데, 하루에 1만 6천 장쯤 들어와요. 수건도 월요일에는 더 늘어나죠. 2만 장 정도. 올해(2023년)부터는 수건만 접는 사람 다섯 명을 하루에 네 시간씩 더 쓰고 있어요.

건조실에서 정리실로 옷이 오면 먼저 개는 작업부터 해요. 옷마다 주인이 다 다르잖아요. 명찰을 보고 성씨별로 나눈 다음에 사람별로 상하의를 맞춰야 돼요. 우리는 그걸 '합체한다'고 말해요.

동명이인이 많다 보니까 ○○○A, ○○○B, 이런 식으로 이름을 적은 옷들도 많아서 실수해서 다른 데로 들어가지 않게 정신을 바짝 차려야 해요. 작업복 상하의를 맞추고 정리한 옷 수도 세야 하니까 머릿속이 바빠요. 그래서 일할 때는 서로 대화를 잘 못 해요. 오전 10시, 오후 3시에 10분씩 쉬는 시간이 주어져요. 그때 이야기를 잠깐 나누는 거죠.

일이 쉬워 보여도 아주 힘들어요. 옷을 분류하고 합체할 때 손을 많이 쓰니까 손이 아파요. 다리도 많이 아파요. 내내 서서 일하니까. 같이 일하는 우리 여직원들 보면 다리가 다 안 좋거든요. 족저근막염도 있고. 그래도 그냥 파스나 붙이고 마는 거죠. 밤에 잘때 쥐가 난다든지 그러면 주물러주는 거지 특별히 치료는 안 받았어요. 우리 직원들 중에 지금 산재로 쉬고 있는 사람이 둘 있어요. 한 분은 무릎이 아파서 산재를 받고 있고요. 다른 한 분은 발목 쪽이 안 좋아서 산재 신청하고 결과를 기다리는 중이에요.

남자 직원들은 옷을 세탁기에 넣고 빼고 건조기에 넣고 빼고 하는 작업을 하느라 팔하고 허리를 많이 써요. 작업복이나 수건 말고도 기숙사에서 쓰는 담요나 이불 같은 게 들어올 때도 있거든요. 담요도 옛날에는 얇은 게 들어왔는데 요즘은 두꺼운 게 들어오더라고. 그게 좀 무거워요. 정리하기도 힘든데 그 무거운 이불을 세탁하고 끄집어내고 건조하려면 남자 직원들이 아주 힘들 것 같아요. 수건도 우리가 접어서 50장씩 쌓고 3백 장이 되면 남자 직원들이 묶어서 메고 가거든요. 엘리베이터가 없으니까 계단으로 다녀야 해요. 일을 빨리 마치려고 뒤로 지고 앞으로 메고 옮긴다고 하더라고요. 그런 이야기 들으면 마음이 참 아프죠. 남자 직원들도 허리 아픈 사람 어깨 아픈 사람 많아요. 어깨 수술해서 산재 받은 직원도 있고.

일이 이렇게 많으면 직원을 더 써야 되는데…. 정리실에도 두세 명 사람이 더 들어와야 돼요. 그런데 사람 구하기가 쉽지 않아요. 일이 너무 힘드니까 며칠 하다가 나가는 사람이 많아요. 하는 일에 비해 돈을 많이 주는 것도 아니거든요. 회사에서 인건비 문제를 해결 안 해주니까 일하는 사람들만 힘이 드는 거죠. 남자 직원들도 다 돈 많이 주는 데로 가고 싶어 해요. 이렇게 힘든 일을 하면서 하루 임금이 이 정도밖에 안 되나, 다른 데로 가겠다는 말을 많이 들어요.

조선소 노동자들이 우리한테는 '고객'이잖아요. 고객 때문에 속상한 일도 있어요. 옷을 맡길 때 볼펜이라든지 매직 같은 걸 넣고 맡기는 분들이 있어요. 우리가 뺄 수도 있는데 옷을 많이 받다 보면 뺄 수 없을 때가 있거든요. 그게 세탁기에서 터지면 옷에 다 묻어요. 또 건조할 때 온도가 너무 높으면 옷이 많이 구겨져요. 그럴 때도 다시 세탁해줘요. 고객이니까. 우리 입장에서는 그분은 갑이고 우리는 을이잖아요. 엄청 화를 내시는 분도 있어요.

출근 시간 매장 운영을 원래 6시 40분부터 7시 40분까지 한 시간만 했었는데 7시 50분까지 10분을 더 하래요. 직영 노조에서 건의했대요. 그럼 우리 쉬는 시간이 줄어들죠. 쉬는 시간 10분이 우리한테는 엄청나게 소중한 시간이에요. 게다가 그 시간에 우리는 아침밥을 먹어야 해요. 10분 늦추려면 식당하고도 조율해야 되고요.

우리, 동료들

퇴근하기 전에 커피 한 잔 마시면서 하루를 마감하는데 그때는 일하면서 쌓였던 이야기를 동료들과 함께 나눠요. 서로가 위안이 되는 거죠. 그러면서 정이 쌓이는 거 같아요. 세탁수불에는 오래 일한 사람이 많아요. 다 10년이 넘었어요. 서로 형제고 자매고 그렇죠. 서로 다 챙겨주고 싶어 해요. 작년에 제가 회사에서 나오다 미끄러져서 허리를 다쳤어요. 산재 처리하고 쉬고 있으니까 동료들이 전화를 해줬어요. 빨리 회사에 출근하고 싶다는 생각이 막 들더라고요. 다시 회사에 출근하니까 너무 좋죠.

나는 재밌어요. 일하는 게. 언니들 동생들하고 이야기한다는 거 그 자체가 좋아요. 회사에 그렇게 나쁜 사람들이 없어요. 언니들도 동생들도 남자 직원들도 다 좋으니까. 사람들이 좋으니까 행복한 것 같아요. 같이 일하는 사람 모두 마음이 한결같아요. 내가 빠지면 그만큼 다른 직원들이 힘들겠구나 생각하지 내 하나쯤이야 빠지면 되겠지 생각하는 사람은 없으니까. 다 같이 일해서 빨리 끝내면 힘은 덜 들겠다 그런 생각을 하니까 여기 있는 것 같아요.

집에 혼자 있어봐야 자는 것밖에 더 하겠습니까? 일을 한다는 생각을 하니까 바쁘게 움직이고 그런 게 좋더라고요. 우리가 정년퇴직이 있잖아요. 함께 오래 일한 동료가 나가면 허전하고 슬프죠. 나머지는 평탄한 것 같아요. 잔잔한 거 같아요. 건강하기만 하면 정년퇴직 때까지 일하고 싶죠.

투쟁하는 마음

올해(2023년) 6월부터 노동조합에서 교선부장으로 활동하고 있어요. 노동조합 간부는 어떤 활동을 하는지 궁금하더라고요. 노동자들에게 다가가서 그 마음과 고통을 들어보고 싶어서 하겠다고 했어요. 요즘 우리가 아침, 점심, 저녁 선전전을 하고 있어요. 점심 시간을 이용해서 각 식당에서도 투쟁을 하고 있거든요. 처음에는 이렇게 팔을 흔드는 것도 어색했어요. 앞에 나가서 말하는 것도 진짜 쑥스러웠죠. '투쟁'이라는 말도 입에 붙지 않더라고요. 근데 매일같이 나가다 보니까 자연스러워지는 거예요.

교선부장을 맡다 보니까 노조에서 들은 이야기를 우리 세탁수불 동료들한테 이야기해요. 동료들도 우리가 한뜻으로 투쟁해야 된다고 한목소리로 이야기하니까 뭉클해지는 거예요. 활동을 해보니 노동자의 절박한 마음을 조금 알 것 같아요. 활동 안 할 때는 정말 몰랐거든요. 뭐 투쟁한다고 하면은 그런가 보다 했는데 직책을 맡고 보니까 이거 진짜 투쟁해야 되겠네 그런 생각이 들더라고.

한화오션이 우리 노동자들하고 약속한 내용을 이행하지 않고 있잖아요. 분리매각 소식을 처음 들었을 때는 황당했어요. 왜 그렇게 하지? 그렇게 안 하기로 해놓고. 분리매각하면 복지, 수송, 식당 다 쪼개지는 거고 우리 노동조합이 없어지는 거잖아요. 그러면 안 되죠. 노동조합이 있어야지만 우리가 목소리도 낼 수 있고 투쟁도 할 수 있는 거니까. 2018년도에 힘들게 투쟁해서 노동조합이 생긴 거잖아요. 식당에 있는 조합원들이 애를 많이 썼어요. 그 애쓴 보람이 없어지는 건데, 그게 있을 수 있는 일인가? 회사 입장에서야 간단한 일이죠. 한화오션은 우리 조합원들을 크게 신경 쓰지 않잖아요.

대우조선해양에서 한화오션으로 바뀌고 정규직 노조하고 첫 임금 협상을 하면서 직원들에게 격려금을 다 지급했어요. 하청업체도 얼마씩은 지급했는데 우리에게만 안 줬어요. 우리도 노동자잖아요. 임금 문제를 떠나서 가장 화나는 건 한 달에 한 번씩 계약을 하겠다는 거예요. 노동자들을 우습게 여기는 거잖아요. 우리를 얼마나 하찮게 봤으면 한 달에 한 번씩 계약을 한다고 나오겠어요. 한화오션이 들어오기 전에는 이런 일이 없었잖아요.

우리가 아침, 점심, 저녁 선전전을 하고 있는데, 얼마 전부터 점심시간을 이용해서 각 식당에서 투쟁하고 있어요. 식당마다 돌아다니면서 투쟁하니까 몰랐던 걸 알게 돼서 좋았어요. 우리가 각 매장에 다닌다고 하지만 안 가본 데도 많이 있어요. 점심도 동문 쪽 식당에서만 먹고요. 바쁘다 보니까 서로 잘 몰랐는데 여기도 이런 어려운 상황이 있구나 알게 된 게 좋아요. 식당이나 샤워장이나 세탁소나 다 어렵게 일을 하고 있구나.

집 밖으로 잘 안 나가봤으니까 내가 무슨 존재인지 잘 모르죠. 난 못 하겠지, 내가 할 수 있을까, 그런 두려움이 많았어요. 투쟁하면서 나도 몰랐던 게 내 안에서 나오더라고요. 내가 이런 용기도 있고 담대함도 있네 깜짝 놀라요. 거기서 느낀 거지. 내가 할 수 있구나.

올해 파업투쟁을 할지 말지 논의하면서 그런 생각이 들었어요. 우리가 사원들 복지를 다 담당하고 있잖아요. 세탁수불이라든지 샤워장, 식당, 그런 게 없으면 조선소가 돌아가나요? 식당이 없으면 밥을 어떻게 먹어요? 우리 세탁수불이 없어서 근무복을 집에 가서 세탁하려면 얼마나 힘들겠어요? 회사 버스가 없으면 어떻게 출퇴근하겠어요? 철판을 자르고 붙이는 사람들과 우리도 같은 조선소 노동자라는 걸 알리고 싶었어요. 당해봐라. 우리가 얼마나 소중한 것인지. 우리가 파업하면 너희도 일 못 하지 않느냐.

돈을 버는 건지
병을 키우는 건지
모르겠어요

모두의 끼니를 책임지는
급식 노동자 공정희

기록   홍세미

한화오션에는 사내 식당이 스물여섯 개 있다. 한 식당에서 적게는 천 명, 많게는 3천 명이 식사를 한다. 각 식당별로 5-20명, 총 3백여 명 급식 노동자가 3만여 명의 식사를 책임진다.

모두 사외업체 웰리브 소속인 급식 노동자들은 애초 대우조선해양 주택사업부 소속 정규직 노동자였다. 원청은 1982년 급식을 대우그룹 계열사인 옥포공영으로 분리했다가, 2005년에는 '선박 건조 집중 전략'을 빌미로 웰리브라는 자회사를 만들어 분리, 급기야 2017년에는 대우조선 현금 유동성 악화를 빌미로 사모펀드에 매각한다. 여러 차례 재매각 과정을 거치면서 대우조선해양 노동자들의 복지를 담당한 웰리브 노동자들은 결국 다단계 하도급 구조에 놓였다. 노동자들의 고용은 더욱 불안해졌다.

매각하자마자 우려하던 상황이 벌어졌다. 매각 다음 해(2018년) 웰리브는 상여금 대신 월 30-40만 원씩 지급하던 '부가급여'를 기본급에 포함시키고 토요일 주휴수당마저 폐지했다. 실질 임금 인상은 없이 계산상 시급만 올리는 편법으로 최저임금 인상을 피해 갔다.

2018년 5월 27일 웰리브 노동자 2백여 명이 모여 금속노조 경남 지부 웰리브지회를 설립했다. 6월 15일부터 단체교섭에 들어갔다. 열 차례 교섭을 진행했으나 노동조합의 요구인 임금 인상과 토요일 유급 원상 회복에 합의하지 못했다. 웰리브지회는 9월 11일 첫 파업에 나섰 다. 민주광장에서 대우조선소 서문까지, 출근하기 위해 홀로 뛰었던 그 길을 동지들과 함께 천천히 걸었다. 고작 여섯 시간이었지만 웰리브지 회 노동자들의 마음에는 큰 일렁임이 남았다.

9월 14일 전면파업에는 거의 모든 조합원이 참가했다. 비 내리는 민주광장에 3백 명이 훌쩍 넘는 급식 노동자들이 모였다. 이들은 빨간 고무장갑을 오른손에 끼고 구호를 외쳤다. 수백 개의 빨간 주먹이 하늘 을 향해 치솟았다. 노동자들은 동지의 곁에서 하나 됨을 느꼈다. 이 투 쟁으로 월 임금 8만 원 인상, 주휴수당 복구, 체불 임금 일부 지급이라 는 성과를 얻었다. 조선업 구조조정 속에서 심각한 고용 불안과 조건 후퇴를 당했던 웰리브지회 노동자들이 스스로를 조직해 싸웠다.

이 글의 주인공 공정희 씨는 웰리브 급식 노동자다. 그는 인터뷰를 하고 싶지 않았다는 이야기로 말문을 열었다. 그럼에도 노조에 대한 애 정으로 인터뷰를 수락하고는 세 번 만나는 동안 열정적으로 이야기를 해주었다. 노조 이야기를 할 때 점점 목소리가 높아지고 얼굴이 폈다. 그리고 투쟁한 대목에 이르러서는 목소리가 떨리더니 눈물이 떨어졌 다. 5년이 지났지만 그때의 감동과 긍지는 여전히 가슴속에 남았다. 그 는 투쟁을 통해 '뭉치면 변화를 만들 수 있다'는 경험을 했다고 했다.

그는 인터뷰 내내 연신 손을 주물렀다. 그의 손은 빨갛게 부어 있었다. 정년퇴직을 앞둔 급식 노동자 공정희 씨는 퇴근 후 거의 매일 병원을 찾는다. 약에 의지해 굽은 손마디와 부은 손가락 통증을 잠시라도 잊을 수 있다고 했다. 인터뷰를 하던 지회 회의실 벽면에 급식 노동자들의 손 사진이 붙어 있었다. 손가락 마디가 굵고 흰 급식 노동자의 손들이 벽에 가득했다. 웰리브 재해율은 평균보다 5.3배 높고 노동자의 50퍼센트 이상이 근골격계 질환으로 고통받고 있다.

모두의 끼니를 책임지는 급식 노동자 공정희

올해 은퇴를 앞두고 있어요

고향이 통영 욕지도예요. 제가 어릴 때부터 주변을 돌보며 살았어요. 할머니 노병 수발도 제가 하고 오빠 아이도 제가 키웠어요. 엄마가 장사를 하면서 집에 하숙을 쳤거든요. 엄마는 장사하러 나가야 하니까 집안일은 제가 다 한 거예요. 엄마는 일하느라 항상 바쁘시면서도 아버지를 지극 정성으로 모셨어요. 그 모습을 보고 자라는 바람에 저도 시집 가면 그렇게 살아야 하는 줄 알았어요.

부산에 시집 와서 10년 넘게 살다가 2001년에 남편이 거제도로 직장을 구해서 내려오게 됐어요. 근데 시어머니가 병원에 입원하셔서는 큰아들, 큰형님하고 한 집에 사시면서도 저를 불렀어요. 저는 그러면 가야 한다고 생각했어요. 거제도서 전라도까지 매주 찾아갔죠. 지금이야 통영대전고속도로가 있으니까 괜찮은데 전에는 시간이 많이 걸렸죠. 나중에 보니까 다른 사람들은 그렇게 안 살더라고요. 특히 우리 아저씨는 나한테 안 그래요. 나는 자기가 필요한 걸 다 해주는데 막상 내가 기대려고 하면 우리 아저씨는 저 멀리 가버리고 없어요.

2003년에 저도 일을 시작하게 됐어요. 처음에는 가게를 해보려고 했어요. 제가 사람 좋아하고 잘 어울리고 음식도 잘하니까 주변에서 식당을 해보라고들 많이 그랬어요. 남편이 회사 야유회를 가면 제가 음식을 다 준비해줬어요. 제가 오지랖이 그래요. 그러니까 남편보다 형수 찾는 사람이 더 많아요.

그때 친구가 대우조선소 사내 식당에서 일하고 있었어요. 친구가 밖에서 일하지 말고 들어오라더라고요. 처음에 웰리브는 사람 관계가 무서워서 안 들어갔는데 여자 나이 50 되면 취직하기가 힘들잖아요. 그렇게 웰리브에서 일한 지 벌써 10년이나 됐네요. 올해 예순이고 은퇴를 앞두고 있어요. 다섯 살 손주가 있어요. 딸이 부산에 사는데 주말에는 손주 봐주러 가요. 은퇴하면 더 자주 가게 될 것 같아요.

퇴근하고 취미 생활이라도 해볼까 싶어서 새벽 출근하는 일을 선택한 거였는데 일 강도가 너무 세니까 퇴근이 일러도 뭘 할 수가 없어요. 집에 가면 완전 녹다운. 아무것도 못해요. 집에 도착하면 먼저 안마기부터 가서 앉아요. 안마 받으면서 반은 졸고 처져서 한두 시간 그러고 있어요.

아저씨랑 저랑 둘이 있으니까 집안일이 많지는 않아요. 그래도 집에 가서 밥 하고 반찬 하고 청소하는 시간이 두 시간은 걸리죠. 집에 가서까지 밥을 하고 있으면 어떨 때는 짜증 나요. 내가 왜 이 나이에 이러고 살아야 되지? 똑같이 돈 버는데 누구는 밥을 받아

먹고 나는 밥을 챙겨줘야 하지? 어떤 때는 신경질이 나서 설거지를 팡팡 하죠. 나는 다음에 진짜 여자로 안 태어나고 남자로 태어나고 싶어요.

새벽조는 정말 용을 쓰면서 일합니다

우리 아저씨가 대우조선에서 일해요. 자기 아는 사람이 많으니까 내가 대우에서 일하는 걸 주변에서 알면 그렇다고 자기 일하는 현장 쪽 식당으로는 안 왔으면 좋겠다고 하더라고요. 나도 아는 사람 부딪히기 싫으니까 그쪽으로는 안 가고 싶다고 면접 볼 때 이야기했어요. 그랬더니만 느태로 첫 발령을 냈어요.

처음 느태 식당에 일했을 때 식수가 3800이었고 4300명까지 쳐봤어요. 이런 규모의 식당이 대우조선소 안에만 스물여섯 개나 있어요. 사무실에서는 다치니까 뛰지 말라고 하는데 안 뛸 수가 없어요. 걸어서 왔다 갔다 하면 날 새요. 느태에서 5년 근무하고 식수 적은 곳으로 보내달라고 해서 온 곳이 이곳 피원(PDC#1)인데 지금은 여기 식수가 최고 많아요.

급식은 새벽조, 낮조 나눠서 일하는데 저는 새벽조예요. 새벽조는 4시 10분에 출근해서 2시에 퇴근합니다. 제 알람은 3시 15분에 울려요. 일어나서 씻고 잠 깨려고 커피믹스 한 잔 마시고 옷까지 갈아입으면 두 번째 알람이 3시 35분에 울려요. 두 번째 알람이 울리면 가방 메고 집에서 나와요. 3시 42분에 버스 타고 식당에 들어 오면 4시 7분 정도 돼요. 옷 갈아입고 바로 식당으로 들어오죠.

6시 30분부터 배식하는 식당도 있는데 우리는 6시 10분에 시작해야 돼요. 밥을 들이붓다시피 하거나 빵 하나 먹고 일을 시작하죠. 정말 바쁘면 아무것도 못 먹고 있다가 배식 끝날 즈음에 돌아가면서 먹기도 하고. 어제도 밥 못 먹었는데 오늘은 서서 겨우 한 그릇 먹었어요. 너무 배가 고파서 국에 밥 말아서 김치하고 후루룩 먹었죠. 허기진 상태에서 먹으니까 너무 맛있었어요.

배식이 시작되면 정말 정신이 없어요. 특히 오늘처럼 비 오는 날은 손님들이 우산을 겨드랑이에 끼고 배식을 받으니까 많이 흘려요. 배식하면서 계속 배식대 주변을 닦고 정리해야 돼요. 계속 정리해도 지저분하다고 컴플레인도 많이 들어와요. 밥을 풀 때 주걱으로 밥을 헤집어서 가운데로만 퍼 가는 사람이 있어요. 김치나 반찬도 마찬가지예요. 바깥에서부터 조심스럽게 집는 게 아니라 가운데를 퍼가느라 정돈해둔 반찬을 헤집죠. 샐러드는 드레싱 국자가 있잖아요. 그 국자를 툭 놔버려서 사방에 드레싱이 튀거나 드레싱 통에 국자가 빠지는 일도 자주 있고요.

아침 배식은 7시 40분 정도에 끝나고 설거지까지 마치면 거진 9시가 돼요. 아침 끝나고 낮조 직원들이 오면 조가 나눠져요. 전처리조, 준비조(내일 반찬 준비), 조리조(오늘 점심 반찬 조리), 새벽조가 합류해서 오후 2시까지 함께 일을 해요. 늦어도 9시에는 각자 반찬 준비를 시작하고 9시 40분 되면 조회에 참석해요. 본격적인 음식은 조회 끝나고 10시 5분에 시작해요.

석식까지 하는 낮조는 출퇴근하는 시간이 조금씩 달라요. 석식을 세 명이 하거든요. 메뉴가 복잡하면 낮조가 올라와요. 새벽조 없을 때도 올라오고 그래서 낮조 출퇴근은 유동이 있어요. 아침 점심이 제일 빡세죠. 낮조도 다음 날 준비를 거진 새벽조 있을 때, 한 손이라도 더 있을 때 하려고 빡빡하게 일을 하죠. 그러니까 힘들지.

새벽조는 정해진 노동 시간을 넘치게 다 채워요. 요즘에는 새벽조들이 특히 힘들어요. 인원도 부족한데 식수도 늘고 메뉴도 복잡해지니까 많이 힘들죠. 새벽조 인원을 A, B조로 나눠서 일주일은 반찬조, 일주일은 전처리조로 번갈아 하거든요. 반찬 하는 주에는 밥도 못 먹고 그냥 달린다고 봐야 돼요. 시간도 없고, 너무 힘들게 일하면 밥 먹을 힘이 없거든. 점심까지도 못 먹고 일하는 경우가 많죠.

내가 조금이라도 늦으면 동료들이 힘들어지니까 더 용을 쓰면서 해요. 차가 있는 사람들은 새벽에 제시간보다 더 빨리 출근해요. 물을 끓여놓으면 조리 시간이 단축되거든요. 그러면 우리가 밥 먹을 시간이 조금이라도 확보되는 거죠. 각 식당마다 한두 명씩은 먼저 와서 준비하는 사람이 있어요. 솔직히 그렇게 하면 안 되죠. 일손이 부족하면 인원을 보충해주어야 맞죠. 매일 일찍 오는 사람의 시간은 누가 보상해줘요? 같이 아침밥이라도 먹자는 취지에서 자발적으로 하는 거잖아요. 동문에서 오는 사람들은 셔틀 타고 오면 편한데 차 기다리는 시간도 아까우니까 걸어서 와요. 조금이라도 일을 더 하겠다는 마음이죠. 저는 새벽조에서 배식을 하거든요. 숟가락 젓가락 식판 챙기고, 행주 놓고 하는 준비를 해요. 근데 오늘은 메뉴가 빵이라 복잡하니까 내가 맡은 일을 하러 가기 전에 빵 속에 치즈를 넣어주고 상 차리러 가야 되겠다 싶었어요.

다른 조선소 식당은 쉬는 시간에 쉬게 해준대요. 우리는 그런 게 없어요. 휴식시간이 명시돼 있지만 각 식당 사정에 따라 쉴 수도 있고 못 쉴 수도 있다, 이렇게 돼 있어요. 사무실은 매번 사람이 없다는 핑계를 대죠. 얼마 전에 새벽조 한 사람이 그만뒀어요. 10년 넘게 일한 베테랑인데 베테랑 한 사람은 신입 직원 몇 사람 몫을 하잖아요. 그런 직원은 그만둔다고 하면 사정을 알아보고 잡아주면 좋겠는데 그러지 않더라고요.

새벽조는 사람들이 자는 시간에 일어나야 하니까 항상 잠이 모자라요. 아무리 힘들게 일해도 잠만 개운하게 자도 피로가 풀리잖아요. 새벽조들은 생명수당을 줘야 된다, 이거는 진짜 목숨을 단축시키는 거다, 그런 생각이 들죠. 주말이라고 어디를 갔다 오면 그 뒤에는 너무 피곤해요. 주말에는 편하게 쉬어줘야 다음 주가 진행이 되더라고요.

복잡해지고 힘들어지는 메뉴

오늘 아침 메뉴가 치즈토스트였어요. 빵 속에 치즈 넣고 양면을 구워주는 거예요. 오늘 정규직 투표가 있는 날이어서 사람이 많을 거라길래 다른 때보다 넉넉하게 준비한다고 했는데도 평소보다 3백 명 정도 더 왔어요. 요즘 날씨가 더우니까 아침에 토스트 같은 걸 좋아해요. 배식하는 과정에 인원이 다 배치되어 있는데 빵을 추가로 구우려면 자기 자리에서 빠져나와야 하니까 더 정신없어요. 빵이 모자라면 샐러드도 모자라고 드레싱도 모자라는 거거든요. 오늘 아침에는 수저까지 모자라더라고요. 그런 거를 준비한다고 직원들이 막 뛰어다녀야 돼요.

준비된 대로 차근차근 일하면 되거든요. 근데 양이 모자라서 조달해야 되면 추가로 필요한 에너지가 상당해요. 용을 써야 돼요. 시간 되면 설거지하러 가야 되고 배식 준비하러 가야 하는데, 이 빵 한다고 사람이 다 몰려버리니까 해야 할 일들이 그대로 다 밀리는 거지. 그 밀린 일을 정리하려면 시간이 또 오바되고. 그러니까 시간을 줄이려고 용을 쓰는 거예요. 한 시간 걸리는 일을 20분, 30분 만에 끝내려면 얼마나 용을 쓰면서 해야 되겠어요.

그렇게 일을 하다 보니까 오늘 아침에는 사람이 기진맥진해지더라고요. 그런데 아침 배식 마치고 바로 점심 준비로 투입돼요. 점심 때 새벽조들이 설거지하러 세정실에 가거든요. 그러니까 새벽조들이 가장 타이트해요. 일 마치면 손가락이 막 툭툭 튀어 올라요. 붓는 거죠. '지금 너무 힘든데 왜 자꾸 써' 하는 식으로 몸이 표시하는 거 같아요. 퇴근하면서 계속 손을 주물러주어야 해요.

빵 메뉴는 들어가는 것도 많고 과정이 복잡해요. 잉글리시머핀은 포장까지 다 해서 내야 하고 브라운브레드는 케이스가 따로 있어서 그것까지 다 접어야 해요. 시간이 넉넉해서 따로 하는 게 아니라 조회 시간에 잠시 앉아 있을 때 그걸 접는 거죠. 빵 할 때는 밥 먹을 시간도 없어요. 진짜 달려가면서 해야 돼요.

어제 점심 메뉴는 내장순대국밥이었어요. 피순대, 일반 순대, 내장을 사골 육수에 끓여서 나갔죠. 특식 중에 일하기 괜찮은 메뉴예요. 순대 완제품을 씻고 썰어서 뚝배기에다 세팅해서 온장고 보관했다가 나가면 돼죠. 진짜 좋았어요. 물론 전날에 고추 다대기 썰어야 되고 파를 엄청 썰어놔야 하긴 하지만 그 정도 전처리는 할 만하죠.

육회비빔밥, 연어비빔밥이 가장 어려운 메뉴예요. 육회나 연어는 녹으니까 속도가 생명이거든요. 담는 가짓수도 많아요. 그런 거는 일회용 그릇에 펼치고 담고 뚜껑 닫고, 연어는 미리 해놓으면 안 되고 짧은 시간에 세팅해서 배식해야 되기 때문에 그 메뉴를 할 때는 저희들은 밥도 못 먹어요.

메뉴 짜시는 분들도 머리 아프겠죠. 근데 영양만 생각하고 메뉴를 짜는 것 같아요. 영양소 배치만이 아니라 일하는 사람의 노동이 얼마나 들어가는지를 고려해서 메뉴를 짜야 되는데 그런 게 없어요. 단무지도 그냥 나가면 나온데 단무지무침으로 뭘 하나 더 하게 해요. 어떤 날은 튀김, 전이 몰려 있어요. 튀김, 구이, 계란찜이 몰려 있으면 열기가 장난 아니에요. 또 햄버거는 과정이 엄청 복잡하잖아. 아침에 햄버거 하고 점심도 복잡한 메뉴로 세팅되어 있으면 웬종일 뛰어다녀야 해요. 청경채도 청경채 겉절이, 청경채 나물 이런 식으로 메뉴를 바꿔요. 그런 게 사람을 많이 힘들게 하죠.

일을 안전하게 할 수 있도록 환경을 지원해주는 것도 아니면서 사외업체라고 갑질을 너무 심하게 하는 것 같아요. 손님들도 밥 먹으러 와서 차례차례 순서대로 드시면 좋은데 지그재그로 자기 먹고 싶은 대로 드시거든. 우리가 '고객님 한 라인만 사용하세요. 1인 1식만 드세요' 이러면 컴플레인을 많이 해요. 직영 사무실 사람들 보면 식당 꼬투리 잡아서 말하거든.

자기네들이 칼 쥐고 있다고 요구사항이 너무 많아요. 전에는 아침에 시락국, 콩나물국이 하얀 작은 그릇에 나갔다가 지금은 뚝배기로 나가요. 누룽지도 옛날에 죽으로 나갔는데 이게 점차 바뀌는 거예요. 국도 작은 데다 주지 말고 뚝배기에다가 해장국으로 나가라고. 해장국 끓이기 위해서 단가를 맞추려면 다른 게 조금 덜 나가야 하잖아요. 어떤 사람이 홀 안에 식수대 바닥이 미끄럽다고 컴플레인을 했대요. 그게 몇 십 년을 쓴 바닥이라 고객들 신발에 의해서 미끄러울 수도 있거든. 한두 명만 미끄럽다 해도 컴플레인이 받아들여져요. 웰리브는 바로 시행해야 되는 거예요. 웰리브 사무실 사람들도 우리 편이 아니에요. 우리가 부당하게 당해도 우리 잘못인 거예요.

상처에, 통증에, 우울증까지

돈을 버는 건지 병을 키우는 건지 모르겠어요. 살려고 돈을 버는 건데 속에서는 터지고 있지 않은지. 나중에 일하고 돈 번 거는 하나도 없고 남는 거는 골병뿐이다 그럴 수도 있어요.

예전에 야채절단기라고 있었어요. 파를 넣으면 썰어져서 나와요. 그거 하다가 손을 많이 다쳤어요. 칼 다음 무서운 게 튀김 기름이에요. 기름 온도가 높을 때는 정말 위험해요. 양이 많아서 기름을 많이 붓잖아요. 전에 기름을 붓다가 미끄러져서 얼굴에 화상 입은 직원이 있었어요. 화상이 제일 무서워요. 또 국 끓이는 스팀 솥이 길어서 잘못하다 미끄러져서 빠질 수도 있어요. 제가 큰 솥에서 국을 퍼서 작은 통에 붓다가 국이 팔에 쏟아졌어. 엄청 뜨거웠는데 대충 씻고 배식을 봤어요. 어쩔 수 없었어. 배식하는 데 잠시라도 빠지면 안 되는 상황이었어요. 화상을 입은 채로 일을 계속했었죠.

어저께 돈가스를 튀기는데 튀김 찌꺼기 건져야 되니까 솥 안에 거진 몸이 계속 들어가요. 돈가스 360개를 튀기는데 뜰채로 계속 떠야 하니까 팔이 아프죠. 프라이팬에 빵 구우면서 나오는 열기, 튀김 하면서 나오는 가스가 엄청나잖아요. 계속 들이마시는 거지.

다른 조선소 이야기 들어보면 여기처럼 일 강도가 세진 않대요. 삼성은 남자들이 음식 다 하고 여자들은 배식하거나 바트(vat. 배식용 대형 용기) 챙기는 거 한대요. 친구가 대우 있다가 삼성으로 갔거든요. 거기는 오븐기로 김 굽고 튀김도 한대요. 여기는 환경이 너무 열악하잖아요. 진짜 조선소 웬만한 업무 못지않게 강도가 세요.

일하는 데 너무 힘을 써서, 밤에 자다가 뭐가 이상해서 보면 손이 아리고 만져보면 차요. 일하면서 손이 점점 커져요. 손가락 마디가 튀어나와 있는데 이게 관절이 아니래요. 뼈가 자라는 것처럼 인대가 늘어나고 막이 생겨서 딱딱해지는 거래요. 병원에 가려면 휴가를 내야 하는데 휴가 내기가 어려워서 지켜보고 있어요. 손가락을 굽힐 때도 굉장히 아파요.

고깃국 끓이는 솥에는 고기 삶은 국물이 들러붙어 있어요. 프라이팬도 전 굽고 나면 타거나 눌러붙잖아요. 설거지 세제로는 안 닦여서 아주 독한 약품을 발라요. 가정집에서 찌든 때 청소할 때 뿌리는 세제보다 몇 배 독한 약품이에요. 약품 뿌리고 사포로 미는데 찬물에는 잘 안 닦이니까 솥이나 팬에 열을 올려서 닦거든요. 그 열기에 화학 약품이 기화되면 코도 맵고 눈도 매워요. 씻다가 얼굴에 튀면 화상을 입고요. 옷 위에 튀어도 씻어야 돼요. 식당에서 일하면 눈이 제일 안 좋아져요. 저는 오른쪽 눈이 안 좋고 왼쪽 눈은 좀 괜찮고 그래요. 뭘 읽으려면 오른쪽 눈은 먹먹해져. 이 약품 때문에 눈이 안 좋아지는 게 느껴지잖아.

제가 일하는 피원 건물은 천장도 낮고 창문이 없어요. 환풍기라도 잘 되면 괜찮은데 역풍이 되더라고요. 실태조사 나왔을 때 발견했어요. 후드 밑에서 연기를 올리면 빠져야 되는데 오히려 들어오더라고요. 실태조사 후에 손을 봐서 괜찮기는 한데 환풍기가 통으로 연결되다 보니까 돌아가는 시간대가 있더라고요. 식당 일이 점심 식사할 때 땡 끝나고 저녁 식사하고 땡 끝나고 그런가요? 저녁 메뉴에 고깃국이 있으면 점심부터 고기를 삶아요. 점심 때부터 삶는데 그 열기가 세정실로 넘어와서 39도까지 올라가요. 세정실 안이 완전 사우나예요. 천장에서 물방울이 뚝뚝뚝뚝 떨어지죠.

딱 갇혀 있으니까 천장에 곰팡이가 피는데 그 곰팡이가 그냥 닦는다고 지워지나요? 약품으로 닦아야지. 그러다 보면 눈에 들어가고 흘러내려서는 얼굴에 묻고 화상 입고. 천장 닦으려면 받치고 올라갈 사다리가 제대로 있길 하나.

노동조합에서 노동환경 실태조사를 했어요. 그때도 대우 직원들이 문을 막고 조사원들을 못 들어오게 해서 한창 실랑이를 했어요. 식당 노동 환경이 정말 열악해요. 전처리할 때 채소를 손질할 공간이 안 나와서 삐딱하게 서서 썰어야 해요. 김치도 도마를 두고 썰 장소가 없어서 세정실 컨베이어벨트 위에서 썰어요. 사람이 허리가 옆으로 꺾인 채로 썰어야 해요. 먹는 김치 말고 국수나 볶음밥에 김치가 들어가잖아요. 두 사람이 김치 2백 킬로그램을 썰어야 할 때가 있거든. 현장조사할 때 그 무게를 들고 다들 놀라더라고요. 조사하는 교수님이 와서는 이걸 다 어떻게 써냐고 그랬는데 지금은 3백 킬로를 혼자 썰어야 해요. 김치를 일주일 썰고 나면 어깨가 내려앉아요. 손가락이 너무 아파.

그나마 요구사항 중에 딱 한 가지는 해줬어요. 칼을 갈아달라고 요청했거든. 근데 그것도 1년 동안 고작 두 번 했는가 봐. 칼로 엄청 썰어대잖아. 칼을 갈면 칼을 당길 때 한 번만 당겨도 잘 썰리니까 일하기가 낫지. 칼갈이는 원래 두 달에 한 번 해줬는데 그나마도 잘 안 지켜져요.

일하다가 끓는 물을 부었는데 튀어서 뜨거운 물이 장화에 들어가서 다리를 데였어요. 그때 공상으로 일주일 치료 받고 다시 일했죠. 대상포진에도 걸렸었어요. 명태채볶음을 하는데 명태포만 넣으면 양이 적어서 마늘종을 같이 넣거든요. 명태채 40, 50킬로그램을 손질하는데 덜 건조되면 손으로 하나하나 떼야 해요. 그걸 혼자 뜯는다고. 오후 되니까 팔이 엄청 아프고, 집에 가서도 너무 팔이 아팠어요.

배에 포도송이처럼 볼록볼록볼록 뭐가 났길래 땀띠인 줄 알았는데 대상포진이더라고요. 배에서 시작해서 손 아래까지 수포가 확 타고 올라왔었어요. 선생님도 손에 오르는 거 처음 봤다고 하더라고요. 팔을 빼서 내버리고 싶을 정도로 아팠어요. 체력이 자꾸 고갈돼가지고 면역력이 진짜 완전 바닥난 거지.

대상포진 상처는 나았는데 우울증이 왔어요. 2주 입원했다가 퇴원해서는 괜찮았어요. 그리고 출근해서 일주일 정도 일했나? 내 몸이 내가 하고자 하는 대로 안 되더라고요. 너무 힘들어서 입원을 했어요. 퇴원하고부터 집에 있기가 싫고 답답하고 확 밀어버리고 싶고, 아저씨 목소리 듣는 것도 싫고, 밥맛도 없었어요. 대상포진 약이 세서 부작용으로 오는 증상이래. 두 달 정도 엄청 힘들었어요. 면역이 고갈됐으니까. 한약 지어 먹고 홍삼 먹고 그때 좋은 거는 다 먹었어요. 1주 입원했다가 안 돼서 다시 1주 입원하고, 집에서 한약 먹고 병원 다니고 한의원 다니고 이러면서 일주일 더 쉬었어요. 뒤에 출근하면서도 힘들었어요. 계속 약을 먹으면서 회복했죠. 산재 받은 적은 아직 한 번도 없어요.

빨간 고무장갑 투쟁

처음 들어왔을 때 불이익이 너무 많았어요. 이럴 때 노조가 있어야지 하는 아쉬움이 있었죠. 회사가 어렵다고 하면서 근로시간 깎을 때도 솔직히 우리는 회사 사정을 속속들이는 잘 모르잖아요. 회사에서 사인하라는데 안 하면 불이익 당할까 봐 하라는 대로 하는 경우가 많았어요. 노조가 생기고 나서 보니까 회사가 법에 저촉되지 않는 선에서 우리에게 불리하게 해놓은 게 많았어요.

노동조합이 없었을 때는 우리를 우습게 여겼죠. 사무실 사람들은 상전이었어요. 이물질 같은 거 나왔다 하면 난리예요. 죄인도 그런 죄인이 없어요. 초등학생 앉혀놓고 교육하듯이 했어요. 주의를 줘야 되는 거는 맞는데, 자기 스트레스 푸는 것처럼 말도 억수로 격하게 해요. 노동조합 생기고 사무실 직원들 태도가 많이 유해지고 우리를 예의 있게 대하죠. 노동조합이 생기면서 우리도 '우리한테 함부로 하지 마라' 이런 식으로 대응하게 됐죠. 노조가 있으니까 내가 잘못한 게 아닌 상황에서 적절하게 대처를 도울 대응팀이 있다는 거죠. 점장도 우리를 만만하게 못 대하겠죠. 사람들이 마음이 조금 강해졌달까. 노조가 생겨서 함부로 못 하죠.

2018년 5월에 드디어 노동조합이 만들어졌어요. 눌러왔던 울분들이 다 터졌어요. 노동가를 부를 때 목 터지게 불렀어요. 처음에 노동가를 몰라서 가사 찾아갖고 틈만 나면 유튜브 틀어놓고 외웠어요. 예전에는 대우조선소 아저씨들이 쟁의한다고 (팔뚝질하며) 그러면 시끄럽다 그랬는데 막상 우리가 그런 위치에 놓이니까 노래 가사가 너무 와닿았어요. '흩어지면 죽는다'는 가사가 얼마나 힘을 줬는지 몰라요. 우리는 그때 진짜 한뜻으로 뭉쳤었어요.

첫 투쟁은 '6시간 투쟁'이었어요. 점심 한 끼 안 하는 파업이었죠. 우리는 점심시간 동안 피원 앞에서 노래 부르고 투쟁했다가 다시 식당에 갔어요. 노조원들이 투쟁하니까 웰리브 사무실에서 노조 가입하지 않은 식당 사람들을 데리고 점심 한 끼를 쳐내더라고요. 저희가 나오기 전에 반찬은 다 해놔서 배식만 하면 되는데도 난리가 났더라고요. 사무실 직원들까지 다 와서 해도 우리처럼 되나요? 컨베이어 위에 식판을 정리해야 하는데 그것도 못해서 다 먹은 식판이 쌓이고 떨어지고 난리더라고요.

여섯 시간 투쟁 후에도 요구사항이 받아들여지지 않고 변화가 없어서 노조에서 총파업을 하자고 결의했어요. 맺힌 게 너무 많았어요. 한번 시원하게 울고 싶어서 누가 찔러주기만을 기다렸지. 민주광장에 다 모여서 서문으로 걸어갔어요. 특수선 앞에 모이기로 했는데 비가 오는데도 350명이나 모였어요. 노조에 가입 못 하는 신입들이랑 사측 사람들 빼고는 거의 다 가입한 거예요. 우리 투쟁할 때 조선소에서 일하는 아저씨들도 연대해주었어요. 그때 식당 노동자들은 일할 때 쓰는 빨간 고무장갑을 오른손 손목 부분에서 잘라서 장갑처럼 끼고 팔뚝질했거든요. 멋있었지. 빨간 주먹들이 하늘을 향하는데 정말 멋있었어요.

그때는 한마음 한뜻이었어요. 진짜 그때처럼 목소리가 높았던 적이 없죠. 그때 생각하니까 눈물이 난다.(눈물) 여성 동지들이 돌아가면서 발언하는데 다들 엄청 울었어요. 힘든 과정 이야기하면서 내 마음이 네 마음이고 네 마음이 내 마음이다 그러면서 진짜 엉엉 울었어요. 총파업했던 날 대우조선에서 만든 배 진수식이 있었어요. 그날 비가 엄청나게 와서 비닐을 뒤집어쓰고 앉아 있었어요. 문재인 대통령이 진수식 때 참석했어요. 대통령이 탄 차가 저희 투쟁하는 곳을 지나가는데 창문 한번 안 열어보고 그냥 가더라고요.

급식 노동자들이 투쟁한 거 처음이잖아요. 이 투쟁으로 월 임금 인상, 주휴수당 복귀, 체불 임금 일부 지급 같은 성과를 얻었어요. 우리가 밥을 멈추고 파업을 해냈잖아요. 투쟁 5개월 만에 우리가 해냈어요. 원케 맺힌 게 많았고 너무너무 간절했으니까 그때 여성 동지들 얼싸안고 얼마나 기뻐했는지 몰라요. 우리가 지나갈 때도 아저씨들이 우리한테 '파이팅' 해주었어요. 서서히 회사에서도 우리 말에 조금씩 조금씩 귀를 기울여주었죠. 처음에는 너희가 뭘 하겠나 했을 거예요. 우리는 아줌마의 빨간 고무장갑을 맛을 봐라 그랬지. 우리 동지들 지금도 그래요. "빨간 장갑 한번 또 끼게 만드나?" "빨간 장갑 한번 껴야 되겠네."

현장에서 함께 일했던 춘화가 지회장이 되면서 2023년 7월 저는 노조 복지부장이 되었어요. 지금 노조 투쟁을 하고 있거든요. 우리도 한화의 구성원이다, 분리매각하지 말라는 것과 2023년 임금 교섭. 추석 전에 투쟁했는데 각 지회에서 연대해주셨어요. 작년 단결 투쟁 때 장미 백 송이 잎을 다 떼서 일심단결 글자에 붙여 장식했는데 올해는 박을 준비했어요. 박 두 개 터뜨렸고 다른 지회에서 오신 분들이 연대발언 해주고 우리 노조원 세탁 노동자가 발언해줬어요. 열심히 일하는 우리한테 이렇게 가혹하게 하냐. 우리의 아픔을 소리 내서 말해주니까 나도 눈물이 나더라고. 지금은 아침, 점심 때 오선이랑 서문에서 피케팅하고 있어요. 대우조선지회에서도 오고 거통고조선하청지회에서도 연대를 와주었어요. 우리는 피켓 들고 플래카드 들고 구호도 외치고요. 식사 시간에는 배식을 해야 하니까 급식은 참석을 거의 못 해요. 아침은 복지에서 참석해주고 수송이 점심 때 동참했어요.

올해는 투쟁에 참가하는 사람이 줄어서 마음이 안 좋았거든요. 노조를 만들고 지도부를 세워놓았으면 동참해서 힘을 실어줘야지. 집행부 몇 사람 힘으로 뭐가 되냐고. 사람들이 집회에 너무 안 오니까 제가 글을 잘 쓰면 동지들한테 호소하는 글을 써보고 싶다는 생각도 했어요. 집회 참석은 안 하고 하고 싶은 말만 하는 사람이 있잖아요. 참석하는 사람은 최선을 다해서 투쟁하다가 안 되면 할 수 있는 것도 찾아 하는데 그런 걸 알아주지 않아서 속상하죠. 제대로 알면 옳고 그름을 알 건데. 내가 전달을 잘 해야 되겠구나. 우리 동료들의 아픔이라든지 지금의 힘듦을 지회장님에게 잘 전달해서, 서로 소통이 돼서 빨리 개선되도록 해야겠다는 마음이에요.

제가 복지부장인데요. 복지라는 거는 생활하거나 일할 때 부족한 게 없는 환경을 만들어주는 일이라고 생각해요. 우리가 아팠을 때 불이익 당하지 않고 산재 신청할 수 있게 도움이 될 수 있는 일을 하고 싶어요. 전에 같으면 우리끼리 수다만 떨고 말았던 게 지금은 노조에 가서 전달해야 될 말이라든지 개선해야 할 점이라든지 그런 거가 있냐고 물어보기도 하고요. 현장 이야기를 온전하게 잘 전달해야 한다는 사명감이 생겼어요. 우리 가족이 안전하게 일할 수 있는 환경을 위해 내가 해야 할 일을 생각하죠. 사람들을 챙기고 살피는 일이에요. 예전에는 그냥 인사했다면 지금은 고생합니다 하고 눈으로 사랑을 듬뿍 담아서 보내요. 그런 표현이 중요해요. 진심을 담아서 한번 바라봐주고 걱정의 말로 한번 물어봐주고 이런 게 중요하다고 생각해요.

우리도 한화의 일원이다

2023년 5월 한화가 대우조선을 인수했어요. 한화에서 웰리브를 분리매각한다는 소문이 돌아요. 분리매각도 받아들이기 어려운데 급식도 두 개로 쪼갠대요. 노조 자체를 없애겠다는 거잖아요. 옛날에도 그런 일이 있었대요. 소사장제로 급식업체를 두 개로 나누었는데 그때 일하기가 정말 힘들었다 하더라고요. 인권이나 노동의 대가 모두 박탈당한 때였죠.

지금 웰리브는 한화하고 한 달 한 달 계약을 한대요. 요즘 물가는 치솟았는데 식대는 낮고 원청의 요구사항은 엄청 많아요. 예전에 비해서 노동량이 엄청 는 상황인데 요구사항은 늘고 거기에 계약을 못 하고 있어서 웰리브가 지금 적자라고 해요. 시설이 개선되려면 일단 한화가 웰리브와 1년이든 2년이든 계약을 해야 하잖아요. 웰리브는 한화하고 계약을 해보려고 특식 메뉴도 하는 것 같은데 한화는 가만히 어떻게 하나 보자는 식인 것 같아요. 계속 끌려다니고 있는데 고통은 노동자가 다 받죠. 처우가 보장되지 않은 상황에서 계속 일을 잘해야 되니까요. 식당 문 닫고 쟁의하자는 결정을 내려도 웰리브를 상대로 투쟁해야 하는 건지 한화를 상대로 해야 하는지 애매해요.

한화에서 대우를 인수하고 직영 직원들에게 성과금을 지급할 예정이라고 해요. 임단협 타결 성과금도 협력업체 직원들에게도 얼마를 주었대요. 다른 사외업체는 받았는데 웰리브는 제외되었어요. 우리도 한화 직원에게 급식을 제공하고 복지를 제공하고 수송을 제공하는 한화의 일원인데 왜 제외한 건지 모르겠어요.

노동조합에서 항의서한을 전달하러 한화 사무실에 갔어요. 지회장님 앞에 서고 양쪽에서 플래카드 들고 줄을 맞춰서 행진했어요. 와, 참 기분이 억수로 이상하데요. 서한을 전달하는 형식도 굉장히 중요하구나 알았어요. 우리는 곤색 노동조합 조끼를 입고 단결투쟁이라고 써 있는 빨간 띠를 어깨에 둘렀어요. 노동가를 틀어놓고 팔뚝질하면서 지원센터 식당에서 지원센터 앞까지 한 50미터 각을 잡고 행진했어요. 지원센터에서 한화 직원 두 명이 나왔어요. 우리는 행진을 멈추고 팔을 휘두르며 크게 외쳤어요.

"우리도 한화의 구성원이다! 쟁취한다! 쟁취한다! 2023년 임금 교섭 승리하자!"

배 한 척이
만들어지려면
수많은 노동이
필요해요

사무동 건물의
청결을 책임지는
미화 노동자 김행복

기록　　　김그루

　　건물 복도에서, 지하철 화장실에서, 오고 가는 길목과 일상 곳곳에서 우리는 청소 노동자를 스친다. 언제 어느 곳에서든 필요한 청소 노동은 공기와도 같아서 우리는 종종 그 존재와 역할을 잊는 듯하다. 최근에야 겨우 필수노동의 지위를 얻게 되었지만 현실에서는 여전히 주변적이고 부차적인 노동으로 여겨진다. 그리고 그러한 노동에는 여성이 있다.

　　조선소 곳곳에도 청소 노동이 존재한다. 그중 한화오션의 사무동 두 개 동과 복지시설 한 개 동을 담당하는 웰리브 미화반이 있다. 이들은 정해진 출근 시간보다 일찍 도착해 급한 일들을 해치운다. 사무실 직원들의 업무를 방해하지 않기 위해서다. 그러곤 사람들이 머물고 지나간 흔적마다 닦고 또 닦는 일을 반복한다.

　　조선소 사무직군과 협력사 사무실, 갑중의 갑 선주, 선급이 모여 있는 하모니라는 이름의 10층짜리 건물에서 일하는 미화반 김행복 씨는 15년차 베테랑 노동자다. 처음에는 그랬다. 남한테 얘기하기 좀 그랬고 식당에 오지 왜 청소를 하느냐는 지인의 말을 시원하게 반박하지도

　　사무동 건물의 청결을 책임지는 미화 노동자 김행복

못했다. 동료들도 뭐 좋은 일이라고 남들한테 얘기하느냐고도 했다. 더럽고 추한 것을 맞닥뜨릴 수밖에 없는 숙명이니까. 눈 딱 감고 버티며 견디는 수밖에 없었다. 해도 티 안 나고 안 하면 바로 표 나는 이 일은 수없이 많은 손길을 필요로 한다. 누군가는 꼭 해야만 하는 노동이다.

마흔 중반에 일을 시작한 김행복 씨는 미화반에서 가장 오래 일했다. 세탁기도 돌릴 줄 모르는 옛날 사람 남편과 같이 살면서 집안일과 아이들 양육을 책임졌다. 그리고 지금은 안다. 청소노동이 없다면 또 다른 노동이 제대로 굴러가기 어렵다는 것을. 떳떳하게 일하고 월급 받는 것이니 당당하게 말해도 된다는 것을 말이다.

수없이 닦고 또 닦아 사무실과 화장실, 복도와 계단 곳곳을 반짝이게 해온 것처럼 그의 노동도 더욱 빛날 수 있다면 좋겠다. 필수노동이라지만 여전히 가려진 노동이 더 많이 말해지고 알려지면 좋겠다. 누구나 할 수 있다고 생각하지만 버티고 견디는 힘 없이 안 된다는 것, 한정된 시간에 말끔히 해내기 위해선 너무나 당연하게도 숙련과 경험이 필요하다는 것도.

올해 받은 수주가 얼마나 되는지, 배 한 척이 만들어지는 과정이 어떠한지를 살피는 그가 바로 조선소 노동자임을 깨닫는다. 이름을 얻은 배 한 척에는 그이의 땀방울도 담겨 있다는 것을 알게 해준다.

일자리가 있는 거제로 오게 됐어요

고향이 부산이에요. 괴정에서도 살고 남천동에서도 살았는데 이제 거제 사람 다 됐죠. 시어머니는 지세포, 시아버지는 외포, 두 분 다 거제 사람이세요. 두 분이 거제에서 결혼해서 일본 넘어가 사시다가 강원도로 가셨대요. 거기서 낳은 우리 신랑이 중학교 1학년 때인가 부산으로 내려왔고요. 그래도 신랑 사촌들이 다 거제도 사니까 오며 가며 조선소는 봤죠. 여기서 일할 거라는 생각은 꿈에도 안 해봤지만요.

부산에서 신랑이 하던 일이 잘 안 돼서 먼저 거제에 왔어요. 육촌이 대우조선에 직영으로 다니고 있었으니까 신랑이 일자리를 좀 알아봐달라고 한 거예요. 신랑이 와 있으니 거제에 자주 왔다 갔다 하게 됐어요.

처음엔 진짜 허허벌판이었죠. 지금은 상상도 못 하겠지만 20년 전 처음에 왔을 때 이런 아파트가 어디 있었겠어요. 고현에 고려아파트, 옥포에 당산아파트 정도고 지금 수월에 있는 그런 아파트는 아예 없었어요. 그때만 해도 거제에 집이 비쌌어요. 조선소에 일하는 사람은 많은데 집이 부족했으니까요. 거제에 나보다 먼저 와서 산 언니들 얘기 들어보면 돼지 키우는 우리를 개조해서 만든 그런 방을 세를 줬대요. 그렇게 엉망인 방에 다달이 세를 받아먹고 그랬 다고 했어요. 저 때는 그 정도까지는 아니었지만요.

당시에는 거제 오려면 부산에서 배를 탔어요. 중앙동에서 배 타고 50분인가 걸렸어요. 시외버스 타고 가면 세 시간 걸리니까 배 타는 게 훨씬 빨랐죠. 날씨가 좋으면 괜찮은데 바람이 불면 배가 많 이 흔들렸어요. 꾹 참고 가기는 가는데 그때 참 힘들었죠. 거제에서 버스 타고 한번 나가려고 해도 어쩌다 한 대씩 오니까 보통 힘든 게 아니었어요. 지금은 살기 좋지 뭐. 거제 안에 차도 많고 버스도 많 고 부산 가는 다리도 생겼으니까요. 옛날에는 '아이고 이런 데 사람 이 어떻게 사노' 진짜 그랬다니까요.

신랑이 대우조선에서 시작한 일은 족장(발판) 일이었어요. 알 고 보니까 그게 제일 힘든 일이라고 그러더라고요. 20년 전에도 직 영 정규직, 비정규직이 나뉘어 있었어요. 그때는 정규직보다 비정 규직 월급이 셌어요. 일을 많이 하면 한 만큼 돈을 주니까요. 신랑 은 당연히 돈 많이 주는 데를 택했죠. 당장은 월급이 많아도 길게 보면 정규직이 낫다는 거를 구체적으로 설명해줬으면 좋았을 건데 그때는 그런 얘기를 못 들었어요.

1년쯤 족장 일 하다가 용접을 배우기 시작했어요. 족장은 나이 들어서까지 계속할 수는 없다고 생각했던 거 같아요. 남들 용접하는 걸 보고, 점심시간에 밥만 얼른 먹고 용접 배우고, 일 마치고도 한 시간씩 남아서 스스로 해보기도 하고요. 그 뒤로는 계속 용접 일을 하게 됐어요.

신랑이 40대 초반일 때 시작했으니까 2004년인가 2005년쯤일 거예요. 조선소가 호황이었으니까 그때만 해도 일이 엄청 많았거든요. 토요일, 일요일에도 거의 나와서 일하고요. 열심히 일했죠. 월급이 꽤 많았어요. 직영들은 딱 6시 맞춰 퇴근했지만 협력사들은 밤 10시까지도 했으니까 직영보다도 월급이 많았죠.

눈 딱 감고 버티니 살살 하겠더라고요

신랑 오고 3년쯤 뒤에 저도 거제로 넘어왔어요. 와보니까 여기 물가가 너무 비싼 거예요. 우리 애가 초등학교 다닐 때인데 신랑 혼자 벌어서는 안 되겠다 싶더라고요. 그래서 나도 일을 해야겠다 마음을 먹고 사촌 아주버님한테 일자리를 알아봐달라고 했어요. 처음에는 고현에 있는 웨딩업체에 갔어요. 거기는 페이는 센데 조건이 안 맞더라고요. 결혼식은 주로 토요일, 일요일에 하잖아요. 제가 주말에는 식구들을 챙겨야 하니까 웨딩 쪽은 도저히 안 되겠더라고요.

우연히 대우조선 미화직원 모집 광고를 텔레비전에서 보게 됐어요. 주말이랑 빨간 날 다 쉬고 하루 여덟 시간 근무라고 했어요.

전화를 했더니 서문으로 오라 하더라고요. 자리가 두 개 있대요. 하나는 동문 기숙사, 다른 하나는 현장 청소. 현장 청소는 위험수당이 붙는다 하더라고요. 당시 10만 원이었으니까 컸죠. 그래도 현장은 엄두가 안 나더라고요. 비 오면 비 맞으면서 일해야 되고 안전모도 써야 한다고 하니 건물 안에서 하는 청소가 낫겠다 싶었죠. 기숙사는 다 일하러 가고 나면 조용하다 그래서 마흔넷에 대우조선에서 일을 시작했어요.

그때만 해도 제 나이가 참 젊었어요. 그때 청소하시는 분들은 다 50 넘어서 들어왔거든요. 원래 청소 일이 그렇잖아요. 젊은 나이에 오면 부끄럽게 생각하잖아요. 저 아는 사람도 식당으로 오지 왜 청소로 갔냐 그러더라고요. 좁은 동네다 보니까 같은 동네 살면 아는 사람도 만나고 그러잖아요. 저도 처음엔 누구 만나면 좀 그랬어요.

근데 내가 들어가서 보니까 부부가 같이 일하는 사람들 되게 많았어요. 청소하는 업체나 식당에서 일하는 아줌마들 보면 아저씨들은 현장에 일하는 경우가 많더라고요. 여기가 대우하고 삼성밖에 없잖아요. 여자들 일자리도 한정되어 있으니까요.

기숙사는 직영들 사는 동, 외국인들 사는 동 따로 있었어요. 당시만 해도 조선소가 빵빵하게 돌아가던 때라서 사람이 되게 많았어요. 외국인 기숙사에는 화장실, 샤워실을 공동으로 쓰니까 청소도 손이 많이 갔어요. 생전 안 해본 일을 한다는 게 쉽지 않았죠. 제일 힘든 게 토한 거, 화장실 막힌 거 처리하는 거였어요. 어쩌다 한 번이 아니고 거의 매일 그런 일이 생기더라고요. 도저히 못 하겠어서 막힌 게 있으면 무조건 반장님한테 전화를 했어요. 반장님은 다이리 시작한다고 찬찬히 말하고는 해결해주셨어요. 남의 거 보고 살면 오래 산다며 없는 말도 지어서 해주시고요. 그 뒤로도 여러 번 반장님을 불렀어요.

근데 계속 그럴 수는 없잖아요. 눈 딱 감고 해보자 마음먹었죠. 하루 가고 이틀 가고 하다 보니까 살살 해지더라고요. 사람이 고비라는 게 있잖아요. 고비 넘어가니까 막히고 토하고 그런 거는 예사로 보이더라고요. 3개월 정도 되니까 딱 적응이 됐어요.

힘은 들어도 그쪽 언니들하고 모여서 생활하는 것도 참 재미있었고요. 청소하면서, 걸레 빨면서 밖에 내다보면 바닷가에 배가 있잖아요. 아무리 봐도 신기했어요. "저리 큰 배가 어찌 저렇게 물 위에 떠 있노, 사람 손이 참 대단하다!" 언니들하고 그 얘기 참 많이 했어요.

그렇게 일에 적응하고 있는데 한 날 오후에 갑자기 반장님이 왔어요. 저보고 빨리 짐을 챙기래요. 발령이 났다는 거예요. 영문도 모르고 짐을 쌌어요. 조선소가 무지하게 넓잖아요. 그때만 해도 다니는 길밖에 몰랐는데 그분이 나를 태워가지고 한참을 가더라고요. 가면서 하는 말이 사장실에서 일하는 아줌마가 몸이 안 좋아서 그만두는데 내가 그 일을 하게 됐다 이거예요. 인수인계를 받아야 된다고. 입만 조금 무거우면 되고 할 일만 하면 된다, 그렇게 얘기하시더라고요. 근데 그 말을 들으니 화가 나는 거예요. 이제 겨우 적응해서 할 만하다 하고 있는데 미리 얘기한 것도 아니고 그날 갑자기 그러니까.

그렇게 간 사장실에서는 거의 감옥살이를 했죠. 기숙사에는 언니들도 있고 동료들이 많잖아요. 점심시간에 만나면 서로 이런 얘기 저런 얘기를 하는데 거기는 말 상대가 없었으니까요. 비서랑 나랑 둘밖에 없었어요. 그래도 상황 파악하고 적응해가면서 그 건물에서 일하는 다른 분들이 보이더라고요. 그렇게 교류하며 지내게 됐어요.

닦고 또 닦고, 치우고 또 치워 반짝이게 하는 일

제가 맨 처음에 들어갔을 때는 세종산업이라는 업체 소속이었는데 직원이 되게 많았어요. 160명 정도 되었을 거예요. 대우 안에 청소를 그 회사가 다 했으니까요. 그때는 건물 사무실 청소도 하고 현장 청소, 이동식 화장실도 다 그 업체에서 도맡아 했어요. 배만 빼고 다 했으니까 인원이 많았죠.

그 뒤로 청소업체가 몇 번 바뀌었고, 오션이랑 하모니 건물이 생기면서 웰리브에 미화반이 생기게 됐어요. 그때 웰리브 소속으로 이동하게 돼서, 저는 경력이 있으니까 처음 입사한 걸로 하지 말고 근속을 인정해달라고 했어요. 웰리브에서 그렇게 해주겠다 해서 지금 제가 근속이 제일 긴 거죠.

웰리브 미화반은 18층짜리 오션플라자랑 10층짜리 하모니센터 그리고 해피니스홀이라고 부르는 4층 건물을 맡고 있어요. 저는 그때 하모니에서 일하기 시작해서 지금까지 8년 정도 됐어요. 당시엔 새로 지은 건물이었으니까 여긴 완전 호텔이다 그랬죠. 하모니 1층은 로비와 체력단련실, 웰차이나라는 중국집, 시설팀 사무실이 있고 2층에 조선소 직원 자녀들을 위한 장학교실 그리고 체력단련실이 하나 더 있어요. 3층은 식당이 있고요. 4층부터 사무실이에요. 4층은 제가 일하는 조달팀이 있고 5층은 웰리브 사무실하고 협력사 사무실, 6, 7층은 다 설계 파트예요. 8, 9층은 외국인들 선주, 선급 캡틴들이 있고요. 원래는 사무실들이 현장에 다 흩어져 있었어요. 그때는 현장에 사무실로 쓰는 컨테이너가 정말 많았거든요. 2011년에 오션이랑 하모니 건물이 생기면서 사무실이 여기로 다 모이게 된 거예요.

미화반은 모두 스물다섯 명이에요. 반장까지 남자가 세 명이고 나머지는 다 여성들이에요. 아침 7시부터 일하지만 보통 6시면 다 출근해요. 차 있는 사람들은 5시 반에 나오기도 하고요. 저도 출근 시간보다 일찍 도착해요. 사람이 없을 때 일해야 훨씬 수월하거든요. 청소한다고 사무실 일하고 있는 사람한테 비켜달라 하기가 그렇잖아요.

그러니까 아침이 제일 바빠요. 출근해서 옷 갈아입고 탕비실 쓰레기부터 빼놔요. 직원들 출근하기 전에 사무실 먼저 훑어보죠. 바닥에 커피 쏟은 게 있으면 물걸레로 닦고 기름걸레로 여기저기 싹 밀고요. 여자 화장실도 좀 치워놓고요. 그렇게 급한 일들부터 우선 처리해요. 그러고 나서 6시 반에 식당 가서 밥을 먹고 우리 탕비실이 있는 옥상에 올라가요. 미화반이 다 같이 모여서 스트레칭하면서 몸을 풀고 공지사항 듣고요. 그리고 각자 자기 갈 길 가는 거죠.

8시에서 8시 20분 사이에는 쓰레기를 버리러 가요. 산더미처럼 쌓인 쓰레기를 모아서 2층 주차장 한쪽에 가져다 놓아야 해요. 쓰레기는 오후에 한 번 더 비워야 해요. 그 뒤에 남자 화장실 청소를 해요. 우리가 대부분 여자다 보니까 여자 화장실은 시간 날 때 틈틈이 하면 되는데 남자 화장실은 서로 불편하니까 시간을 정해서 해요. 홀수층은 8시 50분에서 9시 20분 사이, 짝수층은 9시 20분에서 50분까지로 정해놨어요. 6층하고 7층은 직원 수가 많아서 인원에 비해 화장실이 적어요. 거기는 화장실 청소가 끝나기 전에 사람들이 줄을 서 있대요. 좀 깐깐한 사람들은 시간 지났는데 왜 아직까지 일하고 있냐고 그러기도 한대요. 볼일 급하면 당연히 그리 되겠지만 우리 입장에서는 짧은 시간에 깨끗하게 해내야 하는 압박이 좀 있죠. 어쨌든 화장실 청소는 시간을 정확하게 지켜줘야 돼요. 그렇게 오전 10시까지 빡빡하게 돌아가요.

화장실은 여러 사람이 쓰다 보니 한 번 청소하고 마는 게 아니에요. 우리가 열심히 한다고 해도 돌아서고 나면 바닥에 핸드타올 떨어져 있고, 물도 여기저기 다 튀어 있어요. 양치하는 사람들 많으니까 점심시간 지나고 나면 바닥에 물이 흘러 또 엉망이 되거든요. 그러다 보니 아침 정해진 시간에만 하는 게 아니고 수시로 들어가서 바닥 닦고 세면대 물 닦고 이래 하고 있어요. 어차피 내가 돈 벌려고 온 곳이니까 내가 청소하는 건 당연하다고 생각해요. 그치만 사용하시는 분들이 저희들의 이런 어려움을 이해하고 조금 깨끗하게 사용해주면 좋겠어요.

오후에는 양쪽 계단이랑 다 못 챙긴 일들을 해요. 오후 3시 퇴근 전에는 다시 화장실 막힌 거 있나 보고, 세면대랑 바닥 닦아주고, 화장지, 핸드타올 끊긴 데 없나 살피고 그렇게 마지막 점검을 해요. 3시에 모두가 퇴근하는 건 아니고요. 사무실 직원들은 아직 일하고 있기 때문에 미화반 세 명이 5시까지 남아서 열 개 층을 돌아봐요. 주로 화장실이랑 쓰레기 처리를 하는 거예요. 한 달에 네 번꼴로 당번이 돌아와요.

제일 중요한 작업용구, 걸레

우리한테 중요한 작업용구가 바로 걸레예요. 물걸레, 기름걸레 두 종류를 써요. 바닥에 뭐 흘린 게 있으면 물걸레로 닦고 그냥 면

지 같은 거는 기름걸레로 닦아요. 옛날에 쓰던 기름걸레는 막대가 좀 무거웠어요. 어디 걸리면 올이 풀려서 바닥에 남아 있기도 했고요. 새로 온 반장님은 시간 있을 때마다 인터넷 들어가서 청소 장비들을 검색했어요. 쓰기 편한 걸 열심히 찾아줘서 지금 쓰는 거는 가볍고 좋아요. 두께가 얇아서 책상 밑으로도 다 들어가고요. 걸레를 막대에 찍찍이로 붙였다 뗐다 할 수 있으니까 빨기도 훨씬 편해졌어요. 옛날에는 장마철 되면 습하니까 기름걸레가 안 밀려서 힘을 엄청 줘야 됐거든요. 이걸로 바꿔주니까 비가 와도 잘 밀려서 너무 좋아요.

우리가 일을 하려면 비품이 있어야 되잖아요. 손으로만 할 수 없으니까요. 걸레라는 것도 자꾸 쓰다 보면 떨어지니까 잘 보충해줘야 돼요. 깨끗이 빨아서 말릴 동안 쓸 여분도 필요하고요. 용접하는데 용접기가 불량이면 안 되잖아요. 우리 작업용구도 대충 아무거나 주면 안 되고 제대로 된 걸 줘야 되는 거죠.

그런데 문제가 하나 있어요. 걸레 빠는 데가 남자 화장실에만 있는 층이 있어요. 스텐으로 된 큰 세척통 있잖아요. 하모니 2, 3층이 그렇고, 오션 건물 짝수층에는 세척통이 남자 화장실에 있거든요. 소변기 지나 저 안쪽에요. 근데 걸레를 하루에 한 개만 빠는 게 아니잖아요. 몇 번을 거기를 들어갔다 나왔다 해야 되니까 남자 직원들도 깜짝깜짝 놀라고 불편해하죠. 그래서 입구에 벨도 달고 그랬어요. 우리가 들어가기 전에 벨 눌러서 알려주고 들어가는 거예요. 건물 지을 때 왜 그렇게 했는지 몰라.

사무실 청소는 매일 다 하지는 못하고 구역을 나누어서 해요. 겨울에는 건조하니 먼지가 굴러다니고 구석에도 몰려 있어요. 우리 눈에는 바로 싹 들어오거든요. 청소라는 게 그렇잖아요. 열심히 해도 표는 안 나지만 안 하면 바로 티가 나잖아요. 사무실 바닥도 제때 안 밀어주면 금방 알 수 있어요. 우리 일이 바닥 밀대질이 많지만 빈 책상도 닦고 파티션 위 먼지도 닦아요. 사무실이 크니까 창틀도 엄청 넓을 거 아니에요. 빙 돌아가면서 창틀을 닦으면 한 시간 넘게 걸려요. 봄에는 꽃가루, 송진가루 날리면 사무실 안으로 들어오죠. 비가 오면 빗물도 들이치잖아요. 창문 쪽에 에어컨이 있는데 여름 되면 습해서 곰팡이도 생겨요. 닦을 게 천지예요. 사무실 밖에 복도가 있고 회의실이 여덟 개, 계단도 있고요. 세탁기 돌듯이 반복해야 하는 일이에요. 하나하나 다 얘기하면 끝이 없을 거예요. 한 층이 8백 평 정도 되거든요.

우리가 하는 일 중에서는 물청소가 제일 힘들어요. 밀대질만 하면 한계가 있으니까 아예 대청소를 하는 거예요. 4개월에 한 번씩 하는데 사무실 직원들에게 물청소 일정을 미리 공지해서 남는 사람이 없도록 요청해요. 오후 6시에 다 퇴근하면 일단 사무실에서 이것저것 다 끄집어내야 해요. 각자 짐들이 많아요. 가방, 신발, 우산, 쓰레기통 등등 개개인 물건을 끄집어내서 다 책상에 올려요. 그게 장난이 아니에요. 시간도 많이 걸리고요.

바닥이 정리가 되면 본격적으로 청소를 시작해요. 큰 통에다가 물을 붓고 약품을 넣어 희석해요. 그 물을 화분에 물 주는 조리개에 담아서 바닥에 뿌려요. 그러고 나면 돌아가는 둥근 기계가 있어요. 손잡이를 누르면 기계 밑에 둥근 패드가 돌아가면서 바닥을 갈듯이 청소하는 거예요. 그다음에 우리가 하얀 마포걸레로 닦아주는데 한 번으로 안 돼요. 세 번을 닦아줘요. 마포걸레는 마른 상태로 시작하지만 닦다 보면 더러워지니까 물에 빨아서 다시 닦아요. 젖은 걸레는 힘을 더 줘야 돼요.

바닥 물청소를 할 때 이지스라는 세척액을 사용해요. 물에 이지스를 희석해 쓰는데 많이 넣으면 바닥이 되게 미끄러워요. 작업할 때 장화를 신기도 하니까 그럴 땐 넘어질 수도 있어서 조심해서 일해야 돼요. 그러고 난 다음 코팅에 들어가는 거죠. 왁스칠을 하는 건데 조리개에 담긴 코팅약을 바닥에 뿌리면 기름걸레로 여러 번 빠진 곳 없이 닦아야 돼요. 이때 걸레질을 평소보다 배로 많이 하니까 어깨가 많이 아프고 허리랑 팔목도 아프죠. 그리고 바닥 닦는 코팅약에 각성 효과가 있나 봐요. 왁스 작업하고 나면 잠이 잘 안 온다 그런 얘길 여럿 하더라고요.

미화반에 안 아픈 사람이 없어요. 마사지 받으러 다니고 물리치료 받으러 다니고 그러죠. 그중에서 어깨, 허리 아프다는 사람들이 제일 많아요. 손목, 손가락, 무릎도 안 좋고요. 안 아플 수가 없는 게 우리가 변기 같은 거 수그려 닦잖아요. 오늘 하고 내일 안 하는 게 아니고 매일 계속하잖아요. 밀대질도 똑바로 서서 하면 일이 안 되니까 허리를 약간 비틀어서 하거든요. 물청소할 때 책상 밑에 짐을 끄집어내야 되니까 허리 자꾸 굽히게 되고요. 의자를 뺄 때 한 손엔 밀대걸레 있으니까 한 손으로 막 빼거든요. 반복적으로 하니까 무거운 의자는 손목에 부담이 가요. 그래서 가끔씩 손목에 주사를 맞기도 해요.

갑중의 갑인 선주와 선급도 만나고

사무실 직원들은 만약에 오늘 연차를 쓰면 내일 와서 일해도 되는데 우리는 누가 연차 낸다고 거기 청소를 안 하면 안 되잖아요. 그러니까 누군가가 연차를 내면 짝수는 짝수끼리, 홀수는 홀수끼리 지원을 가요. 6층 일하는 사람이 오늘 연차다 그러면 짝수층 사람들이 6층에 가서 화장실 청소하고 쓰레기 비우는 일 등을 나눠서 하는 거예요. 그래서 저도 제가 일하는 층 말고 6층에도 가고 8층, 10층도 가죠.

하모니 건물 8, 9층에는 외국인 선주와 선급 사무실이에요. 일본, 러시아, 캐나다, 호주, 스위스, 중국도 있고 엄청 다양해요. 여기는 개인 쓰레기도 다 비워줘야 돼요. 이 사람들이 갑이니까 회사에서 그리 해주는 거죠. 원청 직원들도 안에 들어갔다가 고개 푹 숙이고 나오는 걸 보면 진짜 갑이 맞네 싶죠.

외국인 사무실은 쓰던 사람이 이사를 자주 가는 편이에요. 계약 끝나면 삼성, 현대로 가기도 하고 자기 나라로 귀국하기도 하고요. 그러면 또 새 사람이 들어와요. 이사를 한다는 거는 청소할 일이 많아진다는 뜻이에요. 이사하면 쓰레기가 엄청 나오거든요. 버려도 버려도 끝이 없어요. 게다가 새로 들어온 사람이 파티션이나 사무실 집기를 옮기고 싶어 하면 일이 더 많아져요. 그때는 바닥에 전기선 덮는 쫄대도 떼어내야 하는데 바닥에 찐득찐득한 게 묻어 있어요. 그걸 일일이 칼로 다 긁어야 돼요. 그게 억수로 힘들어요.

우리가 방 청소 마치고 쓰레기를 비우러 나갈 때가 그 사람들이 출근하는 시간이에요. 쓰레기 들고 나가려고 하면 항상 문을 먼저 열어줘요. 외국인들 그런 거는 참 좋더라고요. 엘리베이터 타서도 먼저 내리라 하면서 문을 딱 잡아주고요. 한국 사람들은 저런 걸 좀 배워야 된다고 하면서 우리끼리 우스갯소리하고 그래요. 사무실에 일하러 들어가면 커피 마시고 가라 하기도 하고요. 간식거리나 케이크를 권하기도 해요. 근데 주는 걸 보면 딱 한 개를 줘요. 한국 사람들은 그러면 정 없다 하잖아요. 우리가 한 개가 뭐이고, 투(two) 하면서 손가락 두 개 들어 보이면 한 개 더 주고 얼마나 웃긴지. 그런 소소한 재미들도 있어요.

제가 일하는 4층에 상무님이 계셨어요. 어느 날 로비를 닦고 있는데 비서가 쇼핑백을 하나 들고 오더라고요. '상무님이 이거 이모님 드리라고 했어요. 그동안 고마웠다고 전해달라 하셨어요' 하면서. 다른 부서로 가시냐 물었더니 집으로 가신대요. 내가 그분을 평사원 때부터 봤거든요. 오래 일한 사무실 사람들은 저도 다 알죠. 가면서 이렇게 신경 써주는 게 고맙더라고요. 하지만 본의 아니게 퇴사했다고 하니 반갑게 받질 못하겠더라고요. 자식도 셋이나 된다 했는데.

우리는 우리 일 하는 건데 사람들이 고맙게 생각하고, 또 나름대로 자기가 할 수 있는 정리를 하고 신경 써주는 걸 보면 기분은 좋죠. 지나가다 깨끗이 해줘서 고맙다고 살갑게 얘기해주는 사람도 있고요. 반대로 '돌아서면 똑같은데 뭐 그리 맨날 닦냐' 하면서 무뚝뚝하게 말하고 가는 사람도 있어요. 그것도 우리를 생각해서 하는 말이죠. '이모 차 한 잔 하고 가요' '시원한 거 한 잔 드시고 하세요' 하면서 마음 써주는 직원도 있고요. 그러면 더 깨끗하게 해주고 싶은 마음이 생겨요. 단순히 청소라고 하지만 누군가는 해야 되는 일이잖아요. 언제 어디서나 꼭 필요한 일이고요. 그런 자부심을 갖고 일하는 거죠.

한 날은 사무실 아저씨들이 그래요. '집에는 반짝반짝하겠네.' 그래서 제가 무슨 소리 하시냐, 여기는 돈을 주니까 이리 반짝반짝하게 하지 그랬어요. 집에서는 오늘 안 하고 내일 해도 되잖아요. 하고 싶을 때 하면 되고 좀 더러워도 누가 보는 것도 아니고. 나만 그런 줄 알았는데 다들 집에 가면 청소하기 싫다 그래요. 회사는 그게 아니잖아요. 우리가 일한 것에 대한 보수를 받는 거니까 그냥 넘어가면 안 되잖아요. 우리도 출근하기 전에 계획을 짜거든요. 무턱대고 하는 게 아니라 오늘은 어디 먼저 하고 어디를 어떻게 하고 이렇게 계획을 짜요. 계획이 없으면 하루 종일 쉴 틈 없이 일해도 시간이 부족해요. 저만 그런 게 아니고 다들 그날그날 청소 계획을 세워서 하고 있어요.

제대로 대우받지 못했다는 걸 깨달았어요

아침에 일찍 와서 일하고 오후 3시면 마치니까 참 좋았어요. 애들 학교 마치고 오기 전에 먼저 집에 가서 애들 저녁밥 다 해 먹일 수 있었으니까요. 우리 일하는 나이가 애들 중학생이고 고등학생이고 그럴 때거든요. 퇴근하고 나서 일도 볼 수 있고, 주말이랑 빨간 날도 쉬니까 주부들한테는 일하기 최상의 조건이었죠. 그러다 보니 미화반 사람들은 집안에 별고가 없는 한 한번 들어오면 안 나가고 계속 다니는 편이에요. 10년 넘게 일한 사람이 많아요. 일이 힘들기는 해도 다른 데 가봐야 여기만 한 데가 없다 생각하고 만족하며 살아왔어요.

웰리브에 금속노조가 생기고 식당 쪽 사람들이 먼저 가입해서 파업하고 한창 싸우고 있을 때 우리는 그저 데모하는가 보다, 남 얘기하듯이 했어요. 식당 아줌마들이 노조 하는 걸 봐도 우리도 같이 해봐야지 하는 생각 자체를 안 했어요. 노조에 대해서 아무것도 몰랐고, 또 하면 안 되는 줄 알았어요. 게다가 우리는 하모니랑 오션 건물에 뚝 떨어져가 있잖아요. 뭐가 문제고 어떻게 돌아가고 있는지 정보가 참 없었어요. 그러다 보니까 미화반은 권리도 못 찾아 먹었던 거예요.

예를 들어 명절 상여금을 다른 데는 다 백 퍼센트씩 받았는데 우리는 30만 원밖에 못 받고 있었어요. 휴가비도 더 적었고요. 연차도 다른 데는 다 1.5를 받았는데 우리는 그냥 기본만 받은 거예요. 여자가 많은데 생리휴가도 우리는 없었고요. 주면 주는 대로 받고 조용히 일하는데 누가 우리를 챙겨주겠어요? 노조 들어와서 그동안 우리가 제대로 대우 받지 못하고 있었다는 걸 알게 됐어요. 다른 파트 조합원들이 우리보고 바보라 그러더라고요. 웰리브지회 생긴 게 5년이 넘었는데 우리는 가입한 지 1년밖에 안 돼요. 우리가 제일 늦게 들어온 거죠.

초기에는 반장이 노조 못 들게 하려고 관리를 좀 했어요. 솔직히 우리도 반장 눈 밖에 나면 안 좋잖아요. 그래서 바로 가입을 못 했어요. 어느 날 노조 간부가 와서 왜 노조가 필요한지 설명했어요. 얘기하는 거 하나하나 다 맞는 말이더라고요. 조합원 가입원서를 놔두고 갔어요. 가입하고 싶은 사람 있으면 써서 연락 달라고 하면서요. 반장 눈치 보지 말라고도 했죠.

처음에 저하고 몇 명이 먼저 가입했어요. 우리 신랑은 가입하지 말라 하더라고요. 불이익 떨어진다고. "내만 하는 거 아이다. 우리 네 명이나 들었다. 앞으로는 다 들 거다" 하면서 그대로 밀고 나 갔어요. 그때 나는 설마 자르기야 하겠나 생각했죠. 지금은 다 가입 했어요.

우리가 노조에 가입은 했지마는 투쟁에 많이 참여를 못 했어 요. 같이 모여 투쟁하는 거는 식당 마치는 오후 5시에 하는데 우리 는 3시에 퇴근해서 집안일 하다 보면 다시 나오기가 쉽지 않잖아 요. 우리 미화반에도 대장(대의원)이 있을 거 아니에요. 한 번씩 노 조에 가서 회의하고 오면 식당은 맨날 투쟁하는데 왜 미화는 안 나 오냐고 한대요. 미화는 상여금, 연차, 복지 등등 문제가 제일 많은 데. 그래 맞네 싶더라고요. 새로 온 반장님은 조합원이에요. 반장님 도 집회에 나가야 된다고 강력하게 말했어요. 그렇게 처음으로 오 션 건물 앞에서 열린 집회에 참가했어요.

전에는 지나가면서 예사로 봤거든요. 근데 직접 옆에서 보니까 식당 아줌마들이 너무 열심히 하는 거예요. 구호 외치는 거, 투쟁가 부르는 거, 전부 진짜 열심히 해요. 앞에서 구호 외치면 마지막에 '투쟁!' 딱 외치고요. 우리는 처음 해보잖아요. 투쟁, 투쟁 외치고 팔 도 이렇게 이렇게 (팔뚝질) 하는데 약간 부끄럽더만 자꾸 하니까 소 속감도 갖게 되고 괜찮더라고요. 이런 거는 다 같이 참여해야 되는 구나 생각도 들고요. 식당 조합원이 그때도 최고로 많았어요. 그동 안 우리가 못 한 거를 해왔으니 너무 고맙게 생각하죠. 그렇게 먼저 해줬으니까 미화도 회사하고 교섭하고 할 수 있는 거잖아요.

함께 싸워 만들어낸 변화

우리가 노조 가입하고 1년을 싸워서 올해부터는 명절 상여금을 똑같이 백 퍼센트 받게 됐어요. 연차도 1.5로 받고요. 생리휴가도 나이 많아서 안 준다는 거를 '우리는 여자 아이가. 처음 들어왔을 때 다 생리 있었다. 여기 일하다 나이 먹어서 그렇지' 하면서 물러서지 않았죠. 그렇게 싸워서 보건휴가도 받게 됐고요.

그리고 지난 번 노동환경 조사를 하면서 우리가 걸레 빠는 세척통이 남자 화장실에 있어서 불편하다는 얘기를 꺼냈거든요. 노동조합에서 회사에 이 부분에 대한 개선책을 요구했어요. 그렇게 해서 지금은 세척통을 여자 화장실에 설치하게 됐어요. 원래 있던 설비만큼 안정적이지는 않지만 불편하게 남자 화장실 안 들어가도 되니까 훨씬 좋죠.

퇴직해서 나가는 분들이 있으니까 그 자리에 새로 사람이 오잖아요. 요즘엔 주로 마흔 초중반들이 들어와요. 나이가 점점 낮아져요. 우리가 그러죠. '너거는 여기 10년도 넘게 다녀야 되는데 노조 꼭 해야 된다. 잘리고 불이익 당하면 어디 가서 하소연할 끼고?' 그러니까 새로 들어온 사람들도 다 가입해요. 지금 들어오는 사람들은 2년 계약직이거든요. 그러다 보니까 처음에는 재계약 안 해줄까봐 노조 가입을 못 했어요. 이제는 재계약 안 해주면 노조에서 나설 걸 아니까 지금은 들어오면 바로바로 가입해요.

한화오션으로 바뀌고 나서 심각한 문제가 생겼어요. 한화오션이 웰리브랑 한 달짜리 계약을 한다는 거예요. 말도 안 되는 얘기죠. 그래서 지금 매일 투쟁해요. 투쟁할 때 지회장이 뭐라고 외치는지 아세요? 한화를 위해서 우리가 밥 해주고 옷 해주고 버스 태워다주고 화장실 청소까지 해주는데 우리를 이렇게 푸대접한다고요. 한 달 계약이 웬 말이냐고.

배를 만들기 위해서 우리가 그 나머지를 다 하잖아요. 새벽부터 와가지고 출근시켜줘, 밥 줘, 옷 빨아줘, 청소해줘. 직접 배를 안 만든다뿐이지 배를 만들 수 있게끔 우리가 다 케어해주잖아요. 근데 그거를 인정하지 않으니까 우리가 싸울 수밖에 없는 거예요.

오션과 하모니, 또 다른 현장이에요

노동 강도는 똑같은데 나이가 한 살 한 살 먹어가니까 힘에 부치는 게 있어요. 몸이 예전 같지 않다고 느껴져요. 세월이 갔으니 어떻게 할 수는 없죠. 그래도 퇴직한 남편이 집안일을 좀 해요. 원래 세탁기도 못 돌렸는데 이제는 해요. 쓰레기 재활용도 챙겨서 버리고요. 요리는 잘 못하지만 가끔 볶음밥도 하는데 그 정도에도 만족해요. 요새야 다 같이 한다지만 우리 때만 해도 안 그랬잖아요. 남자들이 그런 거 하면 큰일 나는 줄 알고 그랬어요. 지금은 우리 신랑도 많이 해요.

오션과 하모니에 많을 때는 사람이 4천 명도 있었어요. 선주, 선급부터 설계하는 사람들, 사무직 직원들까지. 지금은 2천여 명 된다고 하는데, 최근 점점 늘어나고 있다는 걸 느껴요. 우리는 쓰레기 나오는 양 보면 딱 알거든요. 미화반 일한 게 15년 되어가니까 그동안 사무실에서 일하는 여러 사람들을 만났죠. 깊은 대화까진 안 해도 이야기 주고받고 농담도 하고 지내요.

그동안은 청소하는 것만 알았지 다른 부분은 모르기도 하고 관심도 없었어요. 우리가 하는 일은 배를 직접적으로 만드는 일이 아니기 때문에 잘 모를 수밖에 없잖아요. 그래도 조선소에서 10년 넘게 일하다 보니까 이런저런 관심이 생기더라고요. 올해는 LNG선을 몇 척 받았다더라, 오늘은 배 명명식을 한다더라. 플래카드 달려 있는 것도 무슨 내용인지 유심히 보게 되고요. 명명식은 말 그대로 배에 이름을 다는 날이에요. 시루떡 해서 고사도 지내고 레드카펫도 깔고 행사를 해요.

배 한 척이 자기 이름을 갖기까지 거기에는 수많은 사람의 고생이 들어가 있겠죠. 철판을 자르고 붙이는 현장 노동자도 있지만 사무실에서 일하는 조달팀, 설계팀도 다 배를 만드는 사람들이죠. 그들 옆에서 우리가 청소를 안 해주면 또 어떻게 되겠어요? 켜켜이 먼지 쌓이고 더러운 화장실에 막히기까지 하면 잘 돌아갈 수 있을까요? 그러니 우리도 배 만드는 데 보태고 있는 거죠. 여기가 우리의 현장이에요.

이주노동자 없으면 이제 배 만들기 어려워요

녹슬지 않게
배에 색을 입히는
도장 노동자 정수빈

기록   김그루

　고등학교를 갓 졸업한 정수빈(응웬티뚜엣) 씨의 첫 직장은 베트남 남부 빈즈엉 공단의 한국 신발 회사였다. 외국 기업이 대거 들어선 이 공단은 의류와 신발, 전기전자 등 노동집약적인 제품을 집중적으로 생산한다. 60-70년대 한국의 구로공단, 마산수출자유지역처럼 이곳에는 베트남 전역에서 일자리를 찾아 온 여성 노동자로 가득하다. 정수빈 씨가 일했던 한국 신발회사도 일주일에 6일, 밤 10시까지 잔업이 기본이었다. 고되었지만 모두가 그렇게 살고 있었기에 견딜 만했고 몇 년 후엔 조장을 달았다.

　한국인 관리자의 소개로 태권도 사범인 남편을 만나면서 한국행을 결심하게 됐다. 거제에서의 새로운 삶은 이주민들의 초기 정착이 그러하듯 고난의 연속이었을 테지만 10여 년이 흐른 지금, 명랑한 목소리로 추억하는 그의 모습을 보며 안도하게 된다.

　가족의 생계와 더 나은 삶을 위해 노동자들이 거제로, 조선소로 온 것처럼 그도 같은 이유로 이곳에 왔다. 그것도 20대 후반 젊은 나이에, 바다와 대륙을 가르고서. 내일 출근할 수 있을까 싶은 고된 일을 버티

　녹슬지 않게 배에 색을 입히는 도장 노동자 정수빈

며 한국어를 알아듣지 못해 '바보 같은' 시간들도 보냈다. 한국인들은 도장 일을 하러 오지 않아 10년째 막내였던 그에게 지난해부터는 동생들이 생겼다. 베트남과 태국에서 온 이주노동자들이다.

2016년부터 본격화된 조선업 대규모 구조조정으로 조선소를 떠난 숙련 노동자들은 육상 플랜트, 건설 등으로 흘러갔다. 당시 그곳 임금은 낮아진 조선소 임금에 비해 1.5배를 넘는 수준이었다. 6-7년 불황기를 지나 수주가 다시 증가하면서 조선소에서는 숙련 노동자를 구하지 못해 아우성이다. 그들을 다시 불러 모으려면 열악한 노동 환경과 저임금 문제를 개선해야 했으나 조선사들의 선택은 달랐다. 하청 본공보다도 불안정한 물량팀, 사외협력사, 프로젝트팀 고용을 늘려 부족한 노동력을 메우기 시작했다. 그리고 불안정한 고용의 가장 밑바닥에 이주노동자가 있다.

조선사들은 이주노동자 고용 확대를 지속적으로 요구했고 이에 정부는 조선업 이주노동자 도입 쿼터를 대폭 늘리고, 자격 요건을 완화하며, 도입 기간을 단축하는 것을 골자로 한 제도 개편을 쏟아냈다. 2023년 8월 기준 조선업 이주노동자 규모는 전년 동월 대비 두 배 이상 증가했고 대형 조선사 중 한화오션은 2022년 8월 기준 700명이던 사내하청 이주노동자가 2023년 8월 2200명을 넘어서 1년 새 세 배 이상 증가했다.

이주노동자 고용은 국적이 다른 노동자의 취업만을 의미하지는 않는다. 조선소에서 다수를 차지하는 고용허가제(E9)와 일반기능인력

(E7-3) 같은 취업비자 이주노동자들은 이직, 업종 변경, 지역 이동이 허용되지 않는다. 극심한 노동 강도와 고위험, 저임금에도 회사를 그만두는 것조차 불법이다. 고용 불안을 넘어 체류 자체가 흔들린다. 게다가 계약 연장과 체류 연장의 키를 사업주가 쥐고 있기에 종속성이 더욱 강하다. 특히 E7-3 노동자들은 입국을 위해 민간 송출업체에 천만 원 넘는 큰돈을 수수료로 내는데 그 돈을 마련하기 위해 고리의 대출을 받는다. 송출업체가 이탈금지 각서까지 받아두니 옴짝달싹 못 하게 잘 짜인 창살 속에 있는 셈이다. 국제 사회가 이러한 행위를 강제노동, 인신매매의 징표로 여기는 것은 과장이 아니다.

문제는 여기서 끝나지 않는다. 이주노동자들이 현장에 '밀려들어오자' 하청 정주노동자들이 그간 이주노동자에게 가졌던 짠한 마음은 박탈감과 위기감, 적대감으로 전이되고 있다. 원청과 하청으로 시작한 조선소 노동자 사이의 구분과 위계는 더욱 세분화되고 분노는 바로 옆 동료를 향한다. '노동자는 하나, 단결투쟁'이 정규직, 남성 노동자들만의 것이 아니었듯 한국인 정주노동자에 한정된 것은 아닐 것이다. 고용 형태, 성별, 출신국과 국적에 관계 없는 동등한 처우, 동일 노동 동일임금이라는 길을 함께 걷지 못한다면 바닥으로 치닫는 조선소 노동자의 현실은 멈출 수 없는 것이 아닐까.

녹슬지 않게 배에 색을 입히는 도장 노동자 정수빈

돈 벌어서 집에 보태야 된다고 생각했죠

태어난 곳은 베트남 하노이 근처 하이즈엉(Hải Dương)이에요. 어릴 적 아버지가 지역 인민위원회 관련된 일을 하셨어요. 당시에는 공무원이나 당 관련자들은 자녀를 두 명까지만 낳도록 제한했어요. 더 낳으면 감봉되거나 해고되기도 하는 상황이었죠. 제가 우리 집 첫째 딸이고 둘째도 딸이었어요. 부모님은 자식을 더 낳을 생각이었죠. 아버지 형제들이 베트남 남부 빈즈엉(Bình Dương) 쪽에 살고 있어서 1995년, 제가 열 살쯤 되었을 때 빈즈엉으로 이사를 가게 됐어요.

처음 도착했을 땐 어린 마음에도 여기서 어떻게 살아야 하나 싶더라고요. 하이즈엉은 집들이 모여 있고 카페, 식당, 시장과 사람들로 북적였지만 빈즈엉은 그런 마을이 아니었어요. 땅은 엄청 넓고 집들은 뚝뚝 떨어져 있으니 사람 사는 곳인가 싶은 생각이 들었던 거죠. 그래도 거기서 동생들이 더 생겨서 여동생 셋, 남동생 하나가 되었어요.

집에서는 농사를 지었어요. 고무나무를 심어 키웠는데 땅이 작다 보니 그 수입으로 생활이 안 됐어요. 그러니까 식구들이 다른 큰 고무 농장 가서도 일을 했어요. 고무나무에 칼집을 내고 바가지를 놔두면 고무 수액이 바가지에 모이잖아요. 그걸 수확하는 일이에요. 저는 농사일은 잘 안 하고 공부 마치면 집에서 밥 하고 숙제하고 놀기도 하고 그랬죠. 공부는 그렇게 잘하는 편도 아니고 나쁜 편도 아니었어요.

빈즈엉이 2000년대 중반부터 변하기 시작했어요. 공단으로 조성되어 외국계 회사들이 많이 들어왔어요. 그즈음 부모님은 공단 노동자에게 숙소를 임대하는 일을 시작했고요. 공단이 커지면서 베트남 전역에서 사람들이 일하러 왔으니까 집이 필요하잖아요. 베트남에는 한국처럼 회사에서 기숙사를 제공하는 문화가 없어요. 집은 각자 알아서 해결해야 했어요.

부모님은 작은 방 스무 개를 임대했는데요. 방 하나에 부엌, 화장실 정도만 있는 열악한 환경이었어요. 한국의 쪽방 같은 그런 곳이었어요. 공단 근처 숙소는 대부분 이런 식이라서 좁은 공간에 엄청 많은 사람이 살았어요. 땅덩이만 넓었던 곳에 그렇게 큰 공단이 생길 줄 누가 알았겠어요. 이후엔 신도시까지 생겨서 그 일대 땅값, 집값이 엄청 뛰었어요. 그래서 우리 집에서는 한국에 와 있는 제가 제일 가난하답니다.

공단에는 외국계 기업들이 많았어요. 중국, 대만 기업이 많고 한국 기업도 있었고요. 신발 회사도 많았는데 아디다스, 나이키 그런 신발들 만드는 데예요. 공장 규모도 어마어마하고, 베트남 다른 지역에서 일하러 온 사람이 엄청 많았어요. 집 근처에 공단이 있었으니까 저도 고등학교 졸업하자마자 일단 이력서를 넣었어요. 집이 가난했으니까 공부 마치면 돈 벌어서 집에 보태야 된다고 생각했죠.

신발 만드는 한국 기업에 취직이 됐어요. 만들어진 신발을 검사하는 QC(quality control)를 했어요. 미싱을 할 줄 모르니 그 일을 시키더라고요. 공정마다 QC 한 사람씩 있어요. 우리가 검사하고 나면 신발을 포장해 출고해요. 밤 10시까지 근무가 기본이었어요. 수요일만 저녁 6-7시 퇴근하고 토요일도 일했어요. 일요일 하루는 쉬고요. 많이 피곤했죠. 그래도 젊었으니까요. 다른 사람도 다 그렇게 하니까 당연히 그리 했던 거 같아요.

일하면서 엄청 싸웠어요. 미싱 쪽에서는 자기들 제품이 많이 나가길 원해서 QC를 그냥 빨리 해주기를 요구해요. 하지만 제품 상태가 좋아야 통과시켜줄 거 아니에요. 베트남 사람들끼리 싸우고 있으면 한국 관리자들이 그거 보고 웃기도 했어요. 그래도 공장 일에 잘 적응했어요. 3-4년 경력이 쌓이니까 조장을 달게 됐어요. 책임이 더 생기니까 스트레스도 받고 그랬죠. 그때가 10년 전인데 한 달에 8백만 동, 한국 돈 40만 원 정도였어요. 지금은 한 1500만 동 준다고 하더라고요. 그 정도면 높은 편이죠.

공장에서는 베트남 사람들끼리만 싸웠던 게 아니라 회사를 상대로 싸우는 일도 있었어요. 당시 공단 안에서 파업이 많이 일어났어요. 제가 다니던 회사에서도 임금 인상을 요구하는 파업이 몇 번씩 있었어요. 파업하면 노동자 대부분이 참여해요. 베트남에서는 노조가 파업을 주도하는 게 아니라 노동자들 사이에서 리더십 있고 힘이 있는 사람이 이끌어요. 노조는 그냥 관리자 느낌이에요. 그때는 제가 관리직으로 있었으니까 그냥 지켜보는 입장이었어요. 제 생각에는 외국 기업이기 때문에 베트남 정부가 그렇게 크게 개입을 안 한 게 아닌가 하는 생각도 들어요.

태권도 사범인 남편 따라 거제로

신발 공장에 있던 한국인 관리자 한 명이 저한테 한국 남자 소개시켜준대요. 그때 저 예뻤어요.(웃음) 한국에서 남자를 한 명 불러서 베트남에서 만나게 해준 거예요. 남자는 피부가 뽀얗고 괜찮아 보였어요. 그때는 구글 번역기도 없고 아무것도 없으니까 손짓 발짓으로 대화했어요. 어렸을 때부터 태권도 했고 선수가 되려고 했대요. 아이들한테 태권도를 가르친다고 알아들었어요. 그의 아버지는 돌아가시기 전에 초등학교 교사였다고 했어요. 베트남에서는 직업이 교사라면 괜찮은 집안이다 생각하거든요. 그래서 괜찮겠다 생각했죠. 그가 내민 명함에 경찰서란 단어가 있었어요. 경찰서도 괜찮다고 생각했죠.(웃음) 나중에 알고 보니 태권도장이 경찰서 옆이라서 주소 옆에 위치가 적혀 있는 거였어요. 그렇게 만나면서 마음을 먹게 됐어요. 결혼을 준비했어요. 서류는 회사에 있는 통역한테 부탁해서 해결했고요.

한국에 처음 왔을 때 스물일곱이었네요. 두려운 마음이 컸지만 어쨌든 그렇게 결정했어요. 일단 한국 가서 좋으면 살고 나쁘면 뭐 그만 살지 했지요.(웃음) 사실 남편이나 시댁 식구들이 나한테 잘 대해줄까 걱정이 좀 많았어요. 사람을 몇 번 만나본다고 알 수 있는 게 아니잖아요. 여기 와서 보니까 우리 남편은 음…. 말 많은 것 빼고는 다 좋은 사람이었어요.(웃음)

처음 한국 와서 6개월 동안 미역국만 먹었어요. 음식이 맵고 입에 안 맞아서 한국 음식을 다 못 먹겠는데 남편이 끓여준 미역국은 그래도 들어가더라고요. 초기에는 거제에 있는 다문화가족지원센터에 가서 한국어 공부도 좀 했어요. 아이 임신하면서 자주 못 가게 됐고요.

남편은 제가 한국말을 좀 빨리 배우고 더 잘하기를 바랐어요. 베트남어는 안 했으면 했고요. 한국어로 대화하면서 잘못된 걸 바로바로 고쳐줬어요. 남편이 안 좋아하는걸 아니까 딸한테 베트남어를 안 가르쳐줬어요. 남편 말은 어릴 때 베트남어, 한국어 같이 하면 언어에 혼란이 생길 수 있다고, 일단 한국어를 잘 익히고 나서 중학교 때부터 배워도 된다고 했거든요.

태권도는 베트남에서 TV로 잠깐 본 정도예요. 여기 와서도 큰 관심을 가지지는 않았어요. 그저 남편 직업이다 그 정도 생각이었죠. 남편이 하는 태권도장이 2층에 있고 우리는 거기 3층 가건물에서 살았어요.

태권도장에는 외국인이 많았어요. 조선소에서 일하는 호주 사람이나 캐나다 사람, 그런 외국인의 자녀들이 태권도를 배우러 왔거든요. 아이들이 총 70-80명 됐을 거예요. 운전면허를 따려는데 남편이 2종은 안 된다, 1종을 따라 그러더라고요. 저는 베트남에서 운전을 할 줄 알았거든요. 공부해서 1종을 땄어요. 그 뒤로 태권도장 아이들 집으로 데려다주는 게 내 몫이었어요. 수업 마치면 노란색 봉고차에 태워서 데려다주었죠.

아이 낳고 8개월쯤 됐을 때 친정 부모님이 베트남에서 거제로 오셔서 아이를 봐주셨어요. 한국인과 결혼한 이주여성은 어린 자녀가 있으면 고향에서 부모님을 초청할 수가 있거든요. 우리 부모님이 거제로 오셔서 고향 음식도 해주시고 아이도 돌봐주셔서 숨통이 트이는 거 같았어요. 그러면서 일을 해봐야겠다 생각하게 됐고요. 거제도에 신발 공장이 있었으면 그리로 갔겠지만 여기는 조선소밖에 없잖아요. 남편은 그렇게 하고 싶으면 딱 2년만 해보라고 말하더라고요.

첫날 일하고 돌아와 든 생각은 '내일 나갈 수 있을까?'였어요. 처음 도장 일을 하면 못 견디는 사람들도 있고 마스크 없으면 신나 마시고 취할 수도 있어요. 신나 마시면 술 취한 것처럼 사람이 이상해져요. 토하는 사람도 있고요.

현장에 외국 사람은 저 혼자였어요. 20대 후반의 젊은 사람도 저뿐이었고요. 한국어를 잘 모르니까 사람들 말을 다 이해하지 못했어요. 예를 들면 내일 선거니까 한 시간 늦게 출근하랬는데 '여름이니까 한 시간 늦게 출근하는구나' 나름대로 해석해서 그다음 날도 한 시간 늦게 출근했어요. '도장 오늘 잔업 한다' 그러는데 무슨 뜻인지 모르고 무조건 '네' 했어요. 남편이 무슨 말인지 모르면 그냥 '네' 하라고 했거든요. 그리고 6시에 집에 갔다가 다음 날 출근해서 욕을 엄청 먹었죠.

탱크 안에 들어가서 도장을 하는데 탱크마다 다 형태가 달라요. 그러면 도장하는 방식도 조금씩 달라지고요. 어떤 탱크는 페인트 묻은 옷이랑 신발까지 벗어야 돼요. 양말만 신고 들어가서 작업하는 곳이 있어요. 다음 날에는 다른 탱크 가는데 저는 또 그렇게 해야 되는 줄 알고 작업복 벗고 신발도 벗고 들어갔더니 동료가 기겁을 하더라고요. 안전 때문에 그렇게 하면 절대 안 되는 탱크였어요. 한국어를 잘 모르니까 바보 같은 일이 많이 생겼어요. 하지만 일하면서 외롭다는 느낌이 들지는 않았어요. 한국 언니들하고 얘기를 많이 하게 되니까요. 한국어 잘 못했어도 지금보다 말을 더 많이 한 것 같아요. 한국어 공부하고 싶으면 여기 언니들하고 대화하면 진짜 금방 늘어요.

신입은 오지 않는 도장 터치업

도장 일은 더러워요. 페인트가 온몸에 다 튀거든요. 하지만 배에 도장을 해줘야 녹슬지 않고 바다에서 오염되는 것을 막을 수 있어요. 탱크 들어가면 좁은 데는 구석구석에 터치해야 되니까 몸이 힘들어요. 복잡한 구조가 많아요. 터치업은 롤러로도 하고 붓으로도 해요. 손으로 안 들어가기도 하니까 붓을 4인치, 3인치, 2인치 여러 사이즈로 해요. 터치업 남자들은 보통 2미터 이상 높은 데를 하고 여자들은 바닥을 해요. 바닥을 많이 하니까 무릎 꿇는 자세를 반복하거든요. 무릎 보면 다 시커매요. 회사에서 보호대를 주긴 하는데 불편해서 그냥 할 때가 많아요. 도장 일 하는 여자들은 전부 다 무릎에 색이 있어요. 저는 아직 몸이 괜찮은데 나이 든 언니들은 무릎 아프고 관절도 안 좋다고 하세요.

밖에서 일하면 얼굴이랑 많이 타는 편이에요. 작업복을 입어도 손은 노출되니까 신나 용액 접촉하면 손등도 타요. 일할 때 안전모, 안전대, 보안경, 마스크, 안전화, 작업복까지 다 착용해요. 도장용 작업복은 여름용 겨울용이 있는데 한여름에는 여름용을 입어도 너무 더워요. 그래서 작업복은 바지만 입고 윗도리는 바람 잘 통하는 옷을 따로 사 입어요. 근데 잘 모르겠어요. 왜냐면 신나 튀었을 때 조금 따끔한 느낌이 들고 페인트 튀어도 그런 느낌이 들거든요. 그냥 페인트로 옷이 더러워지지 않게 하는 정도라고 볼 수 있죠.

배 종류가 다양하니까 배마다 요청하는 작업이 달라요. 배 안 탱크는 크기에 따라 5층도 있고 10층, 15층도 있어요. 족장(발판) 위에 올라가서 작업하는데 큰 탱크라면 70미터 위에서도 작업해요. 거기서 떨어지면 진짜 죽어요. 2미터 이상은 안전대를 매고 하니까 일단은 안전하다고 생각하는데 그래도 혹시나 떨어진다고 생각하면 아찔하죠. 조선소에서 많은 사람이 사망했어요. 다른 회사에서 고소차 23미터에 올라가서 작업하다가 떨어져서 죽었다는 얘기를 들었고요. 탱크 안에서 화재 폭발로 네 명이 사망한 사건도 있었어요. 삼성에서는 크레인이 무너져 또 많은 사람이 죽었고요. 그런 소식을 들으면 기분이 이상하죠.

조선소에서 일한 지 10년인데 그동안 회사가 몇 번이나 바뀌었어요. 처음에 들어와서 1년 됐을 때 회사가 문을 닫았고요. 그 뒤로 사람은 그대로고 회사 이름만 바뀌었어요. 제일 오래 일한 회사가 8년 가까이 되는데 거기도 폐업했어요. 보너스 때문이 아닐까 싶어요. 명절 보너스는 오래 일한 사람은 많이 받잖아요. 8년 일했는데 폐업했으니까 지난 번 보너스는 5개월 일한 사람 기준으로 60만 원밖에 못 받았어요. 옛날 회사였으면 오래 일했으니까 150만 원 정도 됐을 거예요. 얼마 전까지 퇴직금 없고 연차도 없었어요. 받기 시작한 지 3년밖에 안 됐어요.

도장에는 새로 들어오는 사람이 거의 없어요. 오더라도 대부분 금방 그만두고요. 계속하는 사람은 다른 조선소에서 일하던 경력자들이에요. 그러다 보니 제가 10년째 막내로 있었어요. 지금 같이 일하는 사람들은 다 20-30년 일한 분들이에요. 제 생각에 힘들고 더럽고 냄새 많이 나니까 한국 사람들이 안 와요. 진짜 힘들어요. 여름에 그 페인트통 들고 계단 몇 십 개 내려가는 걸 상상해보세요. 엄청 힘듭니다. 위험하기도 하고요. 그래도 주변 베트남 사람들에게 꽤 많이 소개해주었어요. 근데 조선소라는 게 딱 첫날에 이거 내 일이다 하면 계속 일하는 거고, 이건 아니다 하면 한두 달 하고 결국 그만두게 되더라고요.

어느덧 10년차 선배

제 이름이 원래 응웬티뚜엣이에요. 응웬(Nguyễn)은 한국의 김씨 같은 흔한 성이고요. 티(Thị)는 여성 이름에 많이 붙이는 거예요. 뚜엣(Tuyết)이 이름이고 눈이라는 의미예요. 하늘에서 내리는 눈. 남편이 어느 날 국적시험 안 치냐고 하더라고요. 이름을 이렇게 길게 놔두냐고.(웃음) 그래서 한국 온 지 2년 되었을 때 바로 귀화 신청해서 시험은 한 번에 붙었어요. 할 때 제대로 해야 된다고 생각했어요. 떨어졌으면 아마 죽었을 거예요. 한국 이름은 정수빈. '수빈'은 남편이 지었고 '정'은 시어머니 성이에요. 시어머니가 '딸 없으니까 우리 같은 편 하자' 해서 붙였어요. 그래도 조선소에서 처음 만났던 사람들은 아직도 뚜엣이라고 불러요.

남편하고는 잘 지냈어요. 통통하고 하얗고 귀여웠어요. 말 많은 남편이 화난 것 같다 싶으면 말 안 하고 다른 데 가 있으면 싸움 없어요. 남편은 신장이 약해서 투석을 했어요. 그걸 일찍 발견하지 못하고 투석을 늦게 시작했어요. 의사 말이 길면 20년, 짧으면 5년이 될 수도 있다길래 일단 10년 정도로 생각했죠. 태권도장 운영도 힘들어서 문을 닫았고요.

어느 날 저녁에 남편이 숨 쉬기 힘들다고 병원에 데려다 달래요. 병원에 갔더니 큰 병원 가라고 해서 진주 경상대병원으로 이송하다 심정지가 왔어요. 머리 탕탕. 그런 느낌이었어요. 남편이 그때 마흔아홉이었거든요. 투석하면서 어느 정도 마음의 준비를 했지만 너무 빨랐어요. 한국에 온 지 6년째 되던 해였어요. 많이 슬펐죠. 내운명이라고 해야 되나. 조선소 일은 2년만 해보기로 남편하고 얘기했었는데 지금까지 하고 있네요. 일을 한 달만 쉬어도 죽어요. 가족들 살아야 돼요.

남편이 하던 태권도장은 그대로 있어요. 남편 떠나고 시어머니는 한 번도 도장에 오지 않았어요. 아마 아들 생각이 나서 그런 거겠죠. 남편 있을 때는 태권도장 있는 건물 옥상 집에서 살았어요. 셋이 살 때는 괜찮았지만 남편이 가고 나서 아이가 계속 콧물 나고 아프고 그렇더라고요. 태권도장이 시어머니 명의고 근처에 아파트도 갖고 계셨어요. 그래서 시어머니한테 아파트 안 내주면 나는 아이 데리고 다른 데 가서 살겠다고 그랬어요. 그렇게 선언하고서 이 아파트에서 살게 됐어요. 아이 때문에 그렇게 했던 거예요.

12년 동안 베트남에는 딱 두 번 갔어요. 안 간 지 한 5년 됐네요. 지금 가면 온 가족이 다 굶어 죽어서 안 되겠어요. 지금은 무슨 일이든 다 제가 짊어져야 되니까 일이 우선이에요. 시어머니도 계시고 딸도 있으니까 책임이 무겁죠. 그래서 주말에 알바도 많이 해요. 통영 조선소에도 가서 일하고, 여름에는 대구에 있는 농장에도 갔어요. 김해 인력 회사에서 큰 버스 대절해서 거제에서 50명씩 태우고 갔어요. 여름에는 마늘, 겨울에는 무를 해요. 요즘은 회사가 바빠서 알바는 거의 못 가는데 전에는 많이 다녔어요.

남편 떠나고 나서 악착같이 살아왔지만 그래도 가끔은 베트남 사람들과 모여서 놀았어요. 특히 추석이나 설날 같은 큰 명절에는 우리 태권도장에 모였죠. 바닥에 신문지 깔고 가져온 베트남 음식 펼쳐놓고 함께 먹었어요. 백 명 가까이 모였을 거예요. 노래 부르고 그런 건 안 했어요. 옆에가 바로 경찰서잖아요. 시끄러우면 민원 들어갈까 봐 그냥 조용히 놀았어요. 코로나 이후에는 한 번도 모이지를 못했네요. 지금은 사람이 많이 늘어서 모이면 한 5백 명은 될걸요? 근데 일이 바빠서 사람들 모아볼 생각을 못 하고 있어요.

10년 전 도장 일 시작할 때 외국인은 저 하나였는데 지금은 엄청 많아졌어요. 지금 터치업에는 태국인 세 명, 베트남 남자 여섯 명, 베트남 여자 여섯 명해서 총 열다섯 명이에요. 10년 동안 막내였다가 동생이 갑자기 많이 생겼어요. 저는 지금 베트남 여성들을 담당하고 있어요. 매일 어디 어디 가서 일해야 하는지를 알려줘요. 먼저 온 세 명은 어느 정도 일을 하고 있고, 그다음에 온 세 명은 베트남에서 아무것도 모르는 상태로 여기 와서 이제 막 배우는 단계예요. 한국어도 잘 모르니까 회사에서는 베트남 여성 여섯 명으로 한 팀을 만들어서 저한테 조장 역할을 하라고 해요. 회사 규칙이나 지시사항 등을 베트남어로 통역해서 전달하고 일도 하나씩 가르쳐줘야 돼요. 카카오톡 단체방 만들어서 회사 전달사항을 제가 번역해서 거기 올려줘요. 회사에서 이주노동자들 일이 생기면 무조건 저를 불러서 통역해달라고 해요. 그러다 보니까 평소 하던 일을 예전처럼 다 하지는 못 해요. 좀 있으면 베트남 여성 세 명 더 올 거래요. 원래 우리 회사 직원이 백 명이 안 됐는데 지금은 120-130명 될 거예요. 파워, 스프레이, 터치업 다 해서 외국인이 50명 정도는 돼요. 파워하고 스프레이는 아직 한국인이 더 많고 터치업은 40명 중 18명이 이주노동자니까 반반 정도 되네요. 한화에서는 계속 이주노동자를 받고 있어요. 베트남뿐만 아니라 다른 국가도 많아요. 3천 명은 될 거예요.

이주노동자들 많이 오니까 회사에서 한국 사람 모아놓고 교육도 했어요. 이주노동자들이 힘들게 왔으니까 존중하고 신경 써달라고, '어이 어이' 하지 말고 이름으로 부르라든지. 각 나라 문화도 다 다르다, 숟가락으로 먹는 나라도 그냥 손으로 먹는 나라도 있는데 그런 것은 문화 차이니까 이해하라는 얘기도 했대요.

시간이 지나면 우리는 나아질까

베트남 사람들이 한국 들어올 때 요즘에는 1700만 원 정도 든대요. 여기 온 사람들 전부 다 그렇게 내고 와요. 베트남에 외국에 일하러 가는 사람 보내주는 회사도 있고 브로커도 있어요. 그런데 조선소 오는 데 1700만 원은 너무 큰돈이잖아요. 다들 돈을 빌려서 와요. 높은 이자도 다 갚아야 돼요. 그 돈이 어디로 가는지 저도 모르겠어요. 여기 오면 다 최저임금인데 그 돈 갚으려면 시간이 얼마나 많이 걸리겠어요.

회사 들어온 지 얼마 안 된 베트남 여성이 있는데 신나에 취해서 그런지 아니면 음식이 안 맞아서 그런지 먹고 토하고 먹고 토하고 그래요. 회사 밥이 입에 안 맞으니까 이 친구는 흰밥만 먹어요. 새로 들어온 베트남 사람 다 음식 때문에 엄청 힘들어요. 기숙사에서 요리를 못 하니까 삼시 세 끼 식당에서 주는 한국 음식만 먹어야 하잖아요. 베트남 음식이 얼마나 그립겠어요.

조선소에 갑자기 이주노동자들 늘어서 기숙사에 자리가 없대요. 남자들은 기숙사에 사는데 한 방에 두 명 살기에는 너무 작고요. 여자들은 회사에서 아파트를 임대했어요. 보증금은 회사에서 내주지만 월세랑 관리비는 노동자들이 나눠서 내야 된대요. 집에서 직접 밥이라도 해먹을 수 있는 건 기숙사보다 좋죠.

근데 베트남에서 계약할 때는 기숙사를 무료로 제공 받는 걸로 돼 있었대요. 남자들은 관리비만 내면 되는데 밖에서 사는 여자들은 월세 내야 되니까 계약하고 달라진 거예요. 그리고 같은 하청업체 소속이어도 한국인 노동자들이 받는 명절 보너스를 이주노동자들한테는 주지 않아요. 파워 하는 남자들은 작년에는 노동부 최저임금 받았고 올해는 일 잘하는 사람들은 시급에 몇 백 원 더 올려준다고 하는 정도예요.

E9(고용허가제)비자로 온 경우는 한국어를 조금이라도 알고 오는데 E7(특정활동)비자로 온 사람들은 '안녕하세요'도 못하는 경우가 허다해요. 제가 회사에서 통역할 수 있으니 다행이지만 통역 없으면 이 사람들이 제일 힘들어져요. 개선해야 할 것들이 눈에 많이 보여요. 사람들도 지금은 정신없이 적응하는 중이지만 시간이 지나면 이건 아니다 싶은 게 생기겠죠. 이주노동자들이 없으면 이제 조선소에서 배를 만들기도 어려워요. 힘들게 일하는 건 다 똑같잖아요. 새로 온 이주노동자들이 잘 적응하면서 일을 배워갈 수 있도록 신경써주면 좋겠어요.

비가 오는 날이라든지 좀 우울한 날엔 거제도 한 바퀴 돌고 와요. 섬 구석구석에는 농촌 풍경도 있어요. 그런 데 보면 마음이 편해져요. 시내는 좀 시끄럽잖아요. 애 키우고 생계를 제가 책임져야 하니까 부담이 있죠. 그래도 제 성격이 밝은 편이라 크게 걱정하지는 않아요. 아이 공부시키고 잘 키우는 정도만 해도 나는 엄청 노력

했고 잘했다 생각합니다. 나중에 돈 있으면 조그마한 집 하나 있고, 옆에 땅 조금 해서 농사 살살 지으면서 살고 싶어요. 그러려면 지금 젊을 때 고생을 할 수밖에 없는 거겠죠.

평생 일을
놓아본 적이
없어요

노동자들의
생명을 지키는
화기·밀폐감시 노동자
박선경

 고향이 전남 순천인 박선경 씨는 고등학교를 졸업하고 창원으로 왔
다. 70년대에 국가주도로 기계공업의 기지가 된 창원은 그가 이주한
90년대 중반, 주력인 기계산업과 더불어 전기전자업체 비중도 적지 않
았다. 박선경 씨는 LG전자 1차 협력사에 경리로 취직한다. 생애 첫 직
장이었다. '눈에 뭐가 씌어' 다른 연애 한번 못 해보고 거기서 만난 남
자와 일찍이 결혼한다.

 남편 월급으로 생계를 꾸리기엔 부족했다. 박선경 씨는 아이를 낳
고서도 일을 놓지 않았다. 육아에, 살림에, 부업까지 하면서 참 열심히
살았다. 쉼표가 없는 젊은 날이었다. 그 뒤 남편이 운영하던 하청업체
가 폐업하면서 빚까지 진 막막한 상황에 조선소로 발길을 향했다. 남편
이 쓰러져 투병 중이던 때에는 혼자서 생계를 책임졌다.

 어린 나이에 일을 시작한 그의 곁에는 다행스럽게도 늘 '언니들'이
있었다. 전자 회사에서 만난 언니를 통해 조선소에 오게 되었고 같이
울고 웃으며 견뎌냈다. 팔이 아파 더 이상 도장 일을 할 수 없을 때쯤
밀폐감시 업무를 소개해준 것도 함께 일한 또 다른 언니였다. 이제 나

이 50이 되니 새로 들어온 동생들이 자신을 언니라 부르며 따른다. 이제는 누군가의 언니가 되어 견디고 버티는 내공을, 묵직한 노동의 힘을 알게 모르게 전수하고 있을 터였다.

케이조선에는 2017년 8월 탱크 안에서 도장 작업을 하던 중 폭발 사고가 나서 물량팀 노동자 네 명이 숨졌다. 당시 탱크 안 환기, 방폭장치 불량이 폭발의 원인이었다. 그 후 밀폐감시와 화재감시가 강화된 것으로 보인다. 박선경 씨가 도장에서 밀폐감시 업체로 전직한 시기가 딱 그즈음이다.

노동자를 위험으로부터 보호하고 생명을 지키기 위해 반드시 필요한 일을 하지만 그 노동은 존중받지 못한다. '서서 왔다 갔다만 하는 사람'으로 치부되기도 하고 작업 급한 노동자의 무시와 반발에 샌드위치가 되기도 한다. 그래도 다시 힘을 내는 건 자신의 역할을 인정해주고 고마워하는 노동자들, 무엇보다 이런 어려움을 똑같이 느끼고 나눌 수 있는 언니 동생이 있기 때문이다. 조선소, 여성, 노동자라는 공통의 경험은 깊은 연대감을 형성하며 고난과 차별의 현실을 딛고 도전하며 나아가게 한다.

자신의 이야기가 정리된 원고를 읽으며 눈물을 쏟아내는 그의 곁에서 한참을 있었다. 스무 살부터 30년 동안 쉼 없이 일하며 살아온 고단한 어깨를 토닥이고 싶었다. 그는 밝게 웃으며 현장으로 돌아갔다. 그와 동료들이 있어 조선소 누군가의 생명이 지켜질 것이다. 그들의 삶과 노동도 보호받고 존중받게 되기를 희망한다.

일찍 철이 든 20대

전남 순천 시골에서 자랐죠. 우리 동네는 사람이 많이 없었어요. 초등학교가 분교였는데 한 학년에 학생이 열 몇 명 이렜었거든. 완전 시골 작은 동네였어요.

어렸을 때부터 우리는 일을 해봤거든요. 엄마는 '뭐든 다 해봐야 된다, 너무 곱게만 크면 안 된다, 만약에 내가 먼저 가면 너거들이 뭐든지 다 할 수 있어야 된다' 이런 식으로 가르쳤어요. 어릴 때부터 논에 풀 뽑는 거부터 벼 나락 익으면 베는 거까지 싹 다 해봤어요. 시골 초등학교에서는 농번기가 되면 집안일 도와주라고 수업 안 하고 집에 보내주는 날도 있었어요. 물론 학교 안 가는 날도 일 많이 했죠. 그래도 참 재밌었어요. 지금도 가끔씩 그런 게 하고 싶어요.

순천에서 고등학교 졸업하고 열아홉에 창원으로 왔어요. 언니가 창원에 있었고 형부가 통일중공업(현 SNT다이내믹스)에 다니고 있었어요. 와서 처음엔 말귀를 못 알아듣겠더라고요 진짜. 엄마가 경상도 가면 말하는 게 싸우는 거 같다고 그랬었거든요. 억양이 세니까 제대로 알아듣질 못했어요. 결혼하고서도 시어머니 말을 못 알아들을 때면 일단 대답만 네 하고 돌아서서 남편한테 무슨 말이냐고 묻고 그랬으니까요.

창원에 와서 아는 분이 경리 구하는 데가 있다 해서 간 게 전자회사였어요. 스무 살에 첫 직장이었죠. 실장님이 저 착하다며 잘 봐주었고, 사장님도 저를 딱 찍어서 잘해주셨어요. 저는 그런가 보다 하며 일에 적응해가고 있었죠. 사장님 조카가 그때 관리자로 있었어요. 나중에 생각해보니 사장님이 일부러 자기 조카를 저와 엮으려고 여건을 자꾸 만든 거 같아요. 사장인 시외삼촌 때문에 그때 코가 꿰어가지고.(웃음) 그전에는 연애를 아예 못 해봤어요. 지금 생각하면 왜 그랬나 싶지만 그때는 뭐가 씌었었나 봐요.

순천 집에서 난리가 났어요. 우리 형제가 2남 3녀거든요. 위에 언니 둘, 오빠 한 명, 그다음 저 그리고 남동생. 셋째 딸인데 스무 살에 갑자기 남자를 만나서 결혼한다니까 집안이 뒤집어졌죠. 엄마가 저 사망신고 한다고 그랬어요. 어떤 사람인지도 모르고 나이도 열 살이나 차이가 나니까 얼마나 놀랐겠어요. 그래서 그때 바로 순천에 가질 못했어요. 그렇게 부모님께 인사도 못 드린 채로 같이 살게 되었죠. 인연이라고 생각하긴 했어도 울기도 많이 울었어요. 부모님과 가족들을 아프게 했으니까. 첫째를 낳고 나서야 남편이랑 순천에 갔어요. 우리 부모님이 지금은 사위 중에서 제일 낫다고 그러셔요.

아이 낳고 키우면서는 일하러 못 나가잖아요. 그래도 집에서 계속 일을 했어요. 시외삼촌 하는 전자 회사에 조그만 부품들이 들어가거든요. 전선 꼽는 데 보면 가느다란 선이 여러 개 있잖아요. 충전기 잭 꼽는 그런 연결선 비슷한 제품이 있는데 그걸 집에서 만들었어요. 다른 데 외주 준다길래 '그럼 그거 제가 해볼게요' 하고 들고 온 거예요. 그때는 남편 월급 해봐야 30만 원 정도였던 거 같은데 당시에도 억수로 적은 금액이었어요. 애들 키우면서 먹고살아야 되는데 늘 빡빡하니까 놀면 뭐 하겠노 그러면서 한 거죠.

부업이라고 설렁설렁 했던 건 아니고요. 하루에 5백 개 필요하다고 하면 그날 다 해줘야 돼요. 다행히 아이들이 되게 순했어요. 첫째가 아들, 둘째가 딸인데 자다 깨서 울다가도 금방 또 잠들곤 했죠. 저 일하라고 애들이 여건을 만들어준 거 같아요. 20대 후반엔 시외삼촌 회사에서 컨베이어도 좀 탔어요. 에어컨, 냉장고에 들어가는 전자부품 만드는 LG 1차 벤더였죠. 컨베이어는 계속 한자리에 붙어 있어야 되잖아요. 힘들다고 쉬었다 할 수 없어요. 너무 빡빡한 틀 안에서 기계 속도에 몸을 맞춰야 하니까 좀 힘들었어요.

그러다 남편이 시외삼촌 업체에서 도급을 받아서 일하기 시작했어요. 그린전자라는 이름으로 3, 4년을 했죠. 그런데 거래 업체에서 대금을 안 주는 일이 생겨버렸어요. 자재를 사서 기계를 돌려야 하는데 그쪽에서 대금을 안 주니까 결국 더 운영할 수가 없게 됐어요. 일을 접으면서 빚까지 지게 됐어요. 20년 다 됐네요.

빚 갚으려고 시작한 조선소 도장 일

조선소 일은 서른다섯에 처음 시작했어요. 내가 제일 막내였어요. 젊은 사람도 좀 있긴 했는데 나보다 젊은 사람은 없더라고요. 조선소 일이 힘들고 험하니까 일반 회사보다는 인식이 안 좋았어요. 아무래도 남자라면 가장으로서 생계를 책임진다는 인식이 있으니까 크게 문제가 안 되었을 거예요. 하지만 나한테는 그런 데 가서 일할 필요가 있느냐고 그러더라고요. 이해가 안 가는 건 아니었어요. 힘든 게 문제가 아니라 조선소에는 남자가 억수로 많으니까 나도 좀 꺼려졌거든요. 사실 저기만큼은 안 가야겠다는 생각을 전에는 했었어요. 아무리 내가 똑바로 살아도 다른 사람 시선이 좀 그러니까.

근데 발등에 불 떨어지니까 결국 오게 되더라고요. 속 모르는 사람들은 굳이 왜 그런 데 가냐고 했지만요. 조선소 최고 장점은 임금이라고 봐야겠죠. 전자 회사보다는 월등히 높았으니까. 예를 들어서 지금 여기 5천 원 준다 그러면 전자 회사는 3천 얼마 이랬을 거예요.

그때는 케이조선이 아니라 STX조선 시절이었어요. 근데 여기로 바로 온 게 아니라 이 근처 중공업에서 잠깐 일하다가 왔어요. 여기 게이트 건너편에 데크하우스 짓는 그쪽에서 먼저 일했어요. 창원 전자 회사에서 같이 일했던 언니가 그만두고 STX에서 도장 일을 2, 3년 하고 있었거든요. 그 언니가 소개해준 거예요. 조선소에 바로 취업하는 거보다 경력이 좀 있는 게 낫다고 하더라고요. 언니 말은 원래 임금이 5천 원이라도 경력이 있으면 5500원 받는다고 하더라고요.

처음에는 높은 데 올라가는 것도 무서웠죠. 건물 7, 8층 높이가 될 거예요. 높은 곳에 있는 서랍장 같은 데 깊이 들어가서 일한다고 생각하면 돼요. 그러니까 완전 밀폐잖아요. 환풍기가 있지만 공기가 그 안에 고여 있는 거니까 위험성도 높고요. 그때는 이걸 할 수 있을까 싶었죠. 어찌어찌 하다 보니 되더라고요. 생판 처음 해보는 일을 급하게 경력이란 걸 만들어서 STX로 넘어오게 된 거죠.

내가 조선소 일 해볼까 하니까 언니가 처음에는 못 오게 했어요. 힘들어서 못 버틴다고. 힘들면 얼마나 힘들겠나 일단 해보겠다 그랬어요. 제가 어렸을 때부터 손에서 일을 놓아본 적이 없다고 했잖아요. 일이 힘들다고 가려서 하면서 살지도 않았고요. 근데 막상 해보니 너무 힘들더라고요. 그만둘까 고민을 진짜 많이 했어요. 아침에 일어나면 구역질이 올라와서 죽는 줄 알았어요. 형편상 일을 해야 했으니까 견뎌봐야겠다 하면서 하루하루를 버텼죠.

현장에 오일 들어가는 탱크 같은 게 있어요. 거기는 완전 끈끈한 기름이어서 시커먼 먼지가 많이 붙어 있어요. 현장에 먼지가 워낙 많거든요. 그 먼지 쌓인 기름을 우리가 청소하는 일이 많았거든요. 청소하면 기름먼지를 온몸에 뒤집어써요. 정신없이 일하다 언

노동자들의 생명을 지키는 화기·밀폐감시 노동자 박선경

니 얼굴을 보니까 새카매져 있는 거예요. 내 얼굴도 그렇다는걸 그 때 알았죠. 둘이 부둥켜안고 울었어요. 언니는 오지 말라 안 하더냐 며 울고요. 얼굴까지 새카매져가지고 내가 진짜 이런 일을 해야 되 나 싶더라고요.

나는 기관부 쪽에서 일했어요. 거기는 되게 좁아요. 배관 쪽에 는 몸을 비틀면서 일을 해야 돼요. 배관이 밀집된 데도 있고요. 배 관이 밀집된 데는 스프레이가 잘 안 들어가니까 우리가 붓으로 일 일이 다 발라야 되거든요. 한번 들어가서 작업하면 30분에서 한 시 간 걸려요. 일할 때는 모르다가 집에서 자고 일어나면 어깨, 팔다 리, 온몸이 다 두들겨 맞은 것처럼 아파요. 진짜 내가 이거 할 수 있 겠나 싶고.

파워랑 스프레이에는 여자가 없어요. 터치업은 80-90퍼센트 여자고요. 터치업은 페인트 원재료하고 드라이시키는 경화제, 거 기에 신나를 믹스해서 붓으로 칠하는 거예요. 진짜 힘들었죠. 작업 공간에 몇 명 들어가냐에 따라서 문제가 되기도 해요. 평소 한두 명 이서 끝낼 거를 네다섯 명이 한꺼번에 들어갈 때가 있거든요. 단시 간에 빨리 끝내야 할 때죠. 그럼 사용하는 양이 많아지니까 그때는 진짜 많이 독하지. 환기하고 마스크를 낀다고 해도 몸에서 딱 받히 는 경우가 있어요. 속에서 뭐가 올라올 정도로요. 그리고 피부로도 숨을 쉰다고 그러잖아요. 피부에 붉은 발진이 생기기도 하고요. 여 름에는 더해요. 나도 갑자기 붉은 반점이 볼록볼록 생기더라고요.

조금만 해도 증상이 오는 사람이 있고 아무렇지 않게 멀쩡한 사람이 있고 그렇더라고요.

일을 하니 못 하니 해도 견디다 보니까 적응해가더라고요. 집이 진해 용원인데 새벽 6시 반쯤 통근버스 타고 출근해서 8시, 9시되어 퇴근해서 집에 가고, 또 출근하고 그렇게 살았죠. 겨울에는 정말 별 보고 출근해서 별 보고 퇴근했지요. 그나마 나는 가까운 편이었어요. 부산에서 출퇴근하는 사람도 꽤 있었거든요. 수영, 해운대에서 오는 사람도 있었는데 그이들은 5시, 5시 반에 집에서 나온다 하더라고요. 진해에 사는 나는 그 정도도 행복하다 그랬어요. 그때는 배가 많았고 일감이 넘쳤어요. 그때 4대보험도 되고 연차랑 퇴직금도 있었어요. 최저임금보다는 훨씬 더 받았고 맨날 잔업했으니까 몸은 힘들어도 돈이 컸죠.

남편이 하청업체 접을 때 진 빚을 조선소 일 해서 다 갚았어요. 아는 언니한테 4500만 원을 빌렸었거든요. 그거 갚으려고 조선소에 온 거였어요. 한 달에 백만 원씩 1년이면 1200만 원이잖아요. 그렇게 갚았어요. 지금 생각하면 그때 어떻게 살았나 싶어요. 근데 그렇게 안 갚으면 못 갚아요. 빚이라는 거는 내가 쓰고 남은 걸 갚으려고 하면 안 되겠더라고요. 우리 힘들 때 선뜻 돈을 빌려주었으니까 참 고마운 언니죠. 근데 그 언니는 또 우리보고 너무 고맙대요. 돈 빌리고 나 몰라라 하는 사람이 참 많다고 해요. 그 돈 때문에 딱 5년만 버티자 하다가 지금까지 오게 되었네요.

아들이 대학 들어가기 직전에 여기에 아르바이트를 하러 왔었어요. 굳이 와서 일해보겠다고 하더라고요. 엔진 도장팀 중에 저랑은 다른 팀에서 두 달 정도 일했어요. 아줌마들 일하는 거 보고 자기가 배워서 하고 그래 한 거예요. 어느 날은 아들이 지원을 와서 현장에서 만나게 됐어요. 나를 보더니 울더라고요. 집에 와서 '엄마, 나 직장 다니면 그때는 엄마 일 그만둬' 하더라고요. 저는 아들이 그때 산교육을 받았다고 생각해요. 지금은 대학 졸업하고 전문직에 종사하고 있지만 내가 하던 일 그만둔다는 게 어디 쉽나요, 안 되지.

그런데 터치업을 10년 하니까 몸에 무리가 오더라고요. 팔을 반복해서 쓰니까 엘보가 왔어요. 하루 여덟 시간 이상을 하니까 아무래도 무리가 오지. 도저히 안 되겠더라고요. 냄비 뚜껑도 못 들 정도였으니까. 팔 아픈 언니가 또 있었는데 병원 가서 주사를 맞았대요. 주사 맞고 팔이 터져 나갈 듯이 아팠다고 하니까 나는 겁이 나서 병원도 못 갔어요. 일 그만두고 좀 쉬어야 되나 생각도 들고. 쉬면 또 어떻게 사나 싶기도 하고.

팔이 아파서 도저히 안 되겠기에 다른 일을 알아봐야겠다 싶었어요. 도장에서 잠깐 일했던 언니가 밀폐감시로 간 적이 있거든요. 그 언니 통해서 밀폐감시 업체가 신규 인원 뽑을 때 오게 됐어요. 2017년이었을 거예요. 내가 밀폐감시로 갈 준비하면서, 도장할 때나 일 가르쳐준 언니한테 같이 갈래 물어보고는 같이 넘어왔죠.

위험을 막는, 밀폐감시라는 새로운 일

케이조선에 밀폐감시 업체는 딱 한 개예요. 전체 20명 정도 되는데 전부 다 여성이에요. 배마다 인원을 배정해서 일해요. 배가 크면 한 척을 다 못 보잖아요. 그러면 배를 반으로 나눠서 구역을 정해요. 우리는 밀폐를 보면서 화기도 같이 봐줘요.

현장에 작업자들이 들어오는 시간이 8시 좀 전이니까 우리는 작업자 오기 전에 먼저 올라가서 체크를 해요. 출입구에 비치된 작업허가서랑 현장 위험 요소를 먼저 확인해요. 조명이나 환기도 점검하고요. 그런 뒤 작업자를 투입시켜야 되거든요. 확인을 안 하면 어떤 위험 요소가 있는지 모르잖아요. 먼저 체크하고 준비해두면 작업자들이 스트레칭 마치고 올라와요. 작업자가 안전장구를 잘 착용했는지 확인하고 출입시켜요.

점검하다가 조명이 안 들어온다든지 문제를 발견하면 전기 담당 쪽에 전화해서 점검을 요청해요. 그럼 그쪽에서 나와서 확인하고 고쳐주는 거죠. 밀폐 공간 안에서 돌아가는 환기팬이 있는데 이게 작동하지 않으면 뿌옇게 가스 찬 게 눈으로도 보여요. 이럴 땐 작업자가 작은 팬을 이용해서 빼는 경우도 있어요. 안전하게 일할 수 있게 우리가 먼저 확인해주는 거예요. 환기팬 작동이 안 되고 다른 환기 방법도 없다면 작업자를 아예 투입시키지 않아요. 밀폐 공간에서 용접하면 일산화탄소가 많아지고 용접 흄도 나와서 몸에 좋지 않거든요.

밀폐 공간 점검은 하루 네 번씩 해요. 두 번은 관리자가 하고 두 번은 감시자가 해요. 산소 농도는 19.5에서 23.5 사이여야 되고요. 산소는 거의 변동이 없어요. 그런데 용접을 하면 일산화탄소가 많아져요. 일산화탄소 정상치는 30ppm인데 가스가 차면 50ppm이 될 때도 있어요. 30ppm을 초과하면 몸에 안 좋고 폭발 우려도 있으니까 환기하고 작업해야 돼요. 일산화탄소 농도가 초과되면 작업을 못 하게끔 하는 거죠.

배 만드는 일은 쇠를 붙이는 것이다 보니 용접 작업이 정말 많아요. 그만큼 화재 위험이 많죠. 불 안 붙게 주변을 잘 살펴야 돼요. 그런데 자기 일에 집중하다 보면 다른 게 잘 안 보이죠. 큰 화재는 아니더라도 장갑이 탈 때도 있고 청소한다고 빗자루 놔두고 그냥 막 불질하는 경우도 있고요. 사소해 보이지만 현장을 정리하는 게 중요해요. 소화기 위치가 어디 있는지도 다 파악해둬요. 불 붙기 전에 우리가 살피고 조치하니까 화재는 거의 없죠.

현장에서 위험성이 있으면 작업자들에게 주의를 줘요. 그중에는 무대뽀 아저씨도 있고 진짜 말 안 듣는 아저씨도 있긴 있어요. 다들 일한다고 고생하는거 아니까 받아들일 수 있게 좋은 말로 하려고 해요. 가끔은 용접 같은 화기 작업이랑 도장 작업이 겹칠 때가 있어요. 신나 쓰는 도장 작업에 용접 불꽃 튀면 팡 터지잖아요. 그러니까 용접이랑 도장 동시 작업은 절대 하면 안 되거든요. 일부 공정이 늦어지다 보면 겹치는 일이 생기고, 각 파트마다 바쁘니까 위에서는 빨리 하라고 다그치니 그냥 하려는 경우가 생겨요.

어느 날은 밀폐 공간에 가스가 차 있어서 지금 작업하면 안 된다 했더니 아저씨가 왜 일을 못 하게 하냐며 삿대질을 하는 거예요. 그날 비까지 왔어요. 비옷 입고 비 맞으며 일하던 날인데 갑자기 욱하고 화가 올라오더라고요. 나도 똑같이 삿대질하며 목소리를 높였어요. 사람 만만하게 보냐, 우스워 보이냐 했죠. 그날 비만 안 왔어도 그렇게 격하게 반응하지는 않았을 거 같은데, 비까지 오니까 몸도 젖고 무겁고 힘들잖아요. 사람 얕잡아보며 무시하니까 내가 왜 여기 이러고 있어야 하나 서러웠죠. 우리 일이 안전을 위해 감시하고 때로 제지도 해야 하는데 현장에서 거부하고 말을 들어주지 않으면 우리가 샌드위치가 된 느낌이에요. 결국 대화로 조율이 잘 안 되면 각 업체 관리자들에게 전화해서 팀 간에 조정하도록 하고 있어요.

감시 일은 주로 서 있어요. 8시에 출근해서 오후 5시까지. 하루 1만 5천 보 정도 걷고 잔업하면 1만 8천 보쯤 걸어요. 하루 종일 서서 일하니까 다리에 또 무리가 오더라고요. 하지정맥류도 생기고 허벅지에 핏대도 서요. 우리 일이 쉬워 보여도 몸에 무리가 가는 일이에요. 쉬는 시간 말고는 앉아서 쉬지 않거든요. 너무 힘들어서 주저앉고 싶을 때, 컨디션이 안 좋을 때는 잠깐잠깐 쉬지만 앉지는 않아요. 작업자들이 일하고 있는데 우리가 앉아 있기 좀 그렇잖아요.

집에서 손빨래를 하거든요. 수건, 속옷 같은 거 쪼그려 앉아서 빠는데 왼쪽 발목이 좀 이상하다고 느끼고 있었어요. 발목이 너무 아프더라고. 걸으면 힘들 정도로 통증이 왔어요. 병원 갔더니 발꿈치 힘줄에 염증이 생겼대요. 병원에서 무슨 일 하냐고 묻길래 하루 종일 서서 일한다고 했더니 그러면 안 된다고, 너무 걷지 말고 서 있지 말라는데 우리 일이 서고 걷는 거잖아요. 충격파 치료하고 발등 힘줄 쪽에 주사를 딱 두 대 주더라고. 지금 좀 괜찮아요. 뒤꿈치 쪽이 약간 뻐근한 정도예요. 힘이 좀 들지만 안 힘든 일이 어디 있겠어요.

근데 어떤 사람들은 우리를 노는 사람 취급해요. 저 사람들 왔다 갔다만 한다, 필요 없는 사람이다 이러면서요. 우리 들으라는 식으로 대놓고 이야기한 적도 있어요. 그런 작업자들은 무심결에 시키는 일만 하느라고 주위를 안 살피고 하는 경우가 많거든요. 우리가 안전을 위해 도움을 주고 있다는 걸 생각해주면 좋겠어요.

진짜 화재 날 뻔한 걸 우리가 사전에 막은 일도 꽤 있어요. 큰일 날 뻔했구나, 우리가 이걸 막았구나 하고 느낄 때 작업자들도 고맙다고 해요. 그 상태에서 불이 나버리면 그 사람도 책임이 있거든요. 그래도 저 사람이 우리 안전을 돌봐주고 있다고 생각하는 사람도 있어요. 우리가 위험한 상황을 미리 막는 역할이니까 그런 걸 느낄 때가 보람이죠.

언니들 덕에, 이제 내가 언니가 되고

처음 조선소 왔을 때는 내가 제일 막내였으니까 항상 심부름 같은 거 하고 언니들은 뭐 하기 싫으면 동생 보내자 그럴 정도로 언니들이랑 가깝게 지냈어요. 그 언니들이 없었으면 나한테 지금도 아마 없었겠죠. 제가 뭘 잘하는 것도 아닌데 언니들이 늘 좋게 봐주었어요.

도장 일 할 때는 젊은 애들이 안 들어왔었는데 밀폐감시하고 나서는 마흔 초중반 애들이 들어와요. 그러면 거의 내가 가르치게 되거든요. 나보고 '언니는 참 알아듣기 쉽게 가르친다' 그래요. 쏙쏙 들어오게 알려준다고 하죠. 아무래도 동생들이니까 챙기게 되더라고요. 같이 일하는 사람들이랑 점심 먹으면서 얘기 나누고 가끔 따로 만나서 밥도 먹고 해요. 집 식구보다 더 많은 시간을 같이 보내잖아요. 맨날 보는 얼굴인데 항상 웃으면서 일해야지 찡그리면서 할 필요는 없잖아요. 그런 마음이니까 서로 관계도 좋고 잘 지내고 있어요.

여기도 외국인 노동자가 참 많아요. 옛날에 비해서 더 는 것 같아요. 현장 청소하는 업체에는 외국인 여성들도 있고요. 관계가 나쁘지는 않은데 내가 봤을 때는 한국 사람들은 뭐라 해야 되나, 외국인 노동자한테 좀 낮게 대하는 게 있는 것 같아요. 따지고 보면 우리도 다른 나라 가서 일할 수도 있고 내 자식이 외국 가서 일할 수도 있잖아요. 외국인 노동자들 만나면 마음이 좀 짠하다 그래야 되나, 그런 게 있어요.

옛날에는 배가 엄청 많았어요. 한창 많을 때는 배가 열 몇 척 되어서 안벽에 이중 삼중으로 배를 연달아서 붙여놨었어요. 조립 쪽 한창 바쁠 때는 주야로 많이 돌아갔죠. 요즘은 조립도 주야는 거의 안 하고 잔업 좀 하는 정도로 알고 있어요. 경영이 악화되면서 희망퇴직, 명예퇴직 그렇게 정리해고 한창 하기 전까지는 조선소에 활력이 넘쳤죠. 그 뒤 수주를 못 받으면서 작업자들이 많이 빠져나갔어요. 당시에는 잘 못 느꼈어요. 그때 도장업체가 세 개 있었는데 일이 줄었다 해도 엔진 안에 도장하는 업체는 이 회사 하나뿐이었거든요. 단독으로 있었으니까 정리해고 시기에 우린 실감을 못 하고 그냥 계속 일만 했던 거 같아요.

월요일부터 거의 토요일까지 일해요. 일요일에 늦잠 자면 8시, 9시, 일어나서 밥 먹고 치우면 또 금방 점심이잖아요. 집안일하다 보면 시간이 다 가요. 신랑이 청소 정도는 해요. 빨래, 요리 같은 건 내가 거의 다 하고요. 집에서 반찬 만들고 김치 담그고 뭐 하면 하루 다 가버리더라고요. 쉬는 날이 쉬는 날이 아니라고. 2, 3일은 쉬어야 좀 쉬었다 할 수 있는 거죠. 주중에 하루 쉬는 거는 쉬는 것 같지가 않아요. 집에 일이 생기면 차라리 출근해서 일하는 게 더 낫겠다 생각할 정도로. 여자들의 고충이에요.

우리 신랑이 납품 일 하다가 큰 사고가 날 뻔했어요. 5년쯤 전

일인데요. 공장에서 트럭 짐칸에 올라가 있었는데 천장 호이스트 (기중기)가 떨어지는 걸 보고 순간적으로 트럭에서 뛰어내렸어요. 천만다행으로 낙하물에 맞는 건 피했지만 갑자기 뛰어내리면서 무릎에 충격이 왔어요. 무릎 연골이 파열돼서 수술하고, 일은 못 하고 쉬고 있었어요.

부산에 있는 딸이 주말에 오곤 하는데 그날은 월요일에 가도 된다고 해서 신랑하고 같이 집에 있었고 저는 출근한 상태였죠. 딸한테 연락이 왔어요. 아빠가 숟가락질도 이상하고 걸음걸이도 이상해서 병원 왔는데, 머리 MRI 찍으니까 5백 원짜리 동전만 하게 터져 있더라는 거예요. 그때 집에 딸이 같이 있어서 얼마나 다행이었는지 몰라요. 괜찮다고 병원 안 간다는 아빠를 끌고 병원엘 바로 갔으니까요. 우리 딸이 병원 영양사거든요. 환자들을 많이 만나니까 자기도 감이 딱 온 거죠.

신랑한테 이런 일들이 겹쳐서 생기니까 내가 빨리 결혼하고 애들 다 키워놓은 게 천만다행이다, 딱 그 생각이 들더라고요. 늦게 결혼해서 애들이 중학생, 고등학생이면 한창 힘들잖아요. 직장 다니면서 생계를 꾸리고 신랑 병간호도 해야 하니까요. 애들까지 어렸다면 지금 어땠을까? 완전 두 손 두 발 다 놓고 있었을까? 이런 생각도 들고요. 그나마 우리 딸이 그즈음 직장을 옮길 예정이었어서 하던 일 그만두고 두 달간 아빠 병간호만 했어요.

그전엔 너무 일찍 결혼한 걸 후회도 했죠. 빨리 안 갔으면 해보고 싶은 거 다 해볼 수 있었을 건데 이 생각을 많이 했어요. 여행도 다녀보고 뭘 배우러도 다녀보고, 이렇게 험한 일 아니라 다른 직장에도 다니고. 근데 최근 몇 년간 신랑 일 겪으면서 애들을 빨리 키워놓은 게 참 다행이다 싶었어요.

신랑이 무릎 연골 파열되고 뇌출혈까지 와서 3년을 쉬면서 재활치료랑 운동을 엄청 열심히 했어요. 지금 보면 모르는 사람은 그냥 건강한 사람으로 보거든요. 그치만 후유증이 좀 남아서 무릎 아래는 감각이 둔하고 특히 겨울 되면 몸 반쪽이 바늘로 콕콕 찌르는 것처럼 아프대요. 지금은 방산 업체에서 출고 일을 하고 있어요. 회사에 들어가면 일은 확실하게 하는 편이고 일 욕심이 큰 사람이에요. 그러면 동료들이 안 좋아할 수도 있는데, 한번 일하면 회사에서는 안 놓아주려고 하죠. 큰일을 두 번이나 겪고도 지금 건강하게 일하고 있으니 얼마나 다행이에요.

놀러 한번 못 가봤어요

놀러 한번 못 가봤어요. 조선소 일할 때도 밀폐감시 하기 전까지는 일요일에 안 쉴 때도 많았고요. 그때는 빨리 벌어서 빚을 갚아야 되니까 일에 매달릴 수밖에 없잖아요. 8시 출근해서 거의 9시까지 매일 잔업하고 집에 가면 또 집안일하고 애들 이것저것 챙기다 보면 잠만 자고 다시 나오는 거예요. 어디 놀러 간다, 여행 간다, 그런 생각 자체를 안 하고, 모르고 살았어요.

언니들이 그러더라고요. 젊은 애가 왜 그렇게 일만 하고 사냐고. 한 살 한 살 나이 먹고, 같이 일하는 언니들 보면서 아, 내가 일에만 매달려 살았구나 느끼게 됐어요. 도장 언니들이 어디 놀러 간다, 어디 좋은 데 갔다 왔어 이러면 나도 진짜 거기 가고 싶다 생각했어요.

그래도 제대로 가족여행을 했다 싶은 때가 딱 한 번 있어요. 스무 살에 신랑 만나 살면서도 친정 부모님께 인사도 못 드렸으니 결혼식도 당연히 못 했죠. 우리 아들 초등학교 들어갈 때 결혼식을 했어요. 결혼식 하고 휴가 받아서 가족끼리 놀러 간다 하고 시댁이 있는 강원도 쪽으로 간 거예요. 평소 시댁 갈 때하고는 느낌이 완전 다르더라고요. 진짜 이런 여유도 있구나 싶고요. 그전에는 여행이라는 걸 아예 안 다녀봤으니까요. 그때 3박 4일이었나. 포항 지나고 강구 해변도로 지나 맛있는 거 먹고 이러다가 결국 간 게 강원도 시댁 쪽이었어요. 다른 데를 갈 수 있다는 생각도 못 했던 거 같아요. 그리고 애들을 시댁에 맡겨놓고 신랑하고 둘이 시간도 보냈어요. 여행이라곤 그거 한 번밖에 없어요.

다음 달에 서울에 있는 아들 만나러 가요. 아들이 맛있는 것도 먹고 롯데타워에 야경 보러 가려고 다 예약해놨다 하더라고요. 엄마가 너무 일에만 얽매여 살아왔으니까 이제 좀 데리고 다니고 싶다고 그러더라고요.

올해 제 나이가 딱 50이에요. 일은 웬만하면 안 바꿀 생각이에요. 몸에 무리가 와서 도장이나 사상 쪽은 갈 수도 없어요. 조선소는 참 많이 힘들기도 하고 몸도 아프게 만든 곳이지만 내가 힘들 때 도움이 돼준 곳이기도 하죠. 경제적으로 너무 힘이 들 때 와서 어쨌든 버텨내고 생계를 꾸려 나갈 수 있게 해줬잖아요. 그게 저한테 제일 큰 거죠.

다들 가족
먹여 살리려고
아등바등하는 것
같아

위험을
감지하고 살피는
밀폐감시 노동자
이현주

기록   홍세미

이현주 씨는 남편의 실직 후 거제도로 내려왔다. 그의 남동생이 나
이가 많은 사람도 조선소에서 할 수 있는 일이 있을 거라고 거제도행을
권했고 부부는 고향 땅을 떠나기로 결심했다. 그는 회계 업무를 오래
해왔지만 그의 경력이 쓰일 수 있는 일은 없었다. 그는 지금 12년째 밀
폐감시 노동자로 일하고 있다.

배는 철판을 이어 붙여 만든다. 대부분의 공정에 이어붙이고(용접)
칠하는(도장) 과정이 있다. 인화성 물질이 도처에 있고 불꽃이 사방으
로 튀는데 소음과 분진이 심해 위험을 감지하기 쉽지 않다. 이런 위험
천만한 작업들이 밀폐된 공간(탱크)에서 이루어진다. 도장 작업을 하던
블록에서 인화성 가스가 폭발해 노동자가 사망하거나, LPG 운반선에
서 불이 나 미처 빠져나오지 못한 노동자가 사망하거나, 아르곤가스 중
독으로 질식해 노동자가 사망하는 일이 조선소에서는 종종 있다.

대우조선에서는 10여 년 전부터 밀폐감시 업무를 전담하는 노동자
를 두었다. 밀폐감시 노동자는 모두 하청업체 소속이고 전부 여성이다.
수천 명 일하는 도크에 고작 두 명이 배치된다. 그들은 하루 종일 걸으

며 조선소 밀폐 공간의 유해가스 농도를 측정하고 밀폐 공간에서 작업하는 노동자의 안전을 확인하고, 탱크 안 산소 농도 등을 측정하고, 곳곳마다 위험 요소가 있는지 관찰한다. 밀폐감시는 조선소의 안전을 책임지는 일이지만 아무나 할 수 있는 일로 평가되며 지난 10년 동안 임금이 한 번도 오른 적이 없다.

이현주 씨는 인터뷰 자리에서 조선소에서 보고 겪은 10년여 시간에 대해 이야기했다. 특히 A하청업체에서 노동자들을 통제하는 행태를 이야기할 때 그의 목소리가 높아졌다. 반장은 노동자들이 일하는 모습을 일상적으로 감시했고 동료들끼리도 서로 감시하게 했다. A하청업체는 반장을 시켜 여성 노동자들에게 음주, 흡연, 결혼일자를 적어내라고 했고, 퇴근 후에 누구를 만나는지도 전부 보고하라고 지시했다. A하청업체는 노동자를 통제하고 관리하기 위해 노동자의 사생활을 침해하고 직장 내 괴롭힘을 조장했다.

그의 목소리가 조금 낮아지는 순간이 있었다. 밀폐감시자로 함께 일했던 동료 B씨 이야기를 할 때였다. B씨는 2020년 10월 A업체를 직장 내 괴롭힘으로 고용노동부에 고발하며 밀폐감시자로 일하는 여성 노동자들이 겪는 인권 침해를 외부에 알렸다. B씨 곁에 거통고조선하청지회 노동자들이 함께 했다. 결국 B씨는 계약을 연장하지 못해 조선소에서 더 이상 일하지 못했지만 그의 고발 이후 A업체에 대한 인권침해 제보가 이어졌다. 당시 이현주 씨는 자녀의 학비를 책임져야 하는 실질적인 가장이었다. 그래서 B씨 곁에 함께 설 용기를 내지 못했다며 미안한 마음을 표현했다. 하청노동자들의 노동 환경을 바꾸려면 지회 활동에 더 힘을 실어야 하는데 노조 활동에 적극적이지 못했다고, 그 미안한 마음을 품고 인터뷰에 참가했다고 전했다.

위험을 감지하고 살피는 밀폐감시 노동자 이현주

위험을 감지하는 일

저는 경북 구미에서 살았어요. 회계 일을 했었는데 아저씨가 일을 그만두게 되면서 거제도로 왔어요. 남동생이 조선소에 다녔는데 월급 많고 학자금도 주고 보너스도 5백 퍼센트 준다니 괜찮아 보였어요. 아저씨가 거제도로 와서 먼저 일을 시작했고 저도 1년 뒤에 따라와서 일하게 된 거죠. 조선소 노동자 모집하는 글 보다가 밀폐감시가 있길래 지원했어요. 대우조선에서 밀폐감시자로 일한 지는 12년 정도 됐어요.

배에는 각종 탱크가 많아요. 유조선도 거의 탱크로 이루어졌죠. 대형 탱크에 기름을 싣고 오는 유조선 자체도 하나의 큰 탱크예요. 큰 탱크가 다섯 개 정도 있고 주변으로 조그마한 탱크들이 많이 있어요. 탱크는 환기가 잘 안 되는데 출입구가 하나라 가스가 찰 위험이 있거든요. 작업 다 끝났다고 탱크 밖에서 문 닫아버리면 사람들이 못 나오기도 해요. 탱크는 구석구석이 다 철판으로 돼 있어 가려서 안 보이는데 그런 상황에서 안에 물을 채워 넣을 수도 있고 테스트하느라 압을 넣을 수도 있어요. 탱크 안을 구석구석 다니면서 확인해야 하죠. 탱크 앞에 어느 업체, 무슨 작업, 몇 명 들어갔다는 안내판을 걸어요. 작업승인서 확인하고 안내판을 걸고 산소량까지 기록해야 해요.

작업 끝나면 팬을 설치해서 가연성 가스를 다 뽑아내야 해요. 안 뽑아낸 채로 옆에서 그라인드나 용접을 하면 사고로 이어지죠. 그런 작업은 불똥이 사방으로 튀잖아요. 혹시 사고가 나더라도 탱크에 들어간 사람이 몇 명인지 확인이 돼야 구조도 할 수 있죠. 안내판에 세 명이 들어갔다고 써 있으면 소방관이 와서 불을 끄면서 세 명을 찾아내야 하니까요.

배 안에 탱크가 다닥다닥 붙어 있어요. 한 탱크에서 용접하고 있는데 옆에서 도장 작업한다고 신나통 들고 가다가는 불꽃만 튀어도 폭발해요. 위험한 작업은 동선을 잡고 해야 하기 때문에 미리 승인을 받아야 해요. 용접만 하게 한다든가 도장만 하게 한다든가. 밀폐감시 업무는 다니면서 산소 체크하고, 안내판 작성하면서 승인을 제대로 받았나 안내판을 제대로 작성했나 관리 감독하는 업무라고 할 수 있어요.

예전에 대우조선에서 해양(플랜트 건조)할 때 사고가 있었대요. 1월 1일 연휴 때 작업자 두 명이 작업하려고 한 명이 먼저 내려갔다가 아르곤가스 때문에 쓰러지고, 두 번째 사람이 구하러 내려갔다가 또 쓰러지셨죠. 두 분 다 돌아가셨어요. 밀폐감시가 생기기 전이니까 10년 전 일이죠. 해양 플랜트는 2조 원이 넘는 비싼 배거든요. 자기들이 비싼 돈 들여서 만드는데 거기서 사람이 죽으면 안 좋게 생각하니까 선주사에서 밀폐감시자를 배치하라고 요구사항에 넣어요. 이런 요구들이 계속 있으니까 대우에서 아예 업체를 만든 것 같아요. 요즘 해양은 많이 없고 상선을 주로 하는데 제가 보기에 상선은 위험하긴 하지만 해양 배만큼 그리 위험하지는 않아요.

안전관리자는 배에 한두 명 있고 대우 직영이죠. 밀폐감시자는 보통 두 명 근무해요. 해양 배는 선주들이 요구하면 열 명도 올라가요. 전에는 40명까지 올라간 적도 있었대요. 보통 LNG선이나 컨테이너선은 두 명, 도크장은 세 명 정도 되고 안벽에 나가면 한두 명이 일해요. 밀폐감시자 두 명이 하면 많이 바쁠 때도 있고 작업이 거의 끝나면 한가할 때도 있고. 다음 주에는 데크 본 사람이 엔진으로 로테이션으로 보니까 불만은 없죠.

밀폐감시는 위험을 감지하는 일이에요. 밀폐감시자가 밀폐 공간만 보는 게 아니고 돌아다니면서 안전이 미흡한 점이 눈에 띄면 사진 찍어서 안전관리자한테 보내요. 저희가 배 전체를 하루에 기본 네 바퀴를 돌아요. 위험 상황을 미리 보고하니까 사고가 많이 안 나는 것 같아요. 조선소에 옛날에는 사망 사고가 굉장히 많았거든요. 사고가 지금은 자주 일어나는 일은 아닌데 배 위의 사고는 일어나면 대형 사고로 이어질 수 있어요.

저는 협력업체의 상용직이에요. 우리 업체는 대부분 상용직이고 계약직은 한 반에 서너 명씩 있죠. 한 반 열다섯 명 중에 계약직이 세 명 정도 돼요. 하청업체 상용직으로 5년 이상 다니면 때때로 정규직 노동자들 성과급 나올 때 그 절반 정도 금액을 받거든요. 나중에 퇴직금 받을 수 있고요.

이 일을 하면서 최저임금이 말이 됩니까

밀폐감시자들은 오전에 두 번 오후에 두 번, 하루 4회 이상 배 전체를 순회하면서 관리해요. 측정기 갖고 다니면서 작업하고 있는 탱크마다 확인해요. 산소, 이산화탄소, 황화수소, 일산화탄소 네 가지가 측정되거든요. 기록지에 몇 시 몇 분에 체크했는지, 산소는 몇 퍼센트인지 다 기록해요. 기준이 있어요. 20.9퍼센트가 정상인데 산소가 23퍼센트 나오면 안 돼요. 산소가 너무 많으면 안 돼요. 작업 중지를 내리고 탱크에서 사람들을 나오게 해야 해요. 산소가 18.5퍼센트 이하로 떨어지면 산소 부족으로 실신할 수가 있어서 그때도 빨리 나오라고 하죠. 그렇게 작업중지 내릴 만한 일이 빈번하지는 않아요.

조선소에는 진짜 위험한 가스가 많아요. 아르곤가스는 용접하는 데 쓰는데 조금만 부주의하면 큰일 나요. 아르곤가스를 주입한 상태에서 용접하면 산소가 많이 떨어질 수 있어요. 환기만 잘 되면 나은데 환기팬도 없고 호스가 낡아 가스가 새면 진짜 위험하죠. 가스가 누출되면 바닥으로 가라앉아요. 탱크 바닥에 점점 차겠죠. 탱크에 가스가 찬 상태에서 들어가면 바로 죽어요.

조선소에는 불도 자주 나요. 작업하다 폭발이 나면 도망도 못 가요. 도망가려면 30여 미터 아래로 내려와야 되거든요. 엘리베이터 타려고 줄 서 있다 죽겠죠. 아니면 그냥 바다로 뛰어내려야 하는데 30미터니까 그것도 쉽지 않겠네요.(웃음) 대피도 못 해요. 아주 째깐하고 좁은 비상계단이 있어요. 배에는 3천 명이 있고요. 사람이 하도 많아서 평소에도 걸어다니다 부딪혀. 그 정도로 많은데 엘리베이터 하나, 엘리베이터 옆에 비상탈출 계단, 엔진룸 내려가는 계단, 두 개거든요. 3천 명이 어떻게 다 탈출해요? 못 하죠. 조선소 안에서 사고는 죽음을 의미해요.

밀폐감시는 살피는 노동인 것 같아요. 계속 사고가 나지 않게 살피고 안전을 담당하죠. 벨트나 모자를 아무 데나 던져두는 사람이 많거든요. 사람들이 다 안전관리자 눈만 피하면 자기 마음대로 하려는 게 있어요. 우리가 다니면서 사진 찍어가지고 안전관리자한테 보고해요.

저는 처음부터 하청업체 상용직으로 계약했어요. 보너스를 제일 먼저 없앤 게 우리 업체예요. 다 모아놓고 보너스를 다 없애는 대신 보너스 550퍼센트를 시급에 반영해준다고 했어요. 계약은 그냥 구두로 했어요. 그러고는 시급에 보너스가 포함되지 않았죠. 다 거짓말이었어요. 계속 최저시급을 받고 있어요. 최저시급 받을 거

255

라 생각했으면 구미에서 여기 안 왔어요. 완전히 사기당한 거죠. 대표만 좋은 일 시키는 거죠. '같이 가자'는 말에 설득돼 사인해준 사람들 결국 다 조선소 나갔어요.

퇴직금을 안 주려고 11개월씩 계약해요. 11개월 지났다고 일하던 사람이 필요 없어지는 게 아닌데. 11개월 딱 하고 집에 보내요. 한두 달 쉬었다가 다시 오래요. 퇴직금 안 주고 연차 안 주려고 편법을 쓰는 거예요.

2020년에 계약직 한 분이 그만두게 되면서 노동부에 직장 내 괴롭힘 신고를 하면서 문제 제기를 했어요. 서문 앞에서 피켓을 들고 몇 달 동안 데모도 했어요. 그분이 나가는 과정에서 당시 하청 지회가 함께 싸웠는데, 저희 회사 사람은 아무도 동조를 안 했어요. 제가 그 업체의 유일한 노조원이었는데…. 제가 도왔어야 했는데 바보 같았죠. 제가 함께 했으면 저도 괴롭힘을 당했을 거예요. 노조 활동한다고 잘린 사람들 이야기 듣고 겁이 났죠. 당시는 학자금도 그렇고 저희 아저씨도 많이 못 벌어서 나설 수가 없는 상황이었어요. 이제는 내년에 정년이기도 하고, 아이들도 다 대학을 졸업해서 지금 같으면 할 거예요. 지금은 겁 하나도 안 나요.

조선소에서 일하면서 쉬고 싶은 날에 제대로 쉬지도 못했어요. 연차는 1년에 한두 개밖에 못 썼어요. 몇 해 전에 육촌 언니가 암에 걸려서 일찍 돌아가셨어요. 장례식에 가려고 연차를 냈는데 사촌도 아니고 육촌인데 왜 가냐고 하더라고요. 그래서 결국 못 갔어요.

형부가 너무 상심해서 그 뒤로 한 달 만에 돌아가셨거든요. 그때도 장례식에 가고 싶었는데 육촌 언니 때도 못 갔는데 형부라고 해주겠나 싶어 아예 말도 안 했어요. 업체에서는 우리가 연차를 쓰면 배를 못 만든다는 식으로 얘기했었어요. 그러다 어느 날 갑자기 법이 바뀌었는가 이제는 연차를 다 써야 된대요. 무조건 한 달에 한 개씩 연차를 쓰라고 하더라고요. 원청에서 내일 출근해야 돈 준다고 하면 무조건 출근시키고, 휴가 쓰라고 하면 무조건 쓰게 하고, 원청 말이 법인 거죠.

진수할 때 물이 들어오면 배에 올라갔던 사람들이 쉬어야 되거든요. 배가 없으니까요. 그런데 두 명 배정되던 안벽에 서너 명씩 배정해서 다 출근시켰어요. 그러다 언젠가부터는 또 진수할 때는 무조건 다 쉬래요. 원청이 그렇게 하라고 했겠죠. 그러니 고정적으로 일을 할 수가 없고, 다 업주 돈벌이에 따라 바뀌는 거예요.

초창기에는 조그마한 꼬투리라도 있으면 시말서 쓰게 하고 많이 내보냈어요. 억울하게 나가는 사람도 많았죠. 일을 못한 게 아닌데 1년이 돼가는 직원을 꼬투리 잡아서 시말서 쓰게 하고 쫓아내고 또 신입을 모집해요. 신입 직원 채용하면 나라에서 고용 정책으로 한 명당 얼마씩 주니까 업체 입장에서는 1석 4조, 5조 되는 것 같아요.

조선소에서 일하는 노동자들은 대부분 최저시급이거든요. 3D업이 최저시급인 게 말이 됩니까? 이런 시스템이 정말 이해가 안 가요. 원청이 노동자를 직접 계약하면 급여도 더 챙겨줄 수 있고 기술자들이 떠나지 않을 텐데. 하청에 하청을 주니까 노동자들 처우가 이렇게 형편없어지잖아요. 옛날에는 노조도 없었잖아요. 반장하고 싸우거나 회사에 손해를 끼쳤다거나 무슨 고발을 했다거나 소송을 걸면 그 사람을 매장시키죠. 양대 조선소에서 블랙리스트를 만들어서 취직을 못 하게 해요. 거제도에서는 조선소 말고는 일할 데가 없거든요. 그러니 업체 말에 아무 소리 못 하고 다녀야 되는 거야. 시키면 시키는 대로. 그런 일은 노조가 생기고 많이 없어진 편이죠.

저희 회사에 하청노조 가입한 사람은 나밖에 없다고 했잖아요. 다 불이익 당할까 봐 가입도 안 해요. 회사에 잘 보여서 나중에 조장이나 반장 달고 싶으니까. 조선소에는 남자들이 많잖아요. 남자들이 용기 내서 하면 될 것 같은데 가족들 걱정을 많이 하니까 가입을 안 하죠. 노조 가입해놓으면 불이익 당할 때 도와줄 거라고 하면 관심 갖는 사람이 몇 있는데, 조합회비 내야 한다고 하면 대부분 부담을 느껴요. 최저시급 받아서 한 푼 두 푼 모아가 사는데 조합회비 월 2만 원도 많다 느껴지는 거지. 노조도 돈이 많이 필요하겠지만 노조비를 1만 원으로 내리면 많이 가입하지 않을까 그런 생각도 해보긴 했어요. 최저시급 받는 사람한테 2만 원은 큰돈이거든.

작년(2022년) 거통고 투쟁 때 비노조원들은 관심이 별로 없었어요. 내가 그랬죠. '발암물질 득실거리는 데서 최저시급 받고 일하면 나중에 약값도 안 나와. 시급이라도 더 받을 수 있게 노조에 가입하자.' 그랬더니 회사가 마음에 안 들면 그만두면 되지 않냐고 하더라고요. 대부분 업체 소장하고 친분이 있어요. 나를 이상한 애로보지. '언니야, 지금 임금 체불하는 데도 많다 하더라. 월급 주는 것만 해도 감사하다고 생각하고 다녀라' 이래요. 할 말이 없어요. 특히 학자금 걸린 사람들은 더 못 빼는 것 같아요.

조선소는 노동 환경이 정말 열악해요. 그런데 최저시급 받고일하니까 너무 속상하죠. 가족들 먹이려고 여름에 덥고 겨울에 추운 데서 일해요. 배가 다 철판이잖아요. 여름이면 철이 달궈진다고달궈져. 거기다가 뭔 테스트한다고 여름에 보일러까지 틀어요. 완전 찜통이에요. 그런 상황에서 진짜 생명의 위협을 느끼면서 일을한다. 너무 더우니까 숨이 콱콱 막히잖아요. 학자금에 코 꿰어갖고못 가는 사람도 있을 거고, 다들 가족들 먹여 살리려고 아등바등하는 것 같아. 환경이 열악해도 학자금이든 가족이든 이유가 있어서남을 수밖에 없게 돼버리는 거죠.

뼈를 잘라냈는데 업무랑 상관없다고 산재가 아니래요

얼마 전에 일하다가 눈두덩이를 다쳤어요. 도크장에서 진수를하거든요. 완성된 배는 안벽으로 옮기고 덜 완성된 건 다시 집어넣어요. 진수 끝나고 2, 3일 동안 뻘 때문에 못 내려갔어요. 그랬더니 반장이 작업장을 다니면서 왜 확인을 안 했냐고 난리를 피우는 거야. 할 수 없이 내려갔는데 4시니까 완전 밤이 아니기 때문에 어렴풋이 보여. 다 돌아보고 반장이 와보라고 해서 급하게 가다가, 아까 지나갈 때는 없었는데 용접 케이블 지지대를 막 설치했나 봐요. 아무것도 없는 줄 알고 지나오는데 지지대가 안 보이니까 그대로 눈에 팍 박았죠. 다음 날 보니까 눈이 완전히 멍이 들더라고. 눈 위를 박았는데 밑에까지 멍이 다 들었지. 지금도 계속 눈물 나거든요. 안경을 맞추러 가면 저보고 왼쪽 눈 수술하셨냐 물어봐요. 작은 병원 가니까 눈물샘이 막혀서 눈물이 난다고 큰 병원 가서 뚫으라더라고요. 거기 가면 코뼈로 눈물샘을 뚫어야 된다고 해서 겁도 나고, 노무사한테 산재 신청할 수 있는지 물었더니 아직까지 안과는 산재가 없대서 시도도 안 해봤어요.

위험이 정말 곳곳에 있어요. 먼지가 장난이 아니거든요. 그라인더 하는 사람은 오만 거 다 뒤집어써요. 그나마 안전복 입고 호스로 공기를 주입해서 숨을 쉬잖아요. 우리는 마스크 하나만 하고 있으니까 코는 보호된다 치더라도 눈은 보호가 안 돼요. 소음도 엄청 심해서 귀마개 해도 난청이 많아요.

어깨 때문에 아파서 산재를 신청했거든요. 업체한테 먼저 이야기 안 했어요. 바로 병원에 가서 신청했어요. 제가 아부 떠는 성격도 아니고 문제만 제기하니까 업체에서 저를 별로 안 좋아하죠. 건더기만 있으면 잘라야 되겠다, 뻑하면 불러서 시말서 쓰랬죠. 거기

다 산재까지 신청하면 불이익이 있을 것 같아서 그전에 노조에 가입했어요. 거제도 대우병원에 갔는데 의사들이 산재 신청한다고 하니까 그거 갖고 뭘 산재를 하냐고, 다른 정형외과 보내줄 테니 공상 처리하라는 거예요. 조선소에서 다치면 자기 병원으로 다 보내주니까 병원 사람들이 회사 편을 많이 들어요. 자꾸 직업병 아니고 노화로 인한 거라는 식으로 말을 하죠. 그때 지회장님하고 유최안 씨가 병원에 가서 싸워줬어요.

그렇게 어깨를 수술하고 작년에 6개월 쉬었어요. 어깨 충돌 증후군이라 손이 안 올라가고 뒤로도 잘 안 젖혀지고 옷 입으려고 하면 칼로 찌르는 것 같아. 노조에서 지원해줘서 서울 가서 수술을 받았어요. 뼈를 자르고 인대 손상된 거 자르고. 산재 신청은 결국 불승인 났어요. 업무랑 별로 관계가 없는 것 같다고 하더라고요.

밀폐감시자는 하루 종일 안전벨트 매고 가방 메고 순회하거든요. 안전벨트가 2킬로그램 정도 되고 가방이랑 무전기 합쳐서 5킬로그램 정도 돼요. 무전기는 이제 안 들고 다녀요. 높은 곳에 올라갈 때를 대비해서 벨트를 매는 거거든요. 우리는 벨트가 필요 없어요. 그런데도 무조건 다 매게 했어요. 벨트에 무전기에 가방에, 어깨가 안 아플 수가 없죠. 10년 가까이 했잖아요. 작년에 제가 산재 신청하고 나서 얼마 있다가 밀폐감시자들 모두 벨트는 안 매게 되었어요. 다들 고마워하죠.

자녀에게 시킬 수 없는 일

객지에 나가 사는 애들이 방학 때면 집에 오잖아요. 딸이 집에 와서는 조선소에서 알바하면 안 되냐고 하길래 오지 말라 그랬어요. 조선소 일은 자식에게 추천할 게 못 돼요. 깨끗한 데서 땀의 대가를 받는 직장 같으면야 얼마든지 하라고 하겠는데 자식이 그 먼지를 다 먹는다고 생각하니까 나는 끔찍하더라고요. 마스크 잘 안 하는 애들 코를 이렇게 닦잖아요? 새카매요. 그게 다 폐에 들어간다고 생각해보세요. 전기 작업하는 아지매도 하루 종일 먼지에 용접가스에 가득한 데서 하루 종일 앉아 있잖아. 그런 아줌마들이 마스크를 잘 안 쓰고 워머로 가리고 일하더라고요. 폐암 걸린 사람이 많아요.

거제도 자체도 도시 전체에 쇳가루가 많이 날려요. 조선소 앞 아파트 사람들은 문 열어놓으면 안 돼요. 베란다로 쇳가루가 다 날아오는데 그걸 수십 년 마신다고 생각해봐요. 제가 아주동에 살아봤는데 먼지가 엄청 날아오더라고요.

조선소에 오염 물질 내보내는 시스템도 잘못된 것 같아요. 쇳가루가 다 시민 콧구멍에 들어가고 작업하는 사람들 다 들이마셔야 되는데 제대로 처리를 하지 않아요. 코로나 걸리면 병원에서 음압병동에 입원하잖아요. 그리고 그 병실 공기를 빨아들여서 정화한 다음에 내보내잖아요. 코로나 걸린 사람 병실 공기를 대형 팬을

위험을 감지하고 살피는 밀폐감시 노동자 이현주

틀어서 그냥 허공에 날려 보낸다고 생각해봐요. 말이 안 되잖아요. 집진해서 먼지 하나도 안 나게 하면 시민도 좋고 작업자들도 좋잖아요. 그런데 엔진룸에 들어가면 제트팬이라고 진짜 제트기처럼 먼지가 날리는 그걸 안에다가 설치해요. 이걸 설치하는 목적이 바깥으로 공기를 빼는 건데 공기가 하나도 안 빠지고 안에서만 뱅글뱅글 돌아요. 팬을 설치할 때도 눈 위치보다 높게 설치해야 하는데 그런 거 신경 안 쓰고 설치하는 거죠. 그럼 눈을 뜰 수가 없어요. 작업자들 눈이 충혈된 사람이 많아요. 거제도 안과 가면 사람들이 바글바글해요.

매년 건강검진을 하긴 하죠. 우리 반원 중에 한 명은 재검하라고 나왔다고 하더라고요. 용접 흄 있잖아요? 흄이 1급 발암물질이잖아. 조선소는 심장마비로 죽는 사람도 많아요. 산재로 인정받기 쉽지 않아요. 회사에서도 팔다리 부러진 거 말고 질병으로는 거의 안 해줘요.

몇 십 년 근무하고 퇴직하면 암이 많이 걸려요. 퇴직하면 60세 잖아요. 70을 잘 못 넘기고 많이 돌아가셔요. 저도 작년에 여기 피부암 걸렸어요. 동네 피부과 가니까 큰 병원 한번 가보라는 거야. 큰 병원에서 조직검사했는데 흑색종이래요. 환경 때문에 악화된 거라고 심증은 가죠. 발암물질이 득실거리고 흄에 신나 냄새에, 들어 있으면 암 걸릴 확률이 많아지죠. 증명할 방법이 없으니까 이것도 심사 안 해봤어요.

높은 사람들이 가끔씩 배 점검 오잖아요. 8시에 조선소 일이 시작되니까 7시 반에 한 바퀴 빙 돌고 후딱 돌고 내려가요. 작업 중에 와도 엔진룸이나 연기 가득한 데는 잘 안 들어오거나 들어오더라도 퍼뜩 지나가지. 위에 데크는 공기가 좋잖아요. 그런 데를 한 바퀴 돌고 내려가요. 자기도 얼마나 위험한 작업장인지 뻔히 아는 거죠.

이런 환경에서 일하는데 최저시급만 주는 건 말이 안 된다고 생각해요. 줄 걸 주고 해야지. 칼만 안 들었지 날강도죠. 자기 주머니는 다 채우는데 우리는 점점 주머니는 비어가고 있죠. 안타깝죠. 우리나라 전체적으로 비정규직이 너무 많아요. 한 달에 2백만 원 버는 비정규직한테 결혼해라 카는 건 양심이 없는 거죠. 자기 혼자 먹고살기도 빠듯한데 어떻게 가정을 꾸리고, 집을 사고, 애를 교육시켜요.

비정규직은 계약 끝나면 그만두니까 직장이 안정화가 안 되잖아요. 월급을 더 줘야지 왜 최저시급만 주고 1년도 안 돼서 퇴직금도 안 주고 내쫓아요? 그렇게 사람을 사지로 내몰면서. 메뚜기도 아니고. 여기 1년 저기 1년 하면서 젊은 애들이 어떻게 집을 사고 결혼하고 애를 낳아요? 말도 안 되지. 정책하는 사람이 잘못된 것 같아요.

거제를 떠납니다

저는 지금은 애들 다 타지로 나가 있고 아저씨도 구미에서 일해요. 거제도에 저 혼자 있으니까 회사에서 밥 다 먹고, 많이 편하죠. 휴일에는 성당 나가거나 가족들하고 놀러 가거나 집에서 쉬죠. 휴가 때 지리산이나 오토캠핑장 가기도 하고요. 조선소 주변은 공기가 안 좋은데 조금만 벗어나면 공기도 좋고 바닷가 경치도 좋아요.

운동은 따로 안 해도 돼. 밀폐감시 하면서 하루 2만 보씩 걷잖아요. 우리 직원들이 무릎 아픈 사람이 많거든요. 어깨 아픈 사람도 많잖아요. 하루 종일 서 있는 것도 힘들고 벨트 매고 모자 쓰고 안전화 신고, 발이 안 떨어져요. 그래도 가만히 앉아 있었으면 아마 당뇨에 고혈압에 뭐 여러 가지 병을 달고 살았을 텐데 계속 걷다 보니까 많이 좋아진 것 같아요. 여기 와서 10년 동안 계속 걸었잖아요. 그게 많이 도움이 된 것 같아요. 그동안 힘들긴 했지만 다니고 보니 애들 학교 다 시켰네요. 그 점은 뿌듯하게 생각합니다.

조선소,
이 사나운 곳에
남겨진 이야기

자기의 삶을 이야기한다는 것은 자기의 역사를 알아가는 일이다. 그렇게 쌓인 역사는 앞으로 나아갈 지도가 된다. 우리의 이야기는 우리에게 무엇을 남겼을까. 못다 한 이야기는 또 없을까. 자기 삶과 노동의 이야기를 내어준 공정희, 김영미, 김행복, 나윤옥, 전은하 그리고 이들과 노동조합을 함께 일구어가는 동지 박춘화, 안준호, 이김춘택이 모여 이 사나운 조선소에서 노동하며 살아가는 일에 관해 이야기 나누었다. 집담회는 노동자들의 퇴근 시간을 고려해 거통고조선하청지회와 웰리브지회 각각 진행되었다. 지회별로 진행된 집담회 내용을 재구성하여 정리했다.

웰리브지회 공정희(급식), 김영미(세탁), 김행복(미화), 박춘화(급식, 지회장)
거통고지회 나윤옥(발판), 전은하(용접), 안준호(파워), 이김춘택(사무장)
기록 김그루, 박희정, 이은주, 홍세미

나의 이야기, 너의 이야기

이은주   자기 글도 보시고 다른 분 글도 보셨는데 어떠셨어요?

공정희   내가 이야기한 게 글로 나오니까 신기해요. 내 이야기가 책에 실리는구나, 우리 지회장님 덕분에 새로운 경험을 할 수 있어서 참 좋았어요. 중구난방으로 떠들어댄 것 같은데 꼼꼼하게 잘 써주신 것 같아요. 영미 언니 이야기도 엄청 짠했어요.

김행복   나는 항상 하는 일인데 내 일 하는 이야기가 남들한테 도움이 될런가 싶어요. 남한테 내 얘기를 하는 게 사실 싫었거든요. 청소한다는 게 창피스럽잖아요. 뭐 좋은 거라고 남한테 얘기를 할 거냐, 그런 생각을 솔직히 했거든요. 막상 보니까는 부끄러운 일은 아니잖아. 도둑질하는 것도 아니고 떳떳하게 내 힘으로 일하는 거잖아요. 지금은 그냥 괜찮은 것 같아요. 누군가 내 얘기를 책으로 써준다는 게 고맙기도 해요. 처음에 읽을 때는 두근거리고 뭉클한 느낌도 있고요. 3년 뒤면 퇴직인데 퇴직 전에 한 페이지를 남긴 것 같은 생각도 들고요.

박춘화   일할 때는 세상에서 내 일이 제일 힘들다고만 생각하잖아요. 남의 거는 솔직히 한 발 물러나서 보게 되잖아. 자세히 들여다보면 안 힘든 일이 하나도 없어. 뭘 해도 힘들어요. 더군다나 조선소는 우리 육신을 움직이지 않으면 굴러가지 않는 현장이거든요. 머리부터 발끝까지 내 육신이 아니면 안 돼요. 기계의 도움을 받는 거는 거의 없어요.

공정희   식당에서 유일하게 기계라면 이동 구루마거든요. 그 구루마조차도 바퀴가 말을 안 들어서 내 힘을 도로 다 뺏어가요. 구루마를 밀면 내가 원하는 방향으로 가는 게 아니라 역방향으로 가니까 미는 것도 엄청 힘들거든요. 그야말로 내 손발이 다 가야 하는 일들이지.

전은하　제 이야기를 글로 보니까 어색하네요. 독자들에게 내용이 잘 전달되는 건가 걱정도 되고, 더 잘 표현할 방법이 없을까 생각도 해보게 돼요. 조선소 안에는 직종이 너무 많다 보니까 현장에서 일하는 사람이라도 다 몰라요. 특히 용접사들은 우리 일은 기술직이라고 생각하고 다른 일은 무시하는 경향이 있잖아요. 청소 같은 건 일 같지도 않게 생각하고. 그런데 다 소중하고 중요한 일이라는 걸 새삼 깨달았어요.

　　저는 밀폐감시 이현주 님 이야기가 눈에 들어왔어요. 이현주 님도 우리처럼 일에 자부심도 있고, 특히 안전을 지키기 위해 신경을 참 많이 쓴다는 생각이 들더라고요. 이런 사람들이 있어서 우리가 안전하게 작업하고 있구나. 가스 사고는 많이 위험하거든요. 전에 현장에서는 인원수도 가짜로 적는 일이 많았어요. 혼자 들어가면 안 되는데 혼자 들어가게 하고. 어떤 데는 밀폐 출입증은 여기 달려 있는데 사람은 저기 있고. 저만 해도 일하는데 막 부르면 귀찮아서 안 나가기도 하고, 내 생각엔 좀 봐줘도 될 일 같은데 안 봐주면 실랑이도 했거든요. 지금은 예전하고는 많이 달라졌죠. 그래서 가스 누출 사고가 많이 막아지는 것 같아요.

나윤옥　우리가 서로 친하지 않으면 개인 생활을 잘 모르잖아요. 그게 글에는 표현이 많이 된 것 같아요. 밀링 일 하시는 김지현 씨는 아이 키우느라고 경력 단절돼서 조선소를 왔더라고요. 저는 일부러 찾아왔거든요. 여기 돈 많이 번다고 그래서 내려왔는데, 같은 여성 노동자라고 해도 조선소에 오는 이유는 다르구나 싶었어요. 지현 씨를 배에서 가끔 가다가 만나는데 일하는 거 보면 굉장히 밝아요. 자기 몸에 열 배는 되는 밀링기를 끌고 다녀요.

전은하   밀링 기계가 쇠를 깎다 보니 시끄러워요. 현장에 처음 왔을 때 하루 종일 헬기 뜨는 소리가 나는 거예요. 무슨 헬기가 이리 떠다니나 싶었는데, 알고 보니까 위에서 밀링 작업을 하고 있었던 거예요. 깎여 나온 쇠는 꼬불꼬불 스프링 모양이 돼요. 그게 몸에 탁 튀면 화상을 입어요. 마찰열이 있으니까. 날카로운 절단면에 손도 베이고. 그리고 전 몰랐는데 밀폐감시 하는 분들은 안전벨트를 안 맨다고 되어 있네요?

이김춘택   근골격계 문제 때문에요. 우리가 생각할 때는 아무것도 아닌 것 같은데 그분들은 온종일 두르고 거기에 가방까지 매고 있으니까 부담이 상당한 거죠.

나윤옥   그렇지. 그 사람들이 높은 데 올라가지도 않는데.

전은하   근데 우리도 조회할 때도 다 매잖아요. 맬 필요도 없는데.

안준호   보여주기 식인 거지. 안전, 안전 그렇게 말했는데 당신이 안 매서 사고 난 거다. 이렇게 덮어씌우는 과정 중에 하나라고 봐야죠.

조선소에 남은 이유

이은주   자료를 찾아보니까 거제도가 경남 지역에서도 여성의 고용 참가율이 굉장히 저조한 지역이더라고요.

공정희   일이 너무 고강도니까 그만둘까 생각은 하는데 막상 다른 직업을 찾아갈래도 마땅한 게 없으니까. 거제도에는 여자들이 할 수 있는 일이 조선소 아니면 보험, 식당, 그런 거지.

박춘화 나는 애들이 초등학교 들어가고 30대 초반에 처음 조선소에서 일할 생각을 했어요. 10년을 살림만 하니까 일하고 싶은 욕망이 컸어. 근데 갈데가 없더라고. 그래도 보험이나 일반 식당보다는 회사가 낫지 않나 싶었지. 그때는 삼성 조선소 아니면 대우 조선소였는데 삼성은 머니까 대우로 온 거지. 이렇게 오래 일할 줄 몰랐어요. 부인이 조선소에서 일하는 거 남편들이 너무 싫어했거든요. 우리 남편은 심지어 이혼하자 그랬어요. 그래도 내가 고집하니까 남편이 짧게만 해보라고 한 거예요. 식당 일은 일찍 갔다가 일찍 오니까. 그래도 남편이 아침에 애를 봐줬어요. 나는 조선소에서 버는 돈을 남편한테 다 줬어.

처음에는 정말 힘들었어요. 6개월 사이에 7, 8킬로가 빠졌어요. 너무 힘드니까 먹지를 못했어요. 관둬야겠다고 말하니까 선배들이 조금만 더 다녀보라며 말렸어요. 남편이 그렇게 반대하는 걸 무릅쓰고 시작했는데, 1년 일하고 그만두기는 나도 자존심이 상하는 거야. 3년은 해보고 도저히 못 하겠다 싶으면 그때 그만두자. 그렇게 1년 넘기고 2년 넘기고. 3년째는 정말 힘들었어요. 내가 아주 좋아하는 점장님이 있는데 그분이 나를 식수 적은 데로 보내줬어요. 점장님이 '회사는 당장 내일이라도 관둘 수 있지만 한번 나가면 다시 일하기 힘들다. 그러니까 내일 관둔다는 마음으로 다녀라' 말해주시더라고. 그렇게 견디다 보니 일에도 노하우가 생기고 친하게 지내는 사람도 생기면서 계속 다니게 됐어요. 남편이 '이럴 줄 알았으면 너를 조선소에 보내는 게 아니었다'고 후회했어요.(웃음)

남편이 나 바람날까 봐 걱정을 많이 했다더라고. 옛날에는 식당 아줌마들 바람난다는 얘기를 참 많이 했었어. 출퇴근할 때 옷도 조심해서 입어야 했어. 치마 입으면 안 되고 바지도 짧은 거 입으면 안 되고.

이은주 치마 입지 말라고 지침이 내려오는 거예요?

박춘화 옛날엔 그랬어요. 조선소는 남자뿐이잖아. 다들 근무복 입는데 우리는 평상복 입으니까 눈길이 가잖아요. 아줌마들이 다리 내놓고 다니면 남자들이 보다가 사고 난다고, 출근할 때 웬만하면 살 내놓고 다니지 말라 했어. 그때만 해도 우리가 30대 초반이니까 멀리서 보면 다 예뻐 보이잖아. 여름에 아무리 더워도 하늘하늘한 거 입지 말랬어요. 살 비친다고. 한여름에도 까만 긴 소매 가디건을 입었어요. 지금은 많이 바뀌었죠. 우리가 나이 들기도 했고 너무 더우니까 반바지 정도는 입고 다녀요.

이은주 조선소 일이 고강도에 임금이 낮아 대우가 좀 나은 곳을 찾아 떠나는 노동자들이 많다고 알고 있습니다. 나도 떠날까 하는 생각을 해보셨나요?

나윤옥 누가 더 나은 곳으로 떠난다면 저는 얼른 가라고 해요. 하루라도 빨리 가라고. 그래도 저는 따라가고 싶은 마음은 없었어요. 돈을 더 많이 주는 건 사실인데, 그 일이 끝나면 또 다른 곳으로 가야 되는 단점도 있어요. 자주 옮겨 다녀야 하는데 저는 옮겨 다니는 걸 싫어해서요.

전은하 조선소 일이 없을 때 경기도에 삼성이나 SK 쪽에 일하러 많이 갔어요. 돈을 많이 번다고 하니까 나도 갈까 생각은 해보죠. 근데 막상 여기가 집이니까 떠나는 게 쉽지 않아요. 물량팀으로라도 가볼까 생각도 했었어요. 임금이 두 배 정도 차이 나니까. 지금도 떠날까 하는 마음이 있어요. 근데 블랙리스트 때문에 못 갈 수도 있고, 나이가 있으니까 너무 돈만 좇아 욕심을 내면 몸이 많이 상하니까 여기서 차라리 정년을 보내는 게 맞지 않나 생각도 하고. 여러 가지로 갈등하고 있습니다. 임금이 계속 오르지 않고 이대로라면 은 생활하기 힘들거든요. 일에 비해 임금이 너무 작으니까 마음이 처참해요. 노동시간을 줄이려고 우리가 애썼는데도 다시 또 노동시간이 길어지고 있고. 임금이 작으니까 특근, 잔업비로 모자란 생활비만큼 채워야 하는 거죠.

이은주 혹시 여성이기 때문에 옮기는 게 더 힘든 면이 있을까요?

나윤옥 있죠. 남자들은 한 방에 여럿이서 잘 수 있잖아요. 그런데 여자들은 수가 적으니까 숙소도 혼자 써야 돼요. 숙소비도 많이 들고. 가서 돈을 벌긴 해도 나가는 돈도 많아요. 이 일자리 끝나고 다른 일자리로 가는 동안에 한 달 정도는 기본으로 쉬어야 되고.

이은주 가정이 있는 경우에는 다 같이 가는 게 아니면 쉽지 않겠죠. 대부분 남편이 먼저 가서 일해보고 괜찮으면 가족이 다 거기로 이사 가는 경우더라고요.

나윤옥 맞아요.

안준호 저는 가고 싶지만 못 떠났다는 게 표현이 더 맞는 것 같아요. 군대 갔다 와서 배운 일이 이거밖에 없거든요. 조선소 일만 한 걸 많이 후회했어요. 주변 사람들이 너무 많이 떠나는데 저는 갈 데가 없는 거예요. 조선소에서는 제가 기량자인데 타 직종 가면 초보자거든요. 두렵더라고요. 조선소 불황이 시작된 2016년부터는 경기가 곤두박질쳤다는 표현이 들 정도였어요. 한 달 급여가 2백만 원 이상 까였으니까. 근데 어찌어찌 그걸로 맞춰서 산 거죠. 떠나고 싶다는 생각은 해요. 노동조합 하기 전보다 노동조합 하고 난 후에 그런 생각이 더 커요. 다 봐버렸잖아요 이 안에 있는 구조적인 문제를. 그러니 더 있고 싶은 생각이 별로 없죠. 그래도 저에게는 아직 있어야 하는 이유가 있으니까.

숙련공은 조선소에서 왜 대우받지 못할까?

이은주 일반인들은 기술자가 경력에 따라 돈을 꽤 많이 번다고 알고 있는데 왜 조선소에서는 기술자 대우를 못 받는지 의아하게 여길 듯합니다.

전은하 조선소는 다른 일을 하다 하다 안 돼서 종착역처럼 오는 사람들이 있어요. 그래서 시키면 시키는 대로 일하고 주면 주는 대로, 복지라든지 아무것 없어도 일을 합니다. 불만이 많지만 회사에 얘기해도 소용이 없는 거야 다 아는 거죠. 조선소를 20년 가까이 다니면서 해마다 시급을 올려주는데 10원부터 시작했어요. 많이 올려주면 2백 원, 3백 원. 그런 식이었거든요. 나중에는 오히려 최저시급이 더 많이 오르는 거예요. 전에는 상여금도 있고 성과금도 있고 특근 잔업도 하고 이래서 그나마 생활이 됐어요. 일이 없어지면서 시간 외 일을 안 하니까 임금이 줄거든요. 그 임금으로도 그냥 숨죽이고 일하는 거죠. 조선소 특유의 뭔가가 있는 것 같아요. 사람들이 크게 희망도 없는 것 같아요. 하기 싫으면 나가면 되지, 이런 생각도 많이 갖고 있는 것 같아요. 제가 느끼기에는 그래요.

나윤옥 도살장에 끌려온 소 같아. 사람들이 그래요. 자기 가치를 실현하기보다는 그냥 나와서 하루 일하고 돈 받아간다, 이런 생각이 많은 것 같아요.

이김춘택 근데 한편으로는 글을 읽어보면 각자 다 자기 일에서 보람과 긍지가 있다는 인상을 받아요.

나윤옥 있어요. 있는데, 대우가 그에 걸맞지 않으니까. 우리는 조선소에서 개무시당하는 거 같아요.

박춘화　조선소는 직영 직원만으로는 살아남지 못해요. 협력업체 노동자가 그 힘든 일 다 해주고 우리 같은 사외업체가 보이지 않는 곳에서 다 서포트해주는데, 협력사에 대한 처우가 너무 안 좋아요. 용접이나 도장은 고강도 기술을 요하잖아요. 하루아침에 되는 게 아니에요. 그럼에도 처우가 너무 약해요. 직영은 입사하면 근속이 쌓이면서 임금이 오르는데 하청 직원들은 일할수록 임금이 낮아지는 상황이잖아. 나는 원청이 잘못했다고 봐요. 하청업체 사장들도 문제고요. 좋은 기술 가지고 진짜 열심히 하는 노동자가 많은데 그 사람들을 하루 때우기 식으로 쓰잖아요. 10년 이상 경력자나 2, 3년밖에 안 된 사람이나 임금이 똑같아요.

지금 육상에 일하러 올라간 사람들이 조선소로 내려오지 않아요. 임금을 육상만큼 주면 이분들이 안 오겠습니까? 대접만 제대로 해주면 저렇게 다 안 올라가요. 거제에 정착해서 아이 키우며 오래 일한 사람들은 보너스가 있어야 되는데 아무것도 없어요. 그런 것들은 작다 하더라도 기본급은 올라야 하잖아요. 젊은 사람들이 일하러 올 때는 돈을 벌려고 오는 건데 아무것도 없으니 누가 정착하겠어요. 그걸 해결해줄 수 있는 건 원청밖에 없거든요.

안준호　조선소는 한군데에 안착해서 오래 일하는 구조를 만들지 않아요. 일하는 분들이 떠나고 싶어서 가는 게 아니고 그렇게 움직이지 않으면 안 되는 상황을 자본이 만들어내는 거죠. 아무리 숙련된 기술이 있어도 회사는 '너 아니고도 일할 사람 많다. 싫으면 가라'는 식이니까. 예전에는 초짜와 고기량자의 임금 격차가 있었다면 이제 최저임금이 올라가면서 그게 붙어버렸잖아요. 이게 부당하다고 반박을 해야 되는데 그냥 떠나는 거지. 그렇게 간 데는 다르냐? 똑같아요.

그렇게 떠돌이 생활하고 다니면 내가 다니는 회사에 대한 애착이라든지, 이 자리를 지켜야 된다는 생각이 없어요. 노동조합에 들어와도 중간에 포기가 빨라요. 왜냐하면 다른 일자리가 눈에 많이 보이거든요. 또 저임금 노동자이기 때문에 삶의 여유가 없고. 그러니까 자기 삶을 바꾸기 위한 투쟁에 투자를 못 해요. 하고 싶어도 못 하는 사람도 많은 거죠. 그런 여러 상황이 복합적으로 얽혀 있는 거죠. 이분들이 정말 힘든 일을 하거든요. 내가 배를 만든다고 자긍심 가진 분들이 현장에서 일을 허투루 하지는 않아요. 자기 노동의 가치가 높다는 것도 알고 있는데 주변이 그걸 인정해주지 않는 거죠.

자본은 임금 체계를 다분화해서 노동자의 이해관계가 다 다르게 만들어요. 노동자가 한군데 정착해 있으면 요구라는 게 생길 거 아니에요. 한군데 정착하게 만든다는 거는 고용을 안정화한다는 거거든요. 고용이 안정화되면 사람은 다른 데로 눈을 돌리게 돼요. 근데 고용이 불안하면 입에 재갈이 물리는 거죠. '내가 뭐라고 하면 난 여기서 잘릴 거야.' 그래서 하청노동자는 산재조차도 신청을 못 하고. 장기 유지된 업체들은 일부러 기습 폐업하고, 본보기 폐업도 하고, 노동자를 길들이는 거죠. 그래서 고용 말고는 아무것도 생각할 수가 없죠. 자본은 그걸 원하는 거죠.

회사에서 불이익을 당했어. 반장한테 아무 말 못 해. 그런데 노동조합에는 찾아와서 노동조합 뭐 하냐고 따지죠. 강약약강의 심리도 있고. 조선소 안에서는 그렇게 사람이 만들어져요. 이렇게 살면 안 된다고 우리가 배워온 삶의 방식이 저 안에서는 다 무너지는 거예요. 그렇게 살지 않으면 저 안에서는 살 수가 없어. 그렇게 만들어요.

조선소 안에서 여성 노동자로 살아가기

이은주 성별에 따른 임금 차이나 성희롱같이 여성이라서 겪는 어려움들이 글에서 드러나는데요.

박춘화 옛날에는 가장이라고 남자들 임금이 훨씬 많았어요. 직급을 다르게 만들어서 남자들 임금이 더 높았어요. 연봉으로 우리가 2500 정도 받는

다고 하면 남자들이 우리보다 천만 원 정도 더 많았어요. 2021년에 직급 체계를 남녀 똑같이 만들었어요. 동등한 조건에서 3년에 한 번 진급하는 걸로 해서 진급 대상자가 되면 직급수당을 받아요. 예전에 들어온 남자들은 우리보다 더 받기는 하는데 신입은 여자나 남자나 똑같아요.

전은하　임금 차이는 성별 차이도 있지만 같은 여자라도, 또 같은 직종이라도 직반장이나 소장에게 잘 보여서 몇 푼 더 받는 사람도 있어요. 직장 내 성희롱은 제가 볼 때 하면 안 될 일이라고 인지를 못 하는 것 같아요. 워낙 남자가 많다 보니까 웬만하면 넘어가니까.

나윤옥　직영 신호수 하나가 성희롱 때문에 잘렸어요. 남자 신호수인데 외국인 노동자들 성기를 만져서 피해자가 신고했어요.

전은하　직영 남성 노동자가 점심시간에 하청 여성 노동자를 차에 태워서 한적한 곳으로 데려가 나쁜 짓을 하려다 난리 난 적이 있어요. 그런 일이 있었는데도 같이 일하게끔 하더라고요. 당시에 노동조합이 없었고. 제가 당사자한테 이야기를 전해 들었거든요. 그분은 그만뒀어요. 성폭력을 당해도 크게 문제 삼지 않는 경우도 있을 거예요.

이김춘택　남성 중심 산업의 특징 중 하나라고 봐요. 조선소에는 여성을 함부로 해도 되는 대상으로 여기는 남성우월주의가 쫙 깔려 있거든요. 여성이 하는 일은 아무나 할 수 있는 일. 그러면 단가가 낮아지는 거죠. 심지어 같은 일을 해도 여성은 돈을 적게 받아야 한다고 인식하게 만들고. 이런 일을 하면서도 전은하 님이 말한 대로 무슨 짓을 하고 있는지도 몰라. '여자가 말이야' 이런 말이 아직도 나오는 곳이죠. 조선소는.

이은주 그런 말 들어보셨어요?

나윤옥 그런 얘기는 저한테는 안 해요. 나한테 말하면 지랄하니까.(웃음)

이김춘택 사람 봐가면서 하는 거죠.(웃음)

전은하 저는 노동자 대표에 나가니까 거기서도 여자가 나와서 뭐 하겠냐고 그러더라고요.

이김춘택 노동자 대표 중에 여성이 많이 없어요. 업체가 백 개 있다면 두세 개 정도.

나윤옥 두 달쯤 전에 조회를 서는데, 우리 반은 남자가 많아요. 여자는 나까지 둘이거든요. 조회 시작하기 전에 팀장이라는 사람이 다른 여성 노동자 이름을 부르면서 "○○야, 춤 좀 춰봐라" 하는 거예요. 그래서 내가 싸늘하게 "야 그거 성희롱인 거 알지? 너 신고한다" 그랬더니 얼굴이 싹 달라지더라고. 몇 년 전부터는 남자끼리 이야기하면서 서로를 부르면서 여자를 빗대서 욕해요. "야 ×같은 년아" "×년아" 서로를 그렇게 불러요.

전은하 우리는 옆에서 그런 말을 들으면 억수로 불편해요. 기분 나쁘지.

이은주 그렇게 해도 문제가 안 된다고 생각하니까 그러는 거겠죠?

안준호 아니 그건 다른 거 같은데. 옆에 있는 여성을 비하하려는 의도가 있는 건 아니고 자기들끼리 하는 말이죠.

전은하　남성이 여성을 욕으로 쓰는 거 자체가 여성을 비하하는 거 아니에요? 여성들은 같은 여자를 보고 '○○놈아' 이렇게는 안 하거든요.

안준호　그렇게까지 생각해본 적은 없는데 여성들이 봤을 땐 그럴 수도 있겠네요.

이김춘택　이현주 조합원이 있는 Y기업이 직장 내 괴롭힘으로 문제가 많이 됐거든요. 노동자 통제가 굉장히 심해요. 이를테면 퇴근하고 남자들 만나지 마라 하고, 누구 만나는 걸 봤으면 누구 만났냐 이런 것까지 묻고. 사생활까지 간섭했어요.

전은하　그 회사가 상여금을 제일 먼저 없앴거든요. 그래서 당시에 여성 노동자들이 반발해서 많이 나갔어요. 그때는 내 일이 아닌 줄 알았지. 그러고 몇 년 뒤에 상여금이 싹 다 없어졌죠.

이김춘택　전은하 님이 남자들과 거리를 두기 위해 애쓴다는 이야기를 읽고 좀 놀랐어요. 제가 전혀 생각하지 못했던 점이었어요.

안준호　저도.

전은하　남자들 속에서 일하다 보니까 조심해야 될 것들이 많아요. 회식이나 노래방이나 이런 데 가서 내가 행동 잘못하면 불미스러운 일이 생길 수도 있고. 실제로 너무 스킨십을 하려 한다든지 이런 부분도 있고. 저도 노래방 가면 분위기도 살리고 잘 놀고 하거든요. 그래도 조심해요.

이은주　남성이 조심해야 하는데 오히려 여성에게 조심하라고 하는 성차별적인 문화가 있잖아요. 불미스러운 일이 생기면 여성이 잘못한 것처럼 얘기하는 것도 있고요. 그러니 여성들은 회식 자리가 편하지만은 않고 신경 쓸 일도 많죠. 한편 조선소가 팀 방식으로 운영되는 특징 때문에 노무 관리의 일환으로 술 문화가 형성되기도 했죠.

안준호　저도 새벽 6시에 출근해서 밤 12시에 퇴근하는 삶을 많이 살았어요. 돈은 꽤 벌죠. 한 달에 28일을 매일 10시, 12시에 들어가는데 할 수 있는 게 없잖아요. 이 사람들이 술 말고 할 수 있는 게 있나? 지금은 오히려 일이 없어서 빨리 끝나요. 근데 해본 게 있어야 하지. 술 먹는 거 말고 해본 게 없잖아요. 그래서 또 술 먹는 거지.

이은주　자동차 공장에서도 교대 근무하던 거 주간 연속 2교대로 바꿨는데, 그러면 일찍 끝나잖아요. 쉬지 않고 투잡 뛰러 간다는 거예요. 다른 거 해본 게 없으니까. 자기를 갈아 넣는 일 말고는 해본 게 없는 거죠.

과거로 돌아간다면 다시 조선소로 올 건가요?

이은주　여러 이유로 조선소를 일터로 삼아서 생업을 이어왔는데 과거로 돌아가면 같은 선택을 하실 건가요?

김영미　저는 고향이라서 다시 일할 거 같긴 해요.

공정희　직장은 어디든지 희노애락이 다 있잖아요. 그래도 조선소 식당은 다시는 안 오고 싶은 곳이에요. 강도가 너무너무 세요. 일이 다 힘드니까 말도 너무 세요. 개인적으로 만나면 좋은 사람들인데 일이 다 고강도니까 예민해서 뭐만 하면 스파크가 확 튀는 거지. 좋은 추억도 있지만 다시는 안 오고 싶고, 안 와야 되는 곳이다 생각해요. 다 철만 있고 텅텅 쿵쿵 쾅쾅 삭막한 소리들만 들리니까는 마음 자체도 좀 그래요.

박춘화　저도 안 올 거예요. 세상에 너무나도 많은 일이 있잖아요. 옆 사람들 챙기기도 하고 같이 시간도 보내고 이러면 좋은데 식당 일은 그게 잘 안 되는 거예요. 너무 힘드니까 집에 가서 쉬고 싶어질 뿐이야. 우리 나이에 손가락 굽고 어깨 나가고 몸 상한 언니들 보면 너무 안타까워. 그런 거 생각하면 조선소는 아닌 거 같아요. 남편도 지금 현장에서 일하는데 남편 보고 종종 그런 얘기하거든요. 이렇게 열심히 일할 거면 여기서 일할 게 아니었다.

김영미　세탁소는 토요일 근무를 안 하니까 좀 낫죠. 세탁소 여직원들끼리 자주 놀러 갑니다. 금요일부터 1박 2일 놀러 가서 맛있는 거 먹고 와요. 우리가 이 나이에 뭘 할 끼고, 먹고 노는 게 좋지 하면서 부산도 가고 그러거든요. 사계절 중에 봄 가을이 여유로운 편이라서 즐기거든요. 여름 되면 세탁소 일은 참 힘들어요. 연휴가 끼어서 어제는 물량을 3백 박스 정도 받았어요. 오늘이 엄청 힘들었죠.

김행복　내가 필요해서 일하러 왔잖아요. 청소를 하면서 돈도 벌잖아요. 맨날 돌리고 닦고 하니까 물론 허리도 아프고 팔도 아프고 하지만 좋은 점도 있죠. 집에 있는 것보다는 나오는 게 좋아요. 일단 활력이 있어요. 동료들 만나고 차 한 잔 먹고 주말에 뭐 했노 이야기도 하고요. 우리 일이잖아요. 사람이 생각하기 나름이잖아요. 진짜 더러워서 어쩌나 이러면 끝이 없잖아요. 그러니까 요즘은 그냥 즐겁게 일을 하는 것 같아요.

나윤옥　저는 조선소에는 다시 오고 싶지 않아요. 다른 일을 하고 싶어요. 힘든 것도 힘든 건데, 사람도 거칠어져요. 화가 쌓인다 그럴까. 나는 화를 내기 싫어요. 싫은데 화가 그냥 나. 조선소만 들어오면 짜증이 나. 조선소 문만 보면 머리가 아파요. 나가면 또 머리가 맑아져요.

전은하　저도 다른 일을 하고 싶어요. 다시는 안 오고 싶어요. 조선소가 위험하죠. 내가 아무리 안전하게 일하려고 해도 언제든지 사고가 날 수 있는 곳이에요. 소음이라든지. 새카만 쇳가루를 온몸에 덮어쓰고.

안준호　조선소로 돌아간다? 조선소를 경험했던 기억이 있는 상태인가요?(웃음) 그래도 저는 조선소를 선택할 거 같아요. 조선소에서 일하는 건 나쁘게는 안 봐요. 거기서 내 권리를 내가 얼마나 찾을 수 있느냐가 중요한 거기 때문에. 다른 선택지가 있다면…. 뭔가 다른 걸 해보고 조선소로 가고 싶다는 생각이 있어요. 저는 진짜 조선소 일밖에 안 해봤거든요.

전은하　하던 파워 일을 다시 하고 싶어요?

안준호　네. 저는 제 일이 괜찮아요. 꽤 즐거웠고요. 제 일에 자부심이 상당히 높은 축에 속하고. 내가 해놓은 작업 구역이 남보다 더 깔끔하고 내가 남보다 잘해서 인정받고, 그 성취감이 너무 좋았어요. 일하는 기쁨이었어요. 아직도 기억하는 게 영암에서 일할 땐데 한글로 배 이름이 적혀 있는 걸 보고 저 배가 세계를 간단 말이야 하고 놀랐죠. 그런 배를 내가 만들었다는 거지. 저 같은 사람 많아요. 조선소 일 하는 분들은 대부분 이런 생각으로 일하고 있다고 봐요. 이렇게 안 좋은 여건에서 계속 벼랑 끝으로 몰리는 것에 화를 내는 거지 정말 착한 분, 정말로 훌륭한 분이 많고.

이은주　그런 노동자들의 자긍심과 자부심을 쥐어짜서 조선소가 돌아가는 거네요.

내 인생에서 노동조합은

이은주   내 조선소 인생에서 노동조합은 어떤 의미일까요?

전은하   꼭 필요하죠. 노동자에게는 노동조합이 꼭 있어야 됩니다. 있어야 되는데….(쓴웃음) 노동조합이 조선소에는 참 발 붙이기 힘들어요. 그래도 노동조합이 있어야 우리 삶이 바뀔 거라고 생각해요. 그렇게 바꿔왔고. 있어야 그나마 내 목소리를 낼 수 있고, 내 권리도 찾을 수 있고, 복지라든지 노동 조건이 향상될 수 있어요. 정말 바뀔 수 있어요.

나윤옥   저도 조선소야말로 노동조합이 꼭 있어야 한다 생각해요. 조선소는 정말…. (한참 말을 고르며) 뭐라 그럴까. 단어가 생각이 안 나는데요. 나쁜 짓을 많이 하거든요. 업주들도 그렇고 사장들도 그렇고 나쁜 짓을 많이 하는데 이걸 견제할 수 있는 거는 노동조합 같아요. 노동조합 없을 때는 사고도 많이 은폐했어요. 산재 사고가 나도 누구 차에 실어서 데리고 나가는 경우도 정말 많았어요. 사람으로서 해서는 안 될 짓을 많이 해요. 노동조합이 있어서 그런 짓이 많이 줄었어요. 말 한마디 못 하고 살아왔는데 노동조합 하면서 하고 싶은 얘기도 하고 큰소리도 치고 당당해졌죠.

안준호   내 인생에 노조는 고구마 천 개도 먹을 수 있는 능력을 준 거?(웃음) 새로운 인생을 준 곳이죠. 새로운 가치관이 세워졌고 세상을 보는 기준이 달라졌고 어떤 상황을 판단하는 기준도 다 바뀌어버렸어요.

공정희   제 인생에서 노조가 있다는 게 너무너무 행복한 일이죠. 처음 조선소에 와서 왜 노조가 없지 생각했어요. 노조가 있으면 참 좋을 건데. 당하고 사는 것들이 많았어요. 노조가 생기면서 우리를 대변해주고 우리 인권을 보호해주고 얼마나 좋아요. 혼자서 할 수 없는 일을 노조에서 해주니까 최고지. 저는 노조가 생김으로써 일하는 사람들의 삶이 형성돼서 너무 좋아요.

박춘화   한 달에 노조비를 3만 7천 원 내요. 그 3만 7천 원이 보험이라는 생각을 항상 해요. 3만 7천 원이 나에게 주는 힘은 진짜…. 내가 어디서 보상받지 못하는 걸 해주죠. 현장 다니다 보면 세탁은 시설이나 환경 개선이 시급하고 급식도 바꿔나가야 할 게 많지만 쉽지 않아요. 식당에서 한 달에 한 번 칼 갈아달라는 요구를 관철하는 데도 1년이 걸렸잖아요.

이은주   미화 쪽에서도 화장실 비누를 물비누로 바꿔달라 요구했는데 1년 만에 바뀌었더라고요.

공정희   늦더라도 변화가 있는 건 노동조합 덕분이죠. 모두가 한목소리를 낼 수 있는 그런 계기가 생겨서 좋아요.

우리의 연대, 우리의 희망

이은주   우리가 같은 직종은 아니지만 모두 조선소 노동자죠. 조선산업에서 우리 노동이 서로 연결되어 있는데 웰리브지회와 거통고지회는 서로의 투쟁을 보면서 어떤 생각을 하시나요?

공정희   짠해요. 노동조합이 목소리를 높일 때, 특히 여성 동지들이 서로 뭉치는 모습을 봤을 때 정말 응원하고 싶었어요. 우리도 지회를 만들었잖아요. 다 잘됐으면 좋겠어요. 어려운 일도 있긴 하지만 그래도 힘을 내서 같이 뭉쳐서 잘 됐으면 하는 바람입니다. 정말 응원합니다.

박춘화 가슴 아파요. 협력업체 사람들이 많은데 그 사람들이 하청지회와 같이 들고 일어났으면 어땠을까? 사실 몇 명 움직이면 잘라내는 건 쉽잖아. 내 밥줄이 끊긴다면 나 같아도 하청지회 못 할 것 같아. 거통고지회 집행부에서 저희가 선전전 할 때 많이 동참해주셨거든요. 고맙죠. 그분들이 처음 조직할 때도 웰리브지회가 연대했어요. 원청에 피켓 들고 들어가려면 우리 아니면 안 되니까 심부름하고 그랬거든. 김형수 지회장님 보면 가슴이 아파요. 작년에 그렇게 큰일을 겪었는데도 손해배상청구 받고. 얼마나 어깨가 무겁고 밤잠을 못 주무실까 그게 눈이 보이거든요. 집행부들도 진짜 대단하시고. 하청지회가 더 힘을 내서 잘됐으면 좋겠어요.

나윤옥 저는 2018년에 여기 있었는데 웰리브지회 만들어진 거는 몰랐어요. 노동조합 가입하고 나서야 알았어요. 우리 투쟁할 때 웰리브지회에서 도움을 많이 주셨죠. 텐트도 넣어주시고. 내가 볼 때는 웰리브지회는 여자들이 많아서 단합이 굉장히 잘 될 것 같거든요. 여자들이 단합력이 좀 세요. 웰리브 사람들은 조합 활동에 거리감이 없는 것 같이 느껴져요. 우리 도장 쪽은 조합 얘기하면 하지 말라고 하는 사람이 많은데.

전은하 2018년에 문재인 대통령이 대우조선해양에 온 적이 있어요. 당시에 전부 다 나가서 밥주걱도 들고 행진도 하고 시위도 하고 그랬던 걸로 기억하거든요. 부럽더라고요. 이렇게 노동조합으로 뭉쳐서 뭔가 보여주고 요구하고. 우리는 언제 저리 할 수 있을까, 이런 생각을 했었어요.

이김춘택 식당에서 일하시는 분들은 야드에서 일하는 노동자들에게 '고객님'이라 그러잖아요. 식당을 이용하는 사람은 내가 대우를 받아야 되는 입장으로 생각할 수 있는데, 우리는 다같이 노동조합 활동을 하는 사람들이니까 그분들 만나면 좀 다르게 생각하게 되는 면이 있을까요?

나윤옥　있죠, 있죠. 우리가 피스복 입고 일하다가도 밥 먹으러 갈 때는 벗거든요. 동지들한테 피해 주면 안 된다는 생각에. 그리고 밥 뜰 때도 동지들이 힘들게 한 밥인데 남기기 싫어서 먹을 만큼만 떠오는 편이에요.

전은하　한 조선소 안에서 일하는데 한쪽이 한쪽을 고객님이라고 하는 게 좀 이상하죠. 외부에서 들어온 업체처럼 느끼게끔 만들어요.

이은주　서비스를 해줘야 되는 의무를 가지고 있는 것처럼.

전은하　그렇게 받아들이는 사람도 있어요. 어떤 사람은 반찬이 어떠니 밥이 어떠니 막 고함을 지르기도 해요.

이은주　웰리브지회가 생기면서 식당 노동자들과도 '동지'라는 개념이 생긴 것처럼 세탁소에 계신 분은 작업복을 보면 그 옷을 입은 사람의 노동이 보인다고 하셨잖아요. 조선소 안에서 노동자들끼리 접점이 되는 곳에서 서로를 이해하고 있구나 이런 생각이 들더라고요.

나윤옥　예. 맞아요.

이은주　서로 존재만으로도 힘이 되는 관계잖아요. 대우조선 정규직지회까지 서로한테 힘이 되는 관계가 되고 같이 투쟁하면 좋은데.

이런 마음으로 이 책을 읽어주었으면

이은주　조선소를 잘 모르는 분들도 우리 이야기를 읽게 될 텐데 이런 점을 꼭 읽어주면 좋겠다는 게 있을까요?

공정희 글 속에 들어가서 마음으로 읽어봤으면 좋겠어요. 글에 담긴 내용이 어떤 걸 의미하고 있는지 마음을 공유하면서 봤으면. 왜곡하지 않고 그 글 자체만으로 읽어줬으면 하는 바람이 들어요.

김행복 조선소 안 다니는 사람들은 조선소하면 용접 이야기를 제일 많이 하더라고요. 배 만드는 걸 간단히 설명하면 쇠를 잘라갖고 용접으로 붙이는 거지. 배를 만들기 위해 사실 그 외에 얼마나 많은 일을 해야 해요. 도장도 있고 절단, 사상, 밥 하는 사람 있고, 세탁하는 사람 있고 다양하게 많잖아요. 이 책을 읽고 배 하나 만드는 데 얼마나 많은 사람이 일하는지를 알면 좋겠어요. 배 한 척 만드는 일이 얼마나 대단한지.

박춘화 조선소에는 보이지 않는 곳에서 너무나도 열심히 일하는 여성들이 있다. 이 거친 현장에서 당당하게 살아가고 있다. 내 일에 최선을 다하는 강하지만 부드러운 여성들이 있다. 조선소에서 일하는 분들을 응원하는 마음이 생겼으면 하는 바람이에요. 거리 미화는 밤에 일하시잖아요. 이게 지저분하고 냄새 나고 더럽기 때문에 시민들이 싫어해서 그런 거래요. 전 몰랐거든요. 환한 낮에 해야 할 일을 위험을 불사하고 밤에 하는 거잖아요. 우리를 위해서. 식당에서 잔반 하루만 안 치워봐요. 난리 나요. 이런 일을 하는 사람들 노고를 생각해주셨으면 좋겠어요.

공정희 아이고, 저도 시궁창 냄새 난다는 소리 들었어요. 시댁에 제사 음식 하러 가야 해서 샤워도 못 하고 급하게 퇴근했는데 아저씨가 내 태우러 와서는 내 보고 시궁창 냄새 난다 그랬어요. 내가 어이가 없어서 이게 돈 냄새다 그랬지.(웃음)

전은하 읽는 분들이 얼마만큼 이해할 수 있을지 모르겠습니다. 조선소 안에서 이루어지는 노동이 생소할 수 있잖아요. 우리 일을 이해해줄 수도 있다면 좋을 거 같아요. 조선소라고 하면 남자만 다니는 줄 아는 사람이 많아요. 여성 노동자가 있다고 생각도 안 하는 사람이 많더라고요.

나윤옥　여자가 조선소에서 뭐 해? 이러는 사람도 있어요. 조선소를 모르는 사람이라도 다 이해는 못 하더라도 어떤 사람들이 모여서 어떤 상황을 이루고 어떤 일들을 하는지 그림은 그릴 수 있을 것 같아요.

안준호　한국 사회에서 여성이 차별받고 있어요. 그 현실을 보기 위해서 노력하면서 읽었으면 좋겠다는 생각이 드는 구절이 글에는 많이 있어요. 특히 남자 독자들이 잘 읽고, 남녀노소 할 것 없이 다 투쟁한다는 걸 느꼈으면 좋겠어요.

조선소,
이 사나운 곳에서도

1판 1쇄 발행 2024년 3월 8일

기획	마창거제 산재추방운동연합
기록	김그루·박희정·이은주·이호연·홍세미
편집	이정규
디자인	이지선

발행처	코난북스
발행인	이정규
출판등록	2013년 9월 12일(제2013-000275호)
주소	서울 마포구 모래내로1길 20 304호
전화	070-7620-0369
팩스	0505-330-1020
이메일	conanpress@gmail.com
홈페이지	conanbooks.com